Das neue Preußische Strafverfahren

mit

einem Kommentar

zur

Verordnung vom 3. Januar 1849.

Von

Johann Carl Hagens,

Königl. Preuß. Appellationsgerichts-Rath.

Sed nos veri juris, germanaeque justitiae solidam et expressam effigiem nullam tenemus: umbrâ et imaginibus utimur: eas ipsas utinam sequeremur!

Cicero.

Berlin, 1849.

Verlag von Veit und Comp.

Vorwort.

Durch die Verordnung vom 3. Januar 1849 erhält nunmehr Preußen im Strafverfahren eine neue Form. Das Strafverfahren ist aber einer der wichtigsten Theile der Gesetzgebung, denn dasselbe berührt vorzugsweise die bürgerliche Freiheit, und die Beziehung der Staatsgewalt zu den Staatsgenossen. Um so erheblicher ist es, daß mit der neuen Form, unter allen beim neuen Verfahren Betheiligten auch, wo nicht ein neuer Geist, doch der richtige Sinn, und das Verständniß der Grundlagen des Gesetzes vorwalten möge. Diese Betrachtung und die Neuheit, wo nicht gar das Fremde des Verfahrens, haben zu der nachfolgenden Arbeit Veranlassung gegeben. Ihr Zweck ist, Material herbeizubringen zur geeigneten Auffassung und Verarbeitung des neuen Gesetzes, hier und da an die in Erwägung kommenden Punkte zu erinnern, und die weitere Ausbildung des Verfahrens in Anregung zu bringen. Feuerbach sagt sehr wahr: der beste Theil aller litterarischen Thätigkeit besteht nicht sowohl in dem, was sie giebt, als in demjenigen, was sie in andern Geistern anregt und durch diese wirkt. — So weiß auch der Verfasser sehr wohl, daß jedes Gesetz und jedes Verfahren erst durch die allmälige Uebung in den Gerichtshöfen, und unter den Händen der Praxis seine Ausfüllung und Rundung erhalten kann.

Es ist aber auch gewiß, daß jedem Gesetze ein bestimmtes Prinzip zum Grunde liegt, oder liegen soll, welches nicht aus dem beliebigen Ermessen des Gesetzgebers hervorgeholt, und nach Willkühr für Volk und Gerichte zur Richtschnur aufgestellt werden darf. Die Geschichte des Volkes und seine fortgebildete Wissenschaft fördern vielmehr neue Grundsätze, und die neuen Gesetze sollen getragen von diesen Grundsätzen, nach dem Wesen des Volkes sein, und seinem Bedürfnisse abhelfen. Deshalb, und eben damit zur Kontrolirung der Gesetzgebung in ihrer Werkstätte, werden die dieser Erkenntniß vorausgegangenen Thatsachen und Lehren, als Beweggründe zum Gesetze von Gewicht sein; und deshalb ist es auch nützlich, dieselben, wenn auch in Kürze, von vornherein zusammen zu stellen.

Eine Kritik der in der Verordnung befolgten politischen Tendenz zu liefern, war hier nicht der Zweck des Verfassers, zumal sich derselbe in seiner Schrift über die Einführung der Geschworenen in Civil- und Kriminalsachen dieserhalb deutlich ausgesprochen hat. Aber die Politik bei Seite gelassen, ist unser neues Verfahren schon um deshalb erfreulich, weil es den Tag vorbereitet, an welchem der Weg wird gefunden sein, um die von der Vernunft und der Volksstimme begehrte Einheit in den Formen der Rechtspflege für ganz Deutschland, jedenfalls für Preussen, in das Leben zu rufen. Hoffen wir, daß diese Einigung auch dahin führen wird, daß nicht mehr fremde, durch Gewalt oder ähnliche Mittel in deutsche Länder herübergebrachte, Rechte und Rechtsformen das deutsche Leben beherrschen. Wir wollen vielmehr ein Recht und ein Verfahren haben, welches in seinen Grundlagen den unabweisbaren Volksbedürfnissen genügen, und auch dem hohen Stande der geschichtlichen und philosophischen Bildung Deutschlands entsprechen muß. Damit erwarten wir allerdings ein großes und sehr schweres Werk; aber Preußen und das übrige Deutschland ist reich an geistigen Kräften, und seine tüchtigen, zum Werke aufzurufenden Männer werden — dessen dürfen wir gewiß sein — das Werk vollenden, und dabei so wenig engherzigen Ansichten, als einem falschen Patriotismus Raum geben. Auch die fremdländischen Einrichtungen, sofern sie dem hohen Zwecke der Justizpflege entsprechen, mögen sie nun aus Rom und England, oder von Frankreich her zu uns, oder zu unserer Kenntniß gekommen sein, mögen beibehalten werden. Es versteht sich jedoch von selbst, daß sie nach den begründeten Anforderungen der Zeit verbessert, und nur in dieser Gestalt in unser künftiges Recht aufgenommen werden können. Dabei müssen wir uns aber auch vor dem alten deutschen Fehler hüten, und mit dem Fremden keine Abgötterei treiben. Wollen wir das Wohl unsres Volkes, und die unverkennbaren Bedürfnisse seines deutschen Wesens hoch über Alles stellen, dann müssen wir auch Alle ehrlich sein, und unhaltbare Standes- und Amts-Vorrechte, auch Bequemlichkeiten, gern aufgeben. Die neue Gesetzgebung darf, wenn sie im Volke Wurzel schlagen soll, nichts Anderes sein, als ein naturwüchsiges Werk bürgerlicher Freiheit für das ganze Volk. Ohne gründliche Ausbildung der bürgerlichen Freiheit kann alles politische Gemeinwesen zu Nichts helfen. — Ist nun aber das Strafrecht und vorzüglich das Strafverfahren die Vorbedingung aller bürgerlichen Freiheit, so muß die blinde Abgötterei, die leider auch in unserer Verordnung, mehr als zu wünschen wäre, und die sonst an vielen Orten in noch höherem Maaße, gerade mit dem Napoleonischen Prozeßverfahren getrieben wird, tief betrüben. Napoleon und ein deutsches, freies, bürgerliches Gemeinwesen, das verträgt sich nicht mit einander.

Rossi, der so eben von Anarchisten gemordete, ächt freisinnige Mann, der dem Volksgefühle der Franzosen besonders zugethan war, konnte dem Gewichte dieser Wahrheit nicht widerstehen, und sagt hierüber: „Die Rechtswissenschaft, man muß es gestehen, hatte das Vaterland des Cujacius und Montesquieu fast ganz verlassen. Da die positiven Thatsachen sich in Frankreich in den Vordergrund gestellt hatten, so war die Wissenschaft über den Rhein geflüchtet, um dort gehegt zu werden. Die Revolution und das Kaiserreich waren ihr auch nicht günstig. Die Revolution hatte keine Zeit dazu, Napoleon wollte es nicht. Er verabscheute, und dazu aus gutem Grunde, alle Philosophie. Im Code civil hatte er den legislativen Inbegriff von dem gegeben, was Frankreich noch wußte. Dabei sollte es für alle Zeit verbleiben, als wenn es über denselben hinaus nichts mehr zu suchen und zu forschen gäbe. Um diesen Code und die dazu gelegten vier andern Gesetzbücher hatte er einen Bannkreis gelegt, damit genau innerhalb desselben nur praktisches Recht und nur angewandte Justiz getrieben würde. Die Nation verdiente es damals nicht anders."

Als Napoleon es wagte, sein berüchtigtes Dekret über die Staatsgefängnisse zu erlassen, welche nach seinem Willen bestimmt waren zur Einsperrung derjenigen, die man nicht ungestraft lassen, aber auch nicht füglich den Gerichten überliefern könnte, erhob sich da wohl in ganz Frankreich über diese ungeheure Verhöhnung des Rechts oder eigentlich über diesen gänzlichen Umsturz aller Gerechtigkeit ein Schrei des Unwillens und des Entsetzens? „Es ist erlaubt dies zu bezweifeln, denn der Glaube an die Kai-„serliche Unfehlbarkeit war gar sehr verbreitet!" Fast drängt es uns, vom deutschen Standpunkte der Wissenschaft und des Rechtes aus, dem noch Einiges hinzuzufügen, jedoch ist hier nicht der Ort dazu. Nur dies Eine noch müssen wir bemerken: Wer dem Nachdenken abhold und blind für die Zeugnisse der Geschichte und die Lehren freier Forschung, wer, aus Bequemlichkeit oder Sonderinteresse, von nichts Andrem als der Napoleonischen Rechtsverfassung und Gesetzgebung wissen will, wer diese und das französische Recht für die letzte Offenbarung des Geistes der Gesetzgebung, und für das Ideal eines volksthümlichen Rechtslebens hält, der ist blind oder taub. Gerade die Blinden aber müssen geführt werden, und nicht Andre lenken wollen, und bei tauben Leuten sollte man deutlich und am lautesten sprechen.

Der Plan der Arbeit ergiebt sich aus der Schrift selbst.

Paderborn, im April 1849.

Der Verfasser.

Inhalt.

Das neue preußische Strafverfahren.

Erster Theil.

Grundlagen.

Kapitel I.

Einleitung*).

Vom Verbrechen und der Verfolgung desselben.

Den Zuständen der menschlichen Gesellschaft entsprechen überall die Ansichten über Gewalt und Recht. Staat und öffentliches Recht. Staats- und Rechtsordnung. Dasselbe gilt von den Formen des Rügeverfahrens. Ungeordnetes und geordnetes privatives und gemischtes Verfahren. Inquisitionsprincip. Gemischte Formen.

Wer nur immer den Menschen zum Gegenstande seiner Betrachtung macht, und dessen doppeltes Verhältniß zur Gottheit hoch über ihm, und zur thierischen Welt eben so tief unter ihm, in Erwägung nimmt, begreift bald den großen Abstand zwischen dem Menschen, als natürlichem Einzelwesen, und der Gattung, der Gesellschaft der Menschen. Bei den Einzelwesen, als solchen, kommen hauptsächlich nur die Beziehungen zum thierischen Elemente in Betracht; da tritt das Verhältniß der Kraft und Macht, oder das der Schwäche und des Elendes hervor. Erst in der Gattung kommen die höheren menschlichen Eigenschaften zum Vorschein, als Liebe und Anhänglichkeit, Haß und

*) Litteratur: Filangieri, Wissenschaft der Gesetzgebung; Rossi, traité de droit pénal; Ed. Henke, Handbuch des Criminalrechts und der Criminalpolitik; Friedr. Aug. Biener, rechtsgeschichtliche Abhandlungen; Roßhirt, Geschichte und System des deutschen Strafrechts.

Neid, und nur in der menschlichen Gesellschaft, in der Stammes-, Volks- und späteren Staatsverbindung, kommen alle seelischen Eigenschaften der Menschen, und die Idee der Menschheit selbst, zum Vorschein.

So verhält es sich denn auch mit dem Rechte. Für das Thier giebt es kein Recht. Aber auch für den Einzelmenschen im s. g. Naturzustande giebt es kein Recht. Da findet sich nur Raum für Gewalt, für Macht und Unmacht. Erst wenn die Idee der Menschheit bei den Menschen zum Durchbruch und zum Bewußtsein gekommen, tritt die Idee von Recht und Unrecht unter denselben hervor. Diese Idee steht im scharfen Gegensatze zur Gewalt und Macht, den Attributen der thierischen Einzelwesen. Erst der Rechtsidee werden die rohen Kräfte der Macht und Gewalt untergeordnet. — Wenn dann allmählig die zur Menschheit entwickelten Menschen sich in den größeren Kreisen der Gesellschaft, in Familienvereinen und Staatsverbindungen zu höherer Bildung forterheben, so bleibt doch zunächst nur das Einzelrecht, und die Verletzung desselben, das Einzelunrecht, der Maaßstab ihres Verhaltens. Ein Höheres tritt erst alsdann ein, wenn die Verbindung der Menschen sich über die Form der Familie und der Stammeseinheit hinaus, zum seßhaften Leben und zum Landbau erhoben hat. Alsdann beginnt sich unter ihnen der Staat zu entwickeln, und so wie er allmählig die Hausherrlichkeit und die engeren Stammesbeziehungen überragt, ersteht eine Staatsordnung und mit dieser eine öffentliche Rechtsordnung. Diese begreift dann das allgemeine Band, welches alle Staatsgenossen umschließt, und betheiligt sich auch schützend und fördernd an den Sonderexistenzen der Staatsgenossen. Nun tritt in die Stelle des Einzelrechts und Einzelunrechts etwas Höheres. Es wird nicht nur für die Sicherheit der Einzelnen gewacht, sondern es werden auch die auf die Gesammtheit gerichteten Angriffe Einzelner zurückgewiesen. Wenn aber dennoch Verletzungen der Gesammtheit oder Einzelner vorgekommen, so wird der Friedensstörer ermittelt und, sei es konkurrirend mit der Verfolgung Seitens des Beschädigten, sei es ohne diese, zur Verantwortung gezogen. So ergiebt sich erst mit dem Staate der Landfrieden, den er wahrt, und der Friedensbruch, das Verbrechen, welches er verfolgt. Ohne den Staat giebt es im eigentlichen Sinne wohl Unrecht, Beschädigung und Gewaltthat, aber kein Verbrechen.

Dies ist der Weg, auf welchem sich in der Menschheit, und in dem erst durch die Idee derselben ermöglichten Staate, eine Stufenfolge höherer Anschauungen entwickelt. Von der Macht gelangen wir durch Fortgang von Ideen zum Recht und Unrecht, und von diesen zur Staatsordnung, zum Landfrieden und Verbrechen. Alle diese Anschauungen stimmen darin überein, sich die bloß thierischen Kräfte der Gewalt zu unterordnen, den Maaßstab der Sitlichkeit und der Pflicht an das bloß Elementarische zu legen, und der verwerflichen Gewaltthätigkeit geeignete Schranken zu ziehen.

Die verschiedenen Arten der Verfolgung des Unrechts stehen mit diesen geistigen Anschauungen und gesellschaftlichen Zuständen in der engsten Verbindung.

Unter den noch vereinzelten Menschen und Familien giebt es nichts, als die thierische Rüge des Unrechts; die form- und maaßlose Selbstrache. Das ist der rohe Kampf der thierischen Kräfte unter einander, über welchen sich nichts weiter sagen läßt, als daß der Stärkere den Schwächeren überwindet. Wie aber schon eine kleinere Gesellschaft die Nothwendigkeit der Ordnung empfindet, so veredelt sich in den größeren Familien- und Stammes-Verbindungen die ungebundene Selbstrache zur geordneten Vergeltung (Talion). Man erhebt sich hiermit zu einer höheren Stufe des Verfahrens, auf welcher die Familien- und Stammesältesten, dann die Volksgemeinde und gar Schrift-Urkunden, Art und Maaß der Wiedervergeltung bestimmen. Allmählig treten sogar Beschränkungen der Blutrache und des Fehderechts ein, sei es nach befriedeten Orten: Tempel, Asylstätten; oder nach befriedeten Zeiten: Gottesfrieden. – Im Uebrigen aber hat es auch auf diesem zweiten Standpunkte, so wie auf dem ersten, mit der überall unbeschränkten Selbstrache, allein der Verletzte mit dem Schädiger zu thun. Er rügt und ahndet die Verletzung wenn und wann er will, und wie er kann, und kein Dritter hat sich in die Ausübung der Rache, oder die Handhabung der Vergeltung bestimmend einzumischen. Deshalb vorwaltet auf beiden Stufen allein die äußere Erscheinung der Beschädigung, ohne Rücksicht auf die Quelle, aus der sie entsprungen. Da giebt es keine Frage nach der der Beschädigung vorhergegangenen Handlung — Civilunrecht und Vergehen gelten gleich; keine Frage nach der Absicht des Thäters — vorsätzliche und zufällige Beschädigung gelten gleich; und eben deshalb wird andrerseits der Versuch einer Beschädigung nicht in Betracht gezogen — es gilt nur und allein der äußere Erfolg eines feindlichen Unternehmens.

Nähert sich später die Stammesverbindung schon mehr dem Zustande des Volkes und der Form des Staates, so verwandelt sich die Rache und die Wiedervergeltung weiter zur Buße (Composition). Sie soll eine Entschädigung sein für die erhaltene Verletzung, und für die Hingabe der Selbstrache. Auf diesem, wenn auch noch nicht völlig staatlichen, Kulturstande des Volkes zuerst, hört das einseitige Strafverfahren des Verletzten auf. Hier zuerst wird er auf den Weg der Anklage verwiesen. In Verfolg der besonderen Anklage des Beschädigten tritt die Gemeinde gegen den Frevler ein, und läßt ihn, nach Herkommen oder Gesetz, die äußerlichen Beschädigungen mit Geld oder Effekten sühnen. Nur die Blutrache hält sich daneben noch aufrecht. — Der so aufgekommene, allerdings immer noch rein privatrechtliche, in das Belieben des Verletzten gestellte, Anklageprozeß ist ein bedeutender Fortschritt auf dem Bildungswege der Völker. Denn es ist immerhin ein Prozeß, und in diesem zuerst wird die eigentliche Mäßigung des Angriffs herbeigeführt. In ihm zuerst werden Formen vermittelt, durch welche dem Angeklagten die Ausführung seiner Unschuld, und die Geltendmachung seiner Vertheidigung ermöglicht wird.

Auch auf dieser dritten Kulturstufe bleibt das Rügeverfahren nicht unbeweglich und unverändert stehen. Ist nämlich inzwischen der Staat über die Stämme gekommen, und mit ihm die Grundlage aller höheren Kultur, der Landfrieden, so greift er in das dem Grundsatze nach immer noch bloß privatrechtliche Rügeverfahren der Verletzten, noch weiter ein. Theils indem er, nach der erfolgten Entscheidung über die Anklage des Verletzten, einen Theil der Buße für den Bruch des Königsfriedens einzieht; theils indem er von vorn herein einzelne Arten von unrechtlichen Beschädigungen dem Rügerechte des Verletzten entzieht, und sich selbst das Recht vorbehält, dieselben öffentlich zu verfolgen; und theils indem er sich auch das Recht nimmt, im Allgemeinen oder gar erst nach der erfolgten Schuldigerklärung des Frevlers, das Maaß der Buße und Strafe zu bestimmen, und wohl gar aus Berücksichtigung der inneren Willensbestimmung des Schädigers, demselben die Buße und die Strafe zu erlassen, ohne daß der Verletzte einen Einspruch hätte.

Das ist streng genommen noch heute der mangelhafte Standpunkt des englischen Strafverfahrens. In England vorwaltet noch jetzt der privatrechtliche Anklageprozeß. Die meisten Verbrechen bleiben unbeachtet, es sei denn, daß der Verletzte sie zur Rüge bringt, und, nachdem dies geschehen, die Anklage nicht zurücknimmt. Andre erhebliche Verbrechen verfolgt der Anwalt der Krone selbstständig als Kläger vor den Assisen, theils mit, theils ohne rechtliche Betheiligung des Verletzten, und im Allgemeinen steht nach dem Schuldigbefunde, die Strafe schon dem Maaße und der Art nach „in der Barmherzigkeit des Herrn Königs" (in misericordia Domini Regis)*), auch abgesehen vom königlichen Begnadigungsrechte.

Wo aber erst, zum vierten, der eigentliche, nicht feudale, Staat zur Geltung gekommen, da verliert der Frevel und seine Strafe den privativen Charakter des bloßen Unrechts, und erst da nimmt die Unthat, als Verbrechen, den politischen Charakter an. Auf diesem Standpunkte erst bekundet sich, wie schon vorberegt ist, in der bösen That die Störung der öffentlichen Rechtsordnung, deren Erhaltung der Zweck des Staates ist; diese

*) Erst durch Statut 14. Heinrich's VI. cap. 1. (1435) wurde den Assisen-Justitiarien die Bestimmung der Strafe übertragen. Noch heute finden Urtheile gegen Vieh und todte Werkzeuge Statt, durch welche ein Schade hervorgebracht worden, in Folge des beregten niedrigen Standpunktes, auf welchem nur der äußere Schade erfaßt wird, und nicht das Wesen und die Willensfähigkeit und Willensbestimmung des Schädigers. Mit den Staaten geht es wie mit den Menschen. Man gelangt aus einer Verfassung und aus einer Gefühls- und Ideen-Richtung nicht leicht in eine andre, ohne daß man Manches mit und an sich behält, das zu den Trümmern des alten überwundenen Systems gehört.

Störung tritt in den Vordergrund, und führt dem Staate das Recht zu, zwar das Civilunrecht, durch welches die öffentliche Rechtsordnung nicht gestört wird, der Privatklage zu überlassen, sich aber die Rüge des Friedensbruches, des Verbrechens, vorzubehalten. Dieser Standpunkt führt dann von selbst weiter zur Bemessung der willentlichen Thätigkeit des Frevlers, ob Absicht ob Versehen bei ihm vorgewaltet, ob er Urheber oder Genosse der Unthat ist; er führt auch zur Unterscheidung der Verbrechen in öffentliche: welche zunächst die Integrität des Staatsverbandes und der Gesammtheit anfechten, und in Privatverbrechen: welche zunächst die Sicherheit der Einzelnen stören, und erst mittelbar auch die Grundfesten des Staates erschüttern. Derselbe Standpunkt führt aber auch dahin, daß der Staat, eben weil nunmehr ihm das Recht der Wiedervergeltung des Uebels, und die Sicherung der Rechtsordnung zusteht, auch die Pflicht hat, polizeilich zu wachen, daß kein Verbrechen geschehe. Sobald als dies anerkannt wird, hat der Staat die Pflicht, dergestalt die Verbrecher zu verfolgen, daß er die Verbrechen rechtlich ausgleicht, soweit sie verübt werden, und dieselben verhütet, soweit sie noch nicht verübt worden. Daraus ergiebt sich denn endlich sein Recht, auch den Versuchen der Verbrechen entgegenzutreten, sie zu ermitteln und zu bestrafen.

Dies bringt den Staat folgerichtig zum **Inquisitionsprinzip.** Der Staat darf nicht warten, bis ein Bedroheter oder gar Verletzter ihn zur Erfüllung seiner Pflicht, die Rechtsordnung zu schützen, aufruft. Seine generell inquisitorischen Anstalten (verwaltende und gerichtliche Polizeiorgane) sollen ohne Unterlaß für den Landfrieden wachen. Ja er muß demzufolge auch schon vorbeugende (Polizei-) Maaßregeln anordnen, und deren unbedingte Befolgung überwachen*).

*) Aus diesem Grunde kann bei den Polizei-Contraventionen zwischen absichtlichen und unabsichtlichen Verübungen nicht unterschieden werden. Weil hier aber der alte Standpunkt des äußern Erfolges maaßgebend sein muß, ohne Berücksichtigung der willentlichen Thätigkeit des Kontravenienten, so ergiebt sich hieraus auch die Unzulässigkeit der Verfolgung des Versuches einer Kontravention. Der Versuch des Todtschlages und andrer mehr oder weniger kulposen Verbrechen liegt auf einer anderen Seite.

Ebendaher ergiebt sich für die Strafgesetzgebung, über den Grundsatz der bloßen absoluten Gerechtigkeit hinaus, der polizeiliche Standpunkt der Prävention in ihren einzelnen Unterarten. — Im vollendeten Staate muß sich die Gesetzgebung auf die relative Strafrechtstheorie gründen, und parallel damit bei den Gerichten dieses Staates zunächst der Inquisitionsprozeß Platz greifen. Dieser ist seinem Wesen nach doch noch ein Andres, als gerade die von Innocenz III. zuerst großartig aufgestellte, und später durch Mißbrauch der Heimlichkeit des Verfahrens, der fesselnden Beweisregeln und der altrömischen Tortur entstellte Inquisition. Wesentlich ist er die Verfolgung des Verbrechens von Staatswegen, sei ihm dasselbe durch besondere Anklage und Denunziation oder durch Gerücht oder sonst bekannt geworden.

Da der Staat nur aus der erfolgten Verletzung der öffentlichen Rechtsordnung das Recht und die Pflicht zur Wiederemporhebung derselben herleiten kann, so ergiebt sich seine nothwendig unpartheiische Haltung in diesem Prozesse von selbst. Derselbe müßte sogar wünschen, von der Bestrafung des Verurtheilten überhaupt Umsicht nehmen zu können, wenn die Straflosigkeit desselben mit dem Ansehen der Gesetze und der Erhaltung des Landfriedens vereinbar wäre. Dies ist aber im Allgemeinen nicht möglich, und deshalb entsteht die Frage, wie sich die beiden entgegenstehenden Interessen: der Schutz der rechtlichen Ordnung des Staates, und der Schutz der rechtlichen Freiheit des Bürgers: die Pflicht des Staates die Unverletzlichkeit der Gesammtverbindung aufrecht zu erhalten, und seine Pflicht, die bürgerliche Integrität des einzelnen Beschuldigten zu wahren, verbinden lassen? Denn auch dem verdächtigen Bürger eines freien Staates zukommen in jeder Lage seines Lebens die unveräußerlichen Rechte eines Freigebornen, und eben dadurch werden die allerdings nothwendigen inquisitorischen Machtbefugnisse der Staatsgewalt ebenso nothwendig beschränkt.

Um diesen Zwiespalt zu lösen, ist ein gemischtes Prozeßverfahren aufgekommen. Der Staat erforscht in selbstthätiger und inquisitorischer Prozeßform die Uebelthäter vor oder nach Vollendung der Uebelthat, und vermittelt That und Thäter (Erhebung des Thatbestandes, Verfolgung und Ergreifung der Verdächtigen, Vorbereitung des Nachweises der Thäterschaft). Wenn es aber demnächst auf die rechtliche Entscheidung über den Angeschuldigten ankommt, so entnimmt der Staat aus dem historisch überwundenen Akkusationsprinzipe für seinen Strafprozeß die akkusatorische Prozeßform. Dadurch soll der Angeklagte, ganz entsprechend der höheren und leidenschaftslosen Stellung, welche der Staat dem Verbrecher gegenüber einzunehmen hat, Gelegenheit erhalten zur rechtlichen Gegenwehr gegen die ihm gemachten Beschuldigungen, sei es durch Aufstellung von Gegenzeugen, oder sonst durch unbeschränkte Führung seiner Vertheidigung *).

Dieses Verfahren ist, für menschliches Streben und Erreichen, vollkommen geeignet, die anscheinend unvereinbaren Interessen zu versöhnen, wenn es nur treu und redlich ausgeführt wird. Dann steht zwar im inquisitorischen Prozeßtheile der Verdächtige wie ein Untergebener seinen Vorgesetzten gegenüber, aber es sollen keine Tyrannen oder Machthaber sein, sondern Diener der Staatsgewalt, also mit dem Wohle Aller, mithin auch des Verdächtigen selbst betrauete Beamte, welche berufen sind, das Vorhandensein eines Verbrechens und die Wahrheit des Vorfalles, aber die ganze Wahrheit desselben, also auch die etwanige Unschuld des Verdächtigen, zu ermitteln. In Beziehung auf die Beschränkung der persönlichen Freiheit des Bürgers, und auf die Behandlung und Constituirung des Verdächtigen, müssen daher diese Beamten thunlichst und durch bestimmte Gesetze beschränkt sein. Im vorwiegend akkusatorischen Theile des Strafprozesses

*) Diese Zerlegung des Strafprozesses in zwei Hauptabtheilungen ist schon alt. Neuer ist dagegen die folgerichtige Vermischung der Inquisitions- und Akkusationsform in beiden Theilen des Prozesses. Der Idee nach, soll schon im ersten Theile, beim Vorwalten der inquisitorischen Form, das Angriffssystem von einem andern als dem Inquirenten ausgehen, so daß die Staatsgewalt schon hier die Arbeit theilt und einen Angreifenden, den öffentlichen Ankläger, neben den Inquirenten hinstellt. Und im zweiten Theile soll beim Vorwalten der privatlichen Form des Anklage- und Vertheidigungs-Verfahrens doch wieder ein öffentlicher Inquirent selbstthätig einwirken, mäßigend und läuternd, gegen etwanige Ueberschreitungen des Organs der Anklage oder desjenigen der Vertheidigung.

dagegen müssen sich der Ankläger und der Angeklagte vor dem unabhängigen und unparteiischen Gerichte mit ganz gleicher Berechtigung gegenüberstehen, und wenn dem Gerichte gestattet werden möchte, Empfindungen zu hegen, so dürfen dieselben sich nur zu dem Wunsche vereinigen: daß eine Störung der Rechtsordnung überhaupt nicht vorgefallen sein, oder doch daß es dem Angeklagten gelingen möchte, seine Unschuld überzeugend nachzuweisen. Das Gericht ist aber zu der schweren Pflicht berufen, ohne alle dem einen oder dem andern Theile günstigen oder ungünstigen Neigungen, ohne alle vorgefaßte Meinung, ohne subjektive Willkühr, und mit rein objektivem Verhalten gegen das von beiden Theilen und für beide Theile vorgebrachte, über das Vorhandensein eines Verbrechens, über die Thäterschaft und Schuldbarkeit des Angeklagten, und über seine gesetzliche Strafbarkeit zu entscheiden.

Es kann so eingerichtet sein, daß diese Theile des richterlichen Pflichtberufes einem und demselben Richter (wie im neuen Verfahren bei den Vergehen) oder demselben Richter-Kollegium (wie daselbst bei solchen Verbrechen, die keiner Voruntersuchung bedurften) auferlegt sind; es kann sein, daß ein Richter und ein Richter-Kollegium sich darin theilen (wie bei denjenigen Verbrechen, in welchen ein Untersuchungsrichter und das Gericht konkurriren), es kann auch sein, daß neben dem oder den ständigen fachgelehrten Richtern auch bloß allgemein ausgebildete Männer zeitweilig zu der Pflicht berufen werden, einzelne Theile der richterlichen Entscheidung zu übernehmen (wie bei der Mitwirkung der Geschworenen in den Assisen), diese Theilung ändert in der Stellung und dem Pflichtberufe des Gesammtgerichtes nichts. In dem um die Sicherung oder Herstellung der angeblich gefährdeten Rechtsordnung vor dem Gerichte, zwischen dem Vertreter der Staatsgesellschaft und dem einzelnen Angeklagten obschwebenden Kampfe, soll und muß dasselbe eingedenk sein des Zusammensturzes der ganzen Gesellschaft, wenn die Rechtsordnung schwindet, aber auch der Gefährdung und des Unterganges der Staatsgenossenschaft, wenn die Freiheit und das Recht der einzelnen Mitglieder ohne rechtlichen Grund beschränkt und vernichtet wird, und in diesem Bewußtsein muß dann nach den

Gesetzen verfahren, und nach der Wahrheit und dem Rechte entschieden werden. Die Wahrheit aber ist nicht in das Belieben der ständigen oder zeitweiligen Richter gestellt, wird vielmehr nach allgemein anerkannten, sich aus der Natur der Sache selbst ergebenden Beweismitteln, für das Auge der Sterblichen sichtbar; und das Recht ist dasjenige, welches in den Gesetzen des Landes zur allgemeinen Geltung bestimmt ist, und nicht abhangen darf von dem Ermessen des einzelnen Besserbedünkens, welches sich über die Gesetze hinaus stellt.

Wie nun, selbst auch nur in unserm Staate, im Laufe der Zeiten, die ursprüngliche Anschauung von den Verbrechen und von den Strafen, die Strafrechtstheorien, und das Verfahren im Strafprozesse sich allmählig geändert und gemischt, und bald der freiheitliche, bald der absolutistische Standpunkt vorgewaltet haben, dies genauer zu beregen ist hier nicht der Ort. Hier kann es nur darauf ankommen, die Unterlage zu gewinnen für die richtige Bestimmung und Beurtheilung der Berufsgeschäfte der Staats-Anwaltschaft, der Untersuchungsrichter und der Gerichts- und Assisenhöfe in dem Inquisitions-Verfahren, und dem darauf folgenden öffentlichen und mündlichen s. g. Akkusationsprozesse*).

*) Nur in Beziehung auf den Grundsatz, daß der Beschädigte als Mitkläger auftreten, und wenigstens seinen Civilschaden verfolgen kann, wäre zu bemerken, daß da, wo die Entscheidung des Kriminalprozesses allein im Inquisitionsverfahren erfolgt, dieser Grundsatz außer Gebrauch kommt, wenn er auch, wie es in der Kriminalordnung §§. 6, 68, 282, 416 geschehen, theoretisch anerkannt ist. Denn im bloßen Inquisitionsprozesse waltet kein sichtbarer Kläger, so daß auch für die Civilpartei kein angemessener Raum bleibt. Krim.-Ordn. §. 69.

Kapitel II.

Historische Uebersicht des staatlichen Untersuchungs-Verfahrens *).

Der Anschaulichkeit und besseren Uebersicht wegen soll hier im Anschlusse zu dem am Ende des vorigen Kapitels Gesagten vom praktischen Standpunkte aus, und nur ganz im Allgemeinen, an die Art und den Gang des Strafverfahrens, wie es sich bei uns von den Römern her entwickelt hat, in gedrängter Uebersicht erinnert werden. — Der Gang des Strafverfahrens bei den Römern ist noch nicht vollständig aufgeklärt, jedoch ist soviel gewiß, daß das Verfahren sich nicht nur objektiv, nach den verschiedenen Arten von rechtswidrigen Handlungen, sondern auch in den Prozeßformen unterschied. Viele Verbrechen wurden nur im Wege der actio privata gestraft, — der Staat kümmerte sich nicht darum. Andre Verbrechen wurden strafrechtlich im judicium publicum oder auch in Ausnahmeform, extra ordinem, verfolgt. Da galt zum Theil der eigentliche Akkusationsprozeß, dergestalt daß, wo kein Kläger, auch kein Richter war, größtentheils wurde aber die Sache in Ermangelung eines Anklägers durch Personen verfolgt, welchen die Sorge um das öffentliche Wohl, die publicae sollicitudinis cura, aufgetragen war. Dieses waren die oberen Beamten, aber auch die Lokalbeamten, welche defensores, stationarii, irenarchae (Friedensbewahrer) hießen, und ihr Bericht, elogium, vertrat die Stelle der Anklageschrift. — Allmählig trat die cognitio extra ordinem mehr in den Vordergrund, und das staatliche Element wurde vorwiegend, was um so eher erfolgen konnte, als auch der römische Civilprozeß nicht die strenge Verhandlungsmaxime beachtete, welche in Deutschland später durch Praxis und Reichsgesetze herrschend wurde.

*) Litteratur: Roßhirt, Geschichte und System des deutschen Strafrechts; Mittermaier, das deutsche Kriminalverfahren; Biener, Beiträge zur Geschichte des Inquisitionsprozesses; Ed. Henke, Handbuch des Kriminalrechts, Bd. 4.; Mittermaier, die Mündlichkeit, das Anklageprinzip, die Oeffentlichkeit und das Geschworenengericht; Hagens, Einführung der Geschworenen. 1848.

Der Angeschuldigte und sein Vertheidiger wurde alsbald mit dem Libell oder dem elogium bekannt gemacht, und mit einer oder mehren Reden dagegen gehört. Erst hierauf wurde ein endlicher Rechtstag abgehalten, mit dem feinen römischen Beweisverfahren, jedoch, abgesehen von gewissen Ausnahmen und Privilegien, auch mit der Tortur, und das Erkenntniß erfolgte publice, bei Beachtung der ausgebildeten Imputationstheorie.

Bei den Deutschen hing das Verfahren naturgemäß zusammen mit den Ansichten von der Strafwürdigkeit der rechtswidrigen Handlungen. Man unterschied von den ältesten Zeiten an den Treubruch (Verrätherei) gegen die Nation, sonstige Friedensbrüche gegen Volksgenossen, und andre Beschädigungen. Die Rüge der ersteren war Sache der Genossenschaft. Die Strafe war hier überall der Tod. Die Vergehen der beiden andern Arten mußten von den Verletzten besonders gerügt werden, und wurden mit Kompositionen und Entschädigungen gesühnt, wobei ein Antheil für den Friedensverwahrer (den König), fredus genannt, abfiel. Allmählig wurde das System der Verrätherei ausgedehnt, und viele Friedensbrüche als causae graviores in erstere hineingezogen. Diese wurden durch hohe Rügen mit Strafen an Hals und Hand staatlich verfolgt, während für die übrigen Verbrechen das Buße- und Wette-Verfahren (mindere Rüge), im Unvermögensfall Strafe an Haut und Haar, stehen blieb. Für die verschiedenen Sachen gab es verschiedene Gerichte. Das Verfahren war roh und blutig*).

Wer im Verfolg der Anklage vorgeladen, ausblieb, wurde gebannt, wer erschien und bestritt, brachte die Sache zum Beweismittel des Kampfrechts oder Gottesurtheils. Bei Vergehen auf handhafte That (Handgetat) konnte der Ankläger mit Konjuratoren die Sache erledigen, oder geradezu den Beleidiger befehden.

Allmählig suchte die Geistlichkeit der blutigen Handhabung des Strafverfahrens zu begegnen, und es begann die Anwendung einzelner Normen der römischen Prozedur.

*) Eine Art von Appellation war das Schelten des Gerichts, wo aber der Appellant, wenn er sich nicht mit allen Gerichtsbeisitzern durchkämpfte, gehängt wurde! Roßhirt, Buch I. Kap. 1.

In den Städten, die sich Immunitäten verschafft hatten, geschah gleiches, Lokalgeschworne und curatores locorum brachten die Verbrecher zur Rüge; für herumirrende Uebelthäter und schädliche Leute wandte man zur Erzielung eines Geständnisses die römische Tortur an, ein Beweis auf Inzichten war nämlich noch unbekannt, wo also nicht blinkender Schein oder handige That vorlag, die That bestritten und das Gottesurtheil ausgeschlossen wurde, kam man, als Ersatzmittel des Letzteren, auf die Tortur.

So gab es also Inquisitions- und Akkusationsprozesse, daneben das System der Konjuratoren für den Ankläger, und Kompurgatoren für den Angeklagten, Fehderecht, Gottesurtheil u. s. w.

In dieses System trat das kirchliche Recht ein. Innocenz III. hatte für die Geistlichkeit und die geistlichen Gerichte bei der Einführung der Inquisition deutsche Grundlagen mit römischem Beweisverfahren sehr geschickt verbunden, und dadurch die spätere Ausbildung des Inquisitionsprozesses ermöglicht. Was die Anregung zum Prozesse anbelangt, so stellte er die accusatio (Seitens einer Privatperson) und die denunciatio (durch öffentliche Personen) der infamia (dem bösen Leumunde), wo bisher von Amtswegen verfahren war, gleich. In allen Fällen sollte eine sorgfältige inquisitio erfolgen, jedoch schon vor deren Einleitung ein besonderes Verfahren über den Leumund, und in keinem Falle der Angeklagte oder Angeschuldigte sofort zum Reinigungs-Eide gelassen werden. Das Beweisverfahren wurde nach römischem Civilmuster geordnet, die fides instrumentorum bestimmt, und verordnet, daß post publicatas attestationes (also nach dem Erlasse des Beweisresoluts) kein Zeuge mehr gebracht werden könne; der Gebrauch des Eides wurde beschränkt, und bestimmt, daß in Ermangelung eines Geständnisses aus Inzichten auf Strafe erkannt werden könne. Dies wurde eine außerordentliche Strafe genannt, wie auch das Verfahren selbst ein außerordentliches, indem aus kluger Rücksicht für das Bestehende der alte Akkusationsprozeß als das ordentliche Verfahren im Systeme stehen blieb. Dem Angeschuldigten sollten zu seiner unbeschränkten Vertheidigung beim Schlusse der infamatio (Leumundsforschung) und vor der inquisitio die Gründe der ersteren mitgetheilt werden *); jedoch sollten auch schon vor der Litiscontestation, also vor der verantwortlichen Vernehmung des Angeschuldigten, Zeugen vernommen und Beweis erhoben werden können.

Es liegt auf der Hand, daß dieser außerordentliche Prozeß durch seine innere Trefflichkeit den rohen ordentlichen Akkusationsprozeß sehr bald beseitigen mußte. In den italiänischen Städten und in Süd-Frankreich kam das Inquisitions-Verfahren zuerst zur Geltung, und von dorther auch in Deutschland. Die Bambergensis und sodann die Carolina stellten ihn in der Wirklichkeit als Hauptprozeß fest. Nach der Carolina besteht die geschehene Anklage neben der Eröffnung der Untersuchung auf Gerüchte, eben nur als verschiedene Anregung zum Prozesse. Nur das summarische Verfahren ist verschieden, insofern, als bei stattgefundener Anklage nach dem alten rohen Akkusationsprinzipe diese die malam famam ersetzte (natürlich mußte der Ankläger für die calumnia Kaution bestellen). Das Instruktions-Verfahren ist immer dasselbe, ebenso das Haupt- oder Beweis-Verfahren mit seinem Schlußsteine, der Tortur; auch das Endverfahren ist ganz gleich. Das alte rohe Beweisverfahren wurde sonach endlich beseitigt, nachdem das Bedürfniß nach einem neuen und bessern schon lange gefühlt, und an den Reichstagen anerkannt worden war **). Wenn sich nun beim Strafverfahren Alles auf den Gegensatz von Argwohn (Inzichten) zu Geständniß oder Ueberführung zurückführt, so hielt man es doch für sehr gefährlich, auf bloße Inzichten in die nach dem Geiste der Zeit noch so schweren und blutigen Strafen zu verurtheilen, theils auch wegen der schlechten Gerichtseinrichtung und Prozeßführung, theils wegen der an vielen Orten herrschenden Mißbräuche. Um aus diesem Uebelstande herauszukommen, hatte man nach dem vorbeBregten Muster vieler Städte aus dem feingebildeten römischen Rechte die Tortur als Beweismittel genommen. Man verkannte keinesweges die zweideutige Natur dieses Mittels, aber einmal stand es den bisherigen Gottesurtheilen nahe, anderseits stand

*) C. 21. 24. 26. X. de accus. C. 31. 32. X. de simon.

**) Roßhirt, Buch 2. Kap. 3.

auf die That, bei welcher auf die Folter als Beweismittel erkannt wurde, der Tod. Hauptsächlich konnte man noch nicht von dem uralten deutschen Grundsatze ablassen, daß zur Strafanwendung die vorherige Ueberführung durch Geständniß gehöre, ein Grundsatz, der aus der Anerkennung der rechtlichen Persönlichkeit, selbst beim Verbrecher, entsprungen war; man gebrauchte sein Ja zur Anwendung der Strafe, und suchte sich dieses Ja zu verschaffen, wie es gerade ging *).

Die Wissenschaft und weitere Kultur wirkte nur allmählig dahin, durch mannigfache Bedingungen und Formen den Mißbrauch des nothwendigen Uebels zu verhüten, und erst gegen die Mitte des vorigen Jahrhunderts wurde dieses Beweismittel als verwerflich anerkannt. Aus Achtung für die Person des Verbrechers und aus Ehrfurcht vor der durch die Tortur sehr oft gefährdeten Wahrheit ließ man die alte Achtung für die rechtlich selbstständige Persönlichkeit des Verbrechers fallen, und man überzeugte sich, daß man auch ohne das Jawort und ohne Geständniß zur Ueberführung gelangen könne. — Um aber auf diesem Standpunkte die Angeklagten vor der Willkühr, und dem sich hinter dunkle Gefühle und erste Eindrücke flüchtenden bloßen Belieben der Richter zu schützen, griff man zu einigen neueren Mitteln. Den Richtern wurden gewisse Beweisregeln als bindende Normen zur Verurtheilung der Angeschuldigten, und die Angabe ausführlicher und erschöpfender Gründe zu ihren Erkenntnissen vorgeschrieben, und als ein vorzügliches Wahrungsmittel gegen Irrthümer, Uebereilung oder gar Leidenschaftlichkeiten des Rechtsspruches, wurde unbedingte Appellation gegen denselben zugelassen, zu deren Durchführung die Schriftlichkeit des Verfahrens als nothwendige Regel anerkannt wurde.

So wie es im fünfzehnten und sechszehnten Jahrhundert, und nach der Carolina auch weiter, in dem deutschen Strafverfahren aussah, ebenso verhielt es sich auch in Frankreich. Der Inquisitionsprozeß war die Grundlage alles Verfahrens, wenn

*) Nach dieser, wir möchten sagen, abergläubisch festgehaltenen Ansicht, wurde sogar der in handhafter That Ergriffene, und der in notorio Stehende, wenn er nicht gestand, torquirt. Bambergensis art. 23.

auch die Anregung zur Untersuchung durch Privatanklage, oder durch Beamte, welchen die publicae sollicitudinis cura aufgetragen war, gegeben war. Auch hier unterschied man zwischen grands und petits méfaits, und, in Beziehung auf das Verfahren für dieselben, zwischen einer instruction au grand und au petit criminel *). Eigenthümlich für Frankreich waren von Beamten der Art der stationarii und irenarchae die gentes regis (gens du Roi), welche Cujacius als Advokaten des Fiskus darstellt, die aus dem römischen Rechte und den Klassikern nicht herzuleiten wären! Nach Savigny's Forschungen kann aber der Zusammenhang dieser commissaires du Roi mit jenen römischen Lokalbeamten als unzweifelhaft angenommen werden. Im Beginne der Entwickelung des kanonischen Prozesses hieß der, welcher das Untersuchungsverfahren in Anregung brachte und im Gange erhielt, movens seu prosequens inquisitionem, es war aber derselbe Beamte, wie zur römischen Zeit. So erhielt sich dies officium in Süd-Frankreich, und so hatten diese gens du Roi sowohl die Vorvermittlung vorgekommener Verbrechen, als auch den Fortgang der gerichtlichen Untersuchung und den Urtelsvollzug zu betreiben. Außerdem aber hatten sie, was eben echt französisch ist, einen noch viel bedeutenderen Beruf bei den Provinzial-Gerichtshöfen, den Parlamenten. Diese lagen nicht nur in fortwährendem Kampfe mit dem Absolutismus, und suchten der oberherrlichen Willkühr des Königs eine Schranke zu ziehen, sondern sie strebten auch für sich selbst nach völliger politischer Unabhängigkeit. Bei diesen Parlamenten sollten sie nun sowohl die fiskalischen Interessen der Krone, als auch das souveräne Ansehen der königlichen Macht wahrnehmen. — Sie erhielten ihre Wirksamkeit Jahrhunderte hindurch, wurden im zwölften Jahrhundert unter König Philipp August und später in der ordonnance Ludwig des XIV. von 1670 weiter organisirt; und bestehen noch heute fort unter dem Titel des öffentlichen Ministeriums.

*) Die jetzt crimes genannten Verbrechen, welche vor die Assisen kommen, gehörten zum grand criminel, die délits, welche vor das Zuchtpolizei-Gericht kommen, zum petit criminel. Die contraventions und ähnliche geringe Uebertretungen gehörten überall zum Rügeverfahren vor Polizeibehörden.

In Deutschland fand sich dagegen kein Boden zur Geltendmachung solcher wesentlich politischen Tendenzen. Hier gab es keine nach politischer Unabhängigkeit strebenden gerichtlichen Körperschaften, es brauchte den Gerichten daher nicht erst durch Beamte der politischen Polizei entgegen getreten zu werden. — Ferner fand man, bei der Fortentwicklung des kanonischen Inquisitionsprozesses, den besondern movens seu prosequens inquisitionem (Malefizprokurator) für unnöthig, indem man annahm, daß der Richter doch eigentlich die Untersuchung zu führen, und alles was zur Ueberführung des Angeschuldigten oder zur Ermittlung seiner Unschuld diente, selbstständig zu ermitteln habe. So blieben besondre öffentliche Personen nur noch nöthig zur Wahrnehmung etwaniger fiskalischer Interessen, so wie es dergleichen schon bei den Karolingern als actores Fisci und später in verschiedenen deutschen Ländern als Fiskaladvokaten gegeben hatte. Diese fungirten zwar, als noch die Form des Akkusationsprozesses zum Strafverfahren für nöthig gehalten wurde, auch als Malefizprokuratoren, und als öffentliche Ankläger, insbesondere da, wo es an Privatanklägern fehlte, namentlich im Akkusationsprozesse gegen abwesende Angeschuldigte, oder sie dienten auch, um nach geschlossener General-Inquisition die Inquisitions-Artikel, oder eine förmlich artikulirte Anklage anzufertigen, aber als ein besonders organisirtes Institut wie in Frankreich, gewannen diese Beamte in Deutschland nie rechtes Leben. Zum Theil rührte dies wohl auch daher, daß die Geschäfte des Fiskalats häufig nicht durch stehende Beamte, sondern durch die sonstigen, hierzu speziell bevollmächtigten Advokaten versehen wurden; dies hieß denn in der damaligen Sprache, daß fiscus gegen Jemand losgelassen (excitirt) würde. Je mehr der Inquisitionsprozeß in den Vordergrund trat, desto mehr schwand das peinliche Fiskalat.

Beim Rückblicke auf unsre deutschen Zustände ist es von praktischem Interesse, auf die Kriminalordnung für die Kur- und Neumark vom 8. Juli 1717 *) zurückzugehen. In diesem, auch in die andern preußischen Länder, außer Preußen und Schlesien,

*) C. C. M. Th. II. Abth. III. No. 32.

eingeführten Gesetze, tritt das bisher mehr abstrakt Angeführte, in besonders klarer konkreter Gestalt vor die Augen, und deshalb werden sich die folgenden Allegate rechtfertigen. Im ersten Kapitel wird von der Besetzung des peinlichen Gerichts gehandelt und im §. 10. verordnet:

> bei denen vorkommenden Handlungen und inquisitionibus sollen sämmtliche Gerichtspersonen, insbesondere der Richter sich allemal unpassionirt, und dergestalt indifferent bezeigen, daß sie weder durch eine affektirte Härtigkeit, den Gefangenen übertäuben, noch auch durch unzeitiges Mitleiden ihres Amts und Pflicht vergessen, vor allen aber unzulässiger Bedrohung sich enthalten, noch auch den Gefangenen, durch Versprechen gelinderer Strafe, zur Bekänntniß, der demselben beigemessenen Uebelthat, zu überreden suchen, insgemein aber im Gericht sich also aufführen und betragen, daß die Gefangene nicht Ursach haben, über den Richter oder Gerichtshalter, sich zu beschweren, als welchenfalls, denen inquisitis frei bleibt, sich darüber bei Uns unterthänigst anzugeben.

Im zweiten Kapitel von den Gefängnissen lautet der §. 1.:

> die Obrigkeiten sollen dahin sehen, daß das Gefängniß, so viel möglich leidlich, und also eingerichtet sei, damit es dem Gefangenen nicht zur Strafe gedeihe, und zu solchem Ende, wo thunlich, zweierlei Gefängnisse, als ein anderes zur Strafe, und ein anderes zur bloßen custodie gehalten, und dieses letztere zu nichts, als zur Sicherheit der Gewahrsam zugerichtet werde: dafern es auch nöthig, daß dem Gefangenen auch Fessel angelegt werden müssen, daß solches dennoch also, daß dem Gefangenen, an seinem Leibe, kein Schmerzen dadurch verursacht werde, geschehe; da widrigenfalls dergleichen unbarmherzige, unchristliche Obrigkeiten nicht allein Gottes schwere Strafe zu befürchten, sondern auch dieses vor Uns schwer zu verantworten haben werden.

Im dritten Kapitel wird ausführlich und mit großer Sorgfalt von der General-Inquisition gehandelt, wobei zwar der Inquisitionsprozeß der Theorie nach noch als der außerordentliche, summarisch zu behandelnde, im Gegensatz zum ordentlichen Akkusationsprozesse, benannt, in der Wirklichkeit aber als der Hauptprozeß behandelt wird. Der §. 1. lautet:

Alle und jede Gerichts-Obrigkeit, soll Missethaten, welche wider die gemeine und Reichsgesetze, auch Unsere Landes-Edicta verübet, und strafbar gehalten werden, ahnden, und von Untersuchung der dem Gericht angebrachten, oder sonst gerügten Uebelthaten, sich durch kein Ansehen der Personen, Geschenk, Gifft oder Gaben, Bedrohungen, oder andere dergleichen Mittel abhalten lassen.

Der §. 2:

Es sollen aber die Gerichte, zuforderst, wann sich ein Ankläger angiebt, alsdann sich nach dem Inhalt der peinlichen Halsgerichts-Ordnung, soweit hier nichts besonders verordnet ist, verhalten, mit der Inquisition aber alsdann verfahren, wann entweder von unverläumbden Personen, ein oder mehr, die keine Feinde des Beschuldigten sind, und keine andere Ursachen, das Verbrechen anzubringen haben, als damit solches denen Rechten nach gestraffet und gebüsset werde, dasselbe angebracht wird, oder, da durch den gemeinen Ruff, jemand eines Verbrechens beschuldigt, und sodann befunden worden, daß solches kein eitles und ungegründetes Geschwätze des gemeinen Volks sei, sondern von glaubhaften Leuten entstanden, oder sonsten nicht ohne Grund zu sein scheinen würde, oder, wann jemand auf frischer That betreten wäre, oder sonsten denen Gerichten es kund würde, oder auch, da redliche Anzeigen entstünden, in diesen und dergleichen Fällen, mag und soll die Inquition statt haben.

Der §. 6.:

Wann bei einer dem Gericht angebrachten Uebelthat, beides die That an sich selbst, und dessen Urheber annoch ungewiß sind, soll der Richter, zuforderst um die That, oder das corpus delicti, so viel möglich, zu erforschen bemühet sein.

Der §. 7.:

Bei denen Verbrechen, von welchen man, nachdem sie begangen, durch den Augenschein keine Gewißheit hat, welche man facta transeuntia nennet, als da sind zum Exempel: Gottes-Lästerung, Hexerei, Ehebruch und dergleichen, muß zum wenigsten durch tüchtige und redliche Anzeige, daß dergleichen verübet worden, es sei durch Zeugen, Extra-judicial-Bekänntniß des Verdächtigen oder sonst, beigebracht werden, ehe und bevor, nach der Person, so es begangen, inquiriret werden mag.

Der §. 8.:

Bei offenbaren Verbrechen, welche, nachdem sie verübet sind, einige Merkmale nach sich lassen, als da sind: Verwundung, Todschlag, Einbruch, Mord, Brand, Vergifftung und dergleichen, muß der Richter, sobald das Gerücht davon an denselben gelanget, mit dem Gerichte sich zusammenthun, und den Augenschein davon einnehmen, nach allen Umständen der That, wie, und welcher Gestalt sich selbige zugetragen, fleißig sich erkundigen, und alles unermüdet zum Protokoll bringen lassen.

Der §. 13.:

Wann die That selbst oder das corpus delicti genugsam erkundiget, der Missethäter aber annoch unbekannt ist, sollen anfangs diejenigen Personen, von welchen man dafür hält, daß sie beglaubte Nachricht davon haben, und dem Gericht geben können, vorgefordert, und ihnen ganz gemeine Fragen: Ob sie nicht gehöret, daß dieses oder jenes sich zugetragen? Woher sie Wissenschaft erhalten? Ob ihnen nicht bekannt, daß der Entleibte mit jemand in Feindschaft gelebet? Und wer derselbe sei? Wen sie vor andern in Verdacht hätten, dies gethan zu haben? Woher dieser Verdacht bei ihnen entstanden? Ob sie nicht mehr Personen oder sonst einen andern nennen könnten, der gewissen Bericht von dieser Sache abzustatten wüßte? und dergleichen vorgeleget, und dieselbe zu deren Beantwortung, ingleichen zu Benennung ihres Namens, Alters und Standes ersucht und angehalten werden. Wobei aber der Richter sich vorsehen muß, daß er selbst keine Person, so er verdächtig hält, benenne, und frage: Ob derselbe nicht der Thäter sei? Als welches bei der General-Inquisition nicht erlaubt ist.

Nach §. 15. soll dabei auch der Verdächtige, als Zeuge, aber nicht eidlich in gleicher Art vernommen werden dürfen.

Der §. 16. lautet:

> Wenn der Thäter aus Trieb seines Gewissens sich von selbst angiebt, oder einer, der anderer Uebelthaten bereits überführt ist, mehr Uebelthaten bekennet, sollen die Gerichte mit allem Fleiß, ob dergleichen That würklich verübt sei? erkundigen, auch davon beglaubte Nachricht mit denen benöthigten Umständen ad acta bringen.

Der §. 18:

> Wann beides die That und der Thäter bekannt, oder wider eine Person ein starker Verdacht, daß sie dieselbe ausgeübt habe, entstehet, mag das Gericht, wenn die That eine Lebens- oder schwere Leibes-Strafe verdienet hat, zu Captur schreiten, und den Thäter zur gefänglichen Hafft bringen.

Nach §. 24. muß der Angeschuldigte und sein advocatus pro avertenda inquisitione vollständig gehört und zur Vertheidigung zugelassen werden. Die Akten müssen ihnen vorgelegt werden, um sich daraus beliebige Vermerke abschriftlich zu entnehmen, auf Begehren können sie auch auf ihre Kosten Abschrift der gesammten Akten erhalten.

Das vierte Kapitel behandelt mit gleicher Genauigkeit den zweiten Theil des Verfahrens, die Spezial-Inquisition. Das Verfahren soll mit vollständigen Frage-Artikeln beginnen und darauf die Litiskontestation des Angeklagten erfolgen. Der §. 7. lautet:

> Wann der Inquisit die That und deren Umstände verwegner Weise ableugnet, ist zwar dem Richter erlaubet, die Artikul und Fragstücke also einzurichten, damit der Gefangene der That halber aus seinem eigenen Bekändtniß überzeuget werden möge; Er muß sich aber auch hüten, daß die Artikul nicht gefährlich sein, als wodurch mancher einfältiger Mensch zum Bekändtniß einer That, oder einiger dabei vorkommenden Umstände gebracht werden kann, da er jedoch die That selbst nicht begangen, oder wenigstens die Umstände sich dabei anders verhalten können.

Der §. 11.:

> Wann der Gefangene zur Litiscontestation aufgefordert wird, soll der Richter ihn seiner Bande und Fessel los machen lassen, und zuforderst ermahnen, über dasjenige, worüber er befragt werden würde, die Wahrheit zu sagen, und richtige Antwort zu geben, soll aber mit nichten demselben hart anfahren, mit der Tortur oder sonst drauen, vielweniger mit Schlägen, oder andern harten Traktament die Wahrheit herauszubringen suchen.

Der §. 12.:

> Das Examen soll vom Gerichte und denen Assessoribus allein vorgenommen werden, und der Richter alle andere in der Gerichtsstube sonst Anwesende, ingleichen wann der Gefangene einen Beistand oder Advocatum hätte, denselben herausgehen heißen.

Im fünften Kapitel wird die gesammte Beweistheorie und das Beweisverfahren behandelt und der Standpunkt festgehalten, daß alle Beweismittel und Inzichten zum eigenen Geständnisse des Angeklagten und zur Ermittelung der Wahrheit führen sollen. Die Behandlung der Zeugen anbelangend ist von Interesse der §. 23., welcher bei vorkommenden Widersprüchen derselben untereinander deren Confrontation anordnet, und dahin schließt:

> Es muß aber das Gericht dabei denen Zeugen nur blos ihre vorige Aussage; in soweit sie sich darin contradiciren, wann selbige in gewisse Artikul verfasset ist, vorhalten, die Zeugen unter einander sich bedeuten lassen, aller Suggestion und Ueberredung aber sich gänzlich enthalten.

Das Kapitel 6. behandelt des Inquisiten Defension, Bürgschaft und Entlassung gegen Kaution. Die allenfalls von Amtswegen zu veranlassende Defension steht dem Angeklagten hier jederzeit, auch wenn er ein Geständniß der That abgelegt, unbeschränkt zu, und er erhält im Falle der Armuth auch kostenfreie Abschrift der Zeugenverhöre oder sonstiger Schriftstücke. Der §. 6. bestimmt:

> Der Defensor soll die Defension seinem besten Wissen nach, ausführen, dabei aber sich aller Anzüglichkeiten gegen das Gericht, ingleichen aller Weitläufftigkeit und unnöthigen

Schreibens und Allegirens derer Rechtsgelehrten enthalten, hingegen sein Augenmerk einzig dahin gerichtet haben, nicht wie er schuldige Missethäter durch verbotene Mittel und Chikanen, Anrathung eines Widerruffs des gethanen Bekänntnisses, und andere dergleichen gottlose Künste, der wohlverdienten Strafe entziehen wolle, als welches gegen seinen Advokaten-Eid lauffen würde, und befindenden Falls ernstlich zu ahnden, sondern, wie er alles dasjenige, so zu des Gefangenen Defension, allenfalls zu Milderung der Straffe dienen kann, hervorsuchen, und vorstehen wolle.

und der §. 12.:

Sollte weder der Inquisit, noch auch seiner Anverwandten einer, um dessen Defension bekümmert sein, oder auch der bestellte Defensor, wie es leider! mannigmahl zu geschehen pfleget, dieselbe nur obenhin führen, und die nöthigste momenta defensionis dabei aus der Acht lassen; so soll der Richter um die Vertheidigung des Gefangenen, und Entdeckung dessen Unschuld bekümmert sein, des Endes die Acta ihm bekannt machen, und wo er siehet, daß zum Exempel der Inquisit Wahnsinnigkeit und Mangel des Verstandes, oder Tod-Feindschaft etct. der Zeugen vorschützet, über diesen Punkt aber die Zeugen nicht verhöret, so muß er sie zum andern Mahl, nach vorhergegangenem Eide, Amtshalber hierüber fragen.

Der §. 13. einschärft diese Sorgfalt wiederholentlich dem Spruch-Kollegio, und der §. 15. anordnet die Entlassung des Gefangenen auch in diesem Prozeßstadium gegen Bürgschaft, Geld- oder Eid-Kaution, wenn es sich um geringere Verbrechen handelt, worauf nur Geld- oder Gefängnißstrafe steht, oder auch bei schweren Missethaten, wenn er derselben nicht sonderlich gravirt ist.

Kapitel 7. bestimmt den Prozeß gegen flüchtige und abwesende Missethäter. Ein Strafurtheil wird, ausgenommen bei beleidigter Majestät, „wo gemeinen Rechten nach auch wider Abwesende zu verfahren," in contumaciam nicht erlassen *).

*) Die in diesen sieben Kapiteln ausgesprochenen und in der Hauptsache vorangeführten Grundsätze, sind auch heute noch durch keine Strafprozeß-Ordnung

Kapitel 8. bestimmt die Förmlichkeiten der Akten und deren Abschluß, vor ihrer Versendung an die Fakultäten oder Schöppenstühle. Es verordnet §. 14.:

> Keine Gerichts-Obrigkeit soll befugt sein in Peinlichen Sachen, worinnen inquisitorie verfahren, selbst zu sprechen, sondern es sollen Acta durchgehends zu einem unpartheyischen Richter zum Spruch versandt werden. Dergleichen geringere Verbrechen aber, worüber kein ordentlicher Inquisitions-Prozeß geführet wird, sondern die mit Hals-Eisen, Spanischen Mantel, Gefängniß oder geringer Geld-Straffe bestraffet werden, bleibt der Gerichts-Obrigkeit vor sich, jedoch mit behöriger Circumspection, abzuthun, unbenommen.

Bei dem Spruchkollegium wurde nun über die Existenz des Verbrechens, und über den Grad des wider den Angeklagten geführten Beweises befunden. Im Kapitel 9. wird §. 2. ausdrücklich bestimmt, daß, die Richtigkeit des Thatbestandes vorausgesetzt, zwei tüchtige unverwerfliche und in Rechten beständige Zeugen den Angeschuldigten überführen sollen, so daß es alsdann auch beim Fehlen des Geständnisses der Tortur nicht bedürfen solle. Der §. 1. lautet:

> Wann die Sache also beschaffen gefunden wird, daß der Inquisit der ihm beigemessenen Missethat zwar nicht geständig ist, dieserhalb aber schweren und redlichen Verdacht wider sich hat; So lassen wir es zwar bei der Peinlichen Frage, als dem bishero üblichen und durch die Reichsgesetze festgesetzten Mittel die Wahrheit zu erforschen, annoch ferner bewenden, befehlen aber anbei unsern Justizkollegiis, Juristenfacultäten und Schöppenstühlen, wollen auch ebenfalls auswärtigen Urtelsfassern auf ihre Seele und Gewissen binden, hiebei, als bei einer Sache von äußerster Wichtigkeit, und unersetzlichen Präjudiziis, mit der größten Behutsamkeit und Sorgfalt zu verfahren, damit durch dieses Mittel nicht der Unschuldige zur Bekänntniß einer That,

an gesunder Einsicht und humaner Intention übertroffen worden. Wir führen hier den Wortinhalt an, weil die Bestimmungen auch für unsre jetzigen Richter und Vertheidiger als eine treffliche Instruktion dienen können.

so er nie verübet, gebracht werde, noch auch der Schuldige, bei welchem es keiner scharfen Frage bedarf, wenn er dieselbe ausgestanden, der sonst wohlverdienten Strafe zu entgehen Gelegenheit finde.

Dem Angklagten steht gegen das auf Tortur lautende Beiurtel die Appellation zu. Im Falle der Bestätigung desselben soll das Gericht mit der Peinigung „menschlicher Weise und nach „Zustand des Gefangenen verfahren, und wenn dem Inquisito „ein Zufall begegnete, daß wegen Krankheit oder Schwachheit „die erkannten gradus torturae nicht vollstreckt werden könnten, „soll mit der Peinigung angestanden und Acta, ehe und bevor „selbige konstituirt worden, wiederum verschickt werden.“ Der §. 21. bestimmt:

> Kein Richter oder Gericht ist befugt, weder in der Tortur noch gleich nach derselben, den Inquisitum, ob er nicht mehr verbrochen, gestohlen oder geraubt habe? zu befragen, sondern es muß sich das Gericht desfalls an das Urtel, und die darin vorgeschriebenen Fragstücke, genau binden.

Erst am dritten Tage nach der Tortur darf der Angeschuldigte überhaupt wieder verhört werden, und noch verordnet §. 25.:

> Wann der Gefangene bei seinem in der Tortur gethanen Bekänntniß beständig verbleibet, lieget dem Richter ob, damit man erfahre, ob der Gefangene die Wahrheit gesaget, oder ob er aus Heftigkeit der Schmerzen, aus Verzweiflung oder Ekel des Lebens sein Bekänntniß gethan? nach allen Umständen, so der Gefangene ausgesagt, genau sich zu erkundigen, ob dieselbe in der That sich also verhalten, oder nicht? Da auf den letztern Fall der Inquisit, warum er die Wahrheit nicht gesaget? zu vernehmen, dessen Antwort fleißig aufzuschreiben, und das Protokoll mit denen Actis zu verschicken ist.

Man ersieht, mit wie schwerem Herzen unser Gesetzgeber 1717 einem damals noch allgemeinen Vorurtheile in der Rechtswissenschaft nachgegeben, und wie innig er sich die Sicherung und menschliche Behandlung auch der, schwerer Missethaten angeklagten, Unterthanen angelegen sein ließ.

Das zehnte Kapitel behandelt die Endurtel, deren Eröffnung

und Anfechtung. Es findet weitere Vertheidigung, und wenn sich neue Entlastungsmittel gefunden haben sollten, auch noch eine dritte Instanz Statt.

Obwohl nun in dieser Kriminal-Ordnung noch das Inquisitions-Verfahren als ein außerordentliches, summarisches dargelegt, und der alte Akkusationsprozeß als das ordentliche Strafverfahren angegeben war, so wurde dies doch schon durch Edikt vom 21. August 1724*) aufgehoben, und im §. 2. desselben angeordnet, daß das Untersuchungs-Verfahren nicht nach dem accusatorio, sondern stricte und allein nach dem in der Kriminalordnung deutlich vorgeschriebenen processu inquisitorio zu behandeln sei. Im §. 3. wird erwartet, daß jeder in seiner Maaß und Ordnung allen erdenklichen Fleiß und Attention dahin anwende, daß die Wahrheit und die rechten Umstände der Sache und der Geschichte nur bald und recht gründlich untersuchet, so weit möglich, vollkommen an den Tag gebracht, und dergestalt die zum Inquisitionsprozeß gehörige, in der Kriminal-Ordnung deutlich vorgeschriebene Stücke und modi procedendi, und zwar von denen Richtern in allen dem, was zu dem richterlichen Amt gehöret, und von denen fiskalischen Bedienten, was dererselben Funktion gemäß ist, mit Haltung unter Beiden des gar nöthigen Unterscheids ihrer differenten Funktionen, ohne daß die Fiskäle sich dessen, was zum richterlichen Amt gehöret, anmaaßen oder darin meliren, überall gebührend gebrauchet werden, wobei die inquirirende Richtern oder Iustitiarii noch insonderheit erinnert, und befehliget werden, die Inquisitional-, Probatorial- und Confrontations-Artikul, der klaren Kriminal-Ordnung gemäß selbst und mit gehörigem Fleiße abzufassen und die Inquisiten und Zeugen darüber abzuhören und zu confrontiren.

Man sieht, daß für die Kriminalfiskale in den erheblichen Untersuchungssachen nichts zu thun übrig blieb.

Wenn schon König Friedrich Wilhelm I. sonach 1717 die Folter für den Fall der durch zwei Zeugen nachgewiesenen Thäterschaft beseitigte, so hob Friedrich der Große dieselbe

*) A. a. O. No. 39.

durch Kabinetsordre vom 3. Juni 1740 bei allen peinlichen Untersuchungen auf, jedoch noch mit Ausschluß der Untersuchungen wegen Hoch- und Landesverraths und großer Mordthaten. Im Jahre 1754 wurde die Folter sammt den Zwangsmitteln durch Schläge gänzlich abgeschafft, mit dem Beifügen, daß:

> wenn Delinquent durch Zeugen oder andre klar herausgebrachte Umstände so völlig überführt wird, daß zu seiner rechtlichen Bestrafung nichts weiter als sein eigenes Bekenntniß fehlt, er doch mit der ordinären Strafe, auch mit der Todesstrafe belegt werden könne.

Dies geschah in Preußen längere Zeit vor dem Toulouser Justizmorde an Johann Calas, und bevor Cäsar Beccaria in seinem Werke von den Verbrechen und den Strafen, gegen die Folter aufgetreten war.

Das war ein großer Schritt weiter; unsre Kriminal-Ordnung vom 11. Dezember 1805 enthält aber auch alle trefflichen Satzungen jener älteren Strafprozeßordnung, und gründet sich auf das Inquisitionsprinzip, auf das alleinige Wirken des untersuchenden Gerichts für Anklage und Vertheidigung, mit beschränkter Zulassung eines Defensors. Da sie gegen erstinstanzliche Erkenntnisse materielle Berufung an eine höhere Instanz, und nicht bloße Kassations-Rekurse, zuläßt, so bedingte schon dies die Schriftlichkeit des Verfahrens. Zur Beschränkung des richterlichen Ermessens über den Nachweis der Thäterschaft hat sie fesselnde Beweisregeln aufgestellt, ohne deren zutreffendes Vorhandensein überhaupt keine oder doch nicht die ordentliche Strafe ausgesprochen werden durfte. Sie ist unbedingt das gelungenste Werk unter den preußischen Gesetzbüchern, und der Minister Kircheisen nannte sie 1807 nicht ohne Grund das Palladium der Unschuld, der Ehre, der Freiheit, des Lebens, und des Vermögens des Volkes*). Aber die Zeit steht nicht still, und es dauerte nicht lange, so erhoben sich viele Stimmen gegen die in der Kriminal-Ordnung aufgestellten und beziehungsweise festgehaltenen Prinzipien. Gegen den Geist der Milde und Gerechtigkeit, der das ganze Werk durchweht, ist allerdings Niemand aufgetreten,

*) Mathis, allgemeine juristische Monatsschrift, Bd. 4. S. 236.

aber bemängelt wurde die Beschränkung der Vertheidigungsmittel der Angeklagten, das Fesseln der Richter durch bindende Beweisregeln, die durchgängige Schriftlichkeit und Heimlichkeit des Verfahrens, und die unnatürliche Vereinigung der Funktionen des Anklägers und Inquirenten, ja wohl auch des Vertheidigers, in einer und derselben Person. Was das Letztere anbetrifft, so ist allerdings nicht zu verkennen, daß der Richter durch Uebernahme der eigentlichen Anklage-Funktion leicht aus seiner Sphäre eines unparteiischen Organs des Gesetzes herausgerissen, und in eine falsche Stellung gebracht werden kann und es auch häufig wird. Auch abgesehen von einem an sich vielleicht löblichen Eifer für die Sicherung der Staatsgenossen, der ihn irre führt und ihn in einseitige und befangene Ansichten verstrickt, macht schon die Handhabung des eigentlichen Richteramtes so große Anforderungen an den ganzen Menschen und an alle seine Talente und Kenntnisse, daß eine Verbindung beider Rollen nothwendig die Funktionen der einen zu Gunsten der andern benachtheiligen muß. Anderseits freilich kann hiermit nicht gemeint sein, die Geschichte um Jahrhunderte zurückzuschieben, und mit Hervorholung des alten privatlichen, also niedrigen Akkusationsprozesses, die Verhandlungs-Maxime in das Strafverfahren wieder einzuführen, vom Inquisitionsprozesse zu abstrahiren, und den Richter an das Vorbringen des Anklägers und des Angeklagten dergestalt zu binden, daß er für jeden andern Beweis der Schuld oder Unschuld die Augen geschlossen zu halten hätte. Das hieße das Verbrechen wieder zu einem Privatgeschäft machen, und die Idee der Gerechtigkeit und des öffentlichen Wohles in das Nichtwissen stellen. Zu bestehen ist nur darauf, daß man von dem *einen* Richter nicht noch mehr als ungewöhnliche Charakterstärke, Eifer und Thätigkeit fordere, und ihm neben dem hohen richterlichen Berufe, nicht auch noch die ebenfalls einen ganzen Mann erfordernden Lasten des Anklägers und des Vertheidigers auferlege.

Was den Kampf zwischen den Anhängern des s. g. geheimen und schriftlichen Verfahrens und denen der Oeffentlichkeit und Mündlichkeit desselben anbelangt, so genügt es hier auf die diesfälligen zahlreichen Schriften hinzuweisen, indem derselbe für uns entschieden ist zu Gunsten des Letztern, und wie wir hoffen, auch zu Gunsten der Wahrheit und Gerechtigkeit. — Noch im revidirten Entwurf zur Strafprozeß-Ordnung vom Jahre 1841 sind alle Prinzipien der Kriminal-Ordnung bis auf ein, allerdings in unpraktischer Weise angefügtes mündliches Verfahren, festgehalten worden. Dagegen wurde in dem Gesetze über das strafrechtliche Verfahren bei den Berliner Gerichten vom 17. Juli 1846 *) das System der Staatsanwaltschaft, der Oeffentlichkeit und Mündlichkeit, nach dem Vorbilde der französischen Strafprozeß-Ordnung aufgenommen, das System der außerordentlichen Strafen beseitigt, das Geschwornen-Institut aber damit nicht verbunden. Die Aufnahme dieses Institutes erfolgte erst durch die Verordnung vom 3. Januar 1849.

Kapitel III.

Französische Gerichtsverfassung und Strafprozedur. **)

Die Verordnung vom dritten Januar 1849 ***), die uns über die zum Schlusse der Einleitung beregten Punkte die nöthige Auskunft geben soll, erweis't sich auf den ersten Blick als ein unvollständiges Werk. Inhaltlich großen Theils eine Uebersetzung oder Umschreibung paralleler Stellen der französischen Strafprozeßordnung, nur hier und da nach den neueren Erfahrungen gebessert, und dann sich anlehnend an unsre Kriminal-Ordnung, — in dieser unvollendeten Gestalt leidet auch sie, wie so viele unsrer Novellen, an dem Nachtheile, daß ihre Anwendung erschwert wird, durch das nöthige Vergleichen des Neuen mit dem theilweise aufgehobenen Alten. Die Grundprinzipien des neuen Gesetzes treten unklar oder gar nicht hervor, so daß wesentliche Ergänzungen und Veränderungen desselben unfehlbar werden

*) Gesetz-Sammlung S. 267.

**) Litteratur: Hagens, Ueber die Einführung der Geschworenen für Civil- und Kriminalsachen in Deutschland. Paderborn. Wesener. 1848. Code de Procédure civile; Code d'Instruction criminelle; Ruppenthal, Justiz-Verfassung in der Rheinprovinz; v. Kamptz, Jahrbücher. Bd. 17. p. 308.

***) Gesetz-Sammlung für die Königl. Preuß. Staaten. 1849. Seite 14.

eintreten müssen. Aber auch abgesehen von der Anwendung des Gesetzes wird schon durch die formelle Mangelhaftigkeit desselben, im Volke das Vertrauen zu der Befähigung der gesetzgebenden Organe, und mittelbar also auch die Ehrfurcht vor ihrem Werke, dem Gesetze selbst, geschwächt. Denn ein tüchtiges Gesetz muß sich als ein dauerndes bekunden, und sich nicht schon der Form nach, von vorn herein, als ein mangelhaftes vorübergehendes Ergebniß augenblicklicher, wenn auch drängender Umstände darstellen. Dazu kömmt nun noch, daß jenes Alte, ohne dessen genauere Kenntniß unsre neue Verordnung durchaus nicht lebendig werden kann, für viele unsrer preußischen Richter und Bürger etwas sehr Unbekanntes, und also doch auch Neues ist. Nämlich zur lebendigen Erfassung unsres Gesetzes, und zu dessen richtiger Verwirklichung im Leben, ist es fast unerläßlich, sich bekannt zu machen, nicht nur mit der französischen Quelle, aus welcher fast ausschließlich geschöpft worden, sondern auch mit der Art, wie sich dieses französische Verfahren im Laufe der Zeit, in der Wirklichkeit zu Recht oder Unrecht herausgebildet hat.

Zu diesem Behufe folgt hier, in gedrängter Darstellung, das Wesentlichste über die französische Gerichtsverfassung und Strafprozedur.

Ständige ausschließliche Kriminal-Gerichte, wie es in Preußen an den Inquisitoriaten gegeben, hat Frankreich nicht.

Die Civil-Justiz wird verwaltet:

1. Durch Bezirks-Einzelrichter, Friedensrichter genannt. Sie entscheiden die Bagatellsachen und besorgen selbstständig oder im Auftrage mehre Justizverwaltungs-Angelegenheiten.
2. Durch Kreisgerichte (am Rhein Landgerichte genannt). Sie bilden die erste Instanz für alle übrigen Civilprozesse, und sind die Appellrichter in Bagatellsachen.

   Besondere technische Gerichte, als Fabrik-, Handelsgerichte u. s. w. können hier unberücksichtigt bleiben.
3. Durch den Appellhof (Cour royale). Er bildet die zweite Instanz für die bei den Kreis- und Handels-Gerichten in erster Instanz entschiedenen Sachen.
4. Durch den Kassationshof, zur Entscheidung über Nich-

tigkeiten, sei es wegen formeller Rechtsverletzungen (Nichtigkeitsklage) oder wegen materieller (Kassations-Rekurs). Derselbe soll das Ansehen der Gesetze aufrecht erhalten, durch Vernichtung aller richterlichen Entscheidungen, welche das Gesetz verletzen; und die Grenzen der Zuständigkeit sichern, durch Zurückweisung aller Uebergriffe.

Die Gerichte zu 2, 3 und 4 sind hauptsächlich rechtsprechende Behörden, nur die Friedensrichter sind auch Civil- und Polizei-Verwaltungsbeamte. Die bei uns der Justiz obliegenden Verwaltungsgeschäfte werden größtentheils von Personen gehandhabt, die vom Richteramte in völliger Trennung bestehen, so das Notariat, die Personenstandsbeamten, die Hypothekenbewahrer, die Gerichtsvollzieher. Andere Geschäfte aber, als: die Beaufsichtigung des Personenstandes, Sorge für abwesende Personen, freiwillige Ehescheidungen, Adoptionen, Züchtigung ungerathener Kinder, Vormundschaftswesen, amtliche Entmündigungen, Aufnahme von Erbschafts- oder Gütergemeinschafts-Verzichten, Bestellung von Kuratoren bei vakanten Verlassenschaften, Zwangsvollziehung gerichtlicher Urtheile, Ertheilung des Armenrechts zur Prozeßführung, Verfolgung der Verbrecher und Vollzug der Strafen, Bauangelegenheiten der Gerichts-Lokale u. s. w. werden auch in Frankreich durch die Gerichte verwaltet, weil eines Theils bei diesen Gegenständen eine vorzüglich genaue Kenntniß der Gesetze, und ein strenges Festhalten an Formen erforderlich ist, andern Theils aus mehren hieher gehörigen Ereignissen die umfangreichsten und wichtigsten Privatrechte herfließen, und endlich weil einige dieser Gegenstände mit dem Rechtsprechen selbst in einem unzertrennlichen Zusammenhang stehen.

Der größere Theil dieser und andrer Verwaltungs-Gegenstände ist jedoch einer Verwaltungsbehörde übertragen, welche neben dem Richteramte, und in innigster Verbindung mit den Gerichten besteht, diese ist das öffentliche Ministerium, die Staatsbehörde, oder die Prokuratur. Die Staatsbehörde soll nach den Worten der Napoleonischen Gesetzgebung die Wächterin des Gesetzes, die Disziplinar-Aufsichtsbehörde über alle, auch die richterlichen Beamten, der Schirm aller unmündigen Personen, der Mittelpunkt der gerichtlichen Verwaltung im engern Sinne und der Geschäftsverbindung mit andern Behörden, endlich auch und vorzüglich Anwalt des Staates im engern Sinne sein.

Diese Staatsbehörde besteht bei den Gerichten zu 4 und 3 aus General-Prokuratoren und General-Advokaten, in Assistenz von mehren Staats-Prokuratoren, und bei den Gerichten zu 2 aus einem Ober-Prokurator mit Beiordnung mehrer Staats-Prokuratoren. Bei den Friedensgerichten wird die Staatsbehörde nur dann vertreten, wenn dieselben als Polizeigerichte fungiren. In den Polizeisachen vertreten aber keine besondren Prokuratoren, sondern die Bürgermeister oder Polizeikommissarien, in den rheinischen Städten auch Referendarien*) das öffentliche Ministerium.

Das Strafverfahren anbelangend, ist zuvörderst die französische Charakterisirung der unerlaubten Handlungen vorzubemerken. Nach Art. 1 Code pénal wird eine Gesetz-Uebertretung, welche mit Polizeistrafen bis 15 Francs oder bis 5 Tagen Gefängniß gerügt wird Contravention genannt; diejenige, welche mit Besserungs-, korrektionellen Strafen, also Geldstrafen über 15 Francs und 6 Tage bis 5, auch beim Rückfalle 10 Jahre Freiheitsstrafe, auch mit zeitlichem Verluste gewisser Ehren, politischen und Familien-Rechte belegt wird, heißt délit, endlich diejenige, welche mit peinlichen und entehrenden Strafen bestraft wird, crime **).

Was sodann die Gerichts-Hierarchie anbetrifft, so läuft dieselbe im Strafprozesse der vorerwähnten Organisation der Civil-Justiz parallel, nur daß noch für die Crimes das Assisen-Gericht eingeschoben ist. Es werden also entschieden:

1. Beim Friedensgericht die Contraventions. — Hier heißt dasselbe das Polizeigericht. Auch die Maire's haben eine beschränkte Polizei-Gerichtsbarkeit. —
2. Beim Kreisgericht (Landgericht) die délits in erster, und die Contraventions in zweiter Instanz. — In Beziehung auf diese Beschäftigung heißt das Gericht das

*) Zu vergleichen: Perrot, Gerichtsverfassung der Rheinprovinz. Seite 143. 373 flg.

**) Wie mangelhaft diese Begriffseintheilung der Gesetzübertretungen nach dem Kennzeichen des Strafmaaßes und der Strafart, statt nach der inneren Natur der Vergehen ist, kann hier nicht weiter beregt werden. Rossi bemerkt aber mit Recht a. a. O. p. 32: Die Eintheilung der strafbaren Handlungen

Zuchtpolizeigericht (Tribunal correctionel; art. 179. Code d'instruction criminelle.) *)

3. Beim Appellhofe die délits in zweiter Instanz.

4. Falls hier ein wesentlicher Formfehler vorgekommmen, oder ein Gesetz in der Anwendung verletzt worden, findet an den Kassations-Hof Rekurs Statt, welcher geeigneten Falls das Urtheil vernichtet und die Entscheidung in der Hauptsache an ein anderes Gericht verweist.

5. Die Staatsbehörde in den vorangegebenen Organen muß allen Missethaten nachspüren, die Beweise sammeln, die Missethäter vor Gericht stellen, hier als Kläger die Klage und die Beweismittel vortragen und vorführen, die gesetzliche Strafe in Antrag bringen, im Falle nicht nach ihren Anträgen erkannt wird, die geeigneten Rechtsmittel ergreifen, die Sache in der höheren Instanz ebenso vorbringen, und endlich das ergangene Urtheil vollstrecken. Um so ausgedehnten Pflichten genügen zu können, stehen der Staatsbehörde die das ganze Land bedeckenden Feld- und Waldhüter, Gensdarmen, Gerichtsvollzieher, Polizei-Kommissare, Bürgermeister und Beigeordnete der Bürgermeister, Friedensrichter, Untersuchungsrichter als Hilfsbeamte der gerichtlichen Polizei, zur Seite und beziehungsweise zur Verfügung.

Dem verletzten Individuum steht es frei, sein Civil-

in Uebertretungen, Vergehen und Verbrechen, als Eintheilung, welche der materiellen und willkührlichen Thatsache der Strafe entnommen ist, bekundet schon an sich allein den Geist des Code und des Gesetzgebers. Das heißt soviel, als sagte man zu dem Volke: bemühe dich nicht, die innere Natur der menschlichen Handlungen zu untersuchen, sieh nur auf die Staatsgewalt: läßt sie Jemand den Kopf abschneiden, so bedenkt euch nicht, es ist gewiß ein großer Verbrecher. Das enthält eine so große Verachtung der Menschen, und einen solchen Anspruch auf Despotismus in allen Dingen, sogar in der Moral, daß man ohne zuviel zu wagen, nach diesem art. 1. auf den Geist des ganzen Code schließen könnte! — Wir verweisen hierbei nur noch auf die Vorstellungsart der Römer, wonach die infamia nicht an das Freveln, sondern an das Verurtheiltwerden geknüpft ist. —

*) Fortan werden die Artikel dieser französischen Strafprozeß-Ordnung ohne weitern Beisatz angezogen.

interesse, d. h. den erlittenen Vermögensschaden, unabhän- von der Staatsbehörde, einzuklagen.

Was hiernächst das Verfahren angeht, so findet

1. bei den (Friedens-) Polizeigerichten über die dort vorkommenden unbedeutenden Contraventionssachen nur ein sehr summarisches, und im Fall des Ausbleibens des Angeklagten, Contumazial-Verfahren Statt.

Das kondemnirende Urtel muß jedoch motivirt sein mit Anführung des wörtlichen Inhalts des entscheidenden Strafgesetzes (art. 163.). Findet der Polizeirichter, daß das Vergehen seiner Kompetenz nicht unterliegt, so verweist er die Sache an die Prokuratur beim Zuchtpolizei-Gericht (Kreisgericht) (art. 160.).

2. Beim Zuchtpolizei-Gerichte, welches mit 3 Richtern erkennt, bringt die Staatsbehörde alle durch Organe der Polizei, durch Gerücht, Denunciation oder Anzeige des Verletzten, sei es daß dieser als Civilpartei mit auftreten will oder nicht, zu ihrer Kunde kommenden délits und crimes zur näheren Ermittelung, Inquisition (recherche) und zur Verfolgung (poursuite). Die Civilpartie kann auch ihren Entschädigungsantrag unmittelbar beim Gericht anbringen, welchenfalls dieses das Gesuch (plainte) zuerst der Staatsbehörde vorlegt zur Bildung ihrer Anträge. — Von den crimes soll nachher gesprochen werden. Was aber die délits anbelangt, so beantragt die Staatsbehörde entweder sofort beim Gericht die poursuite d. h. die Einleitung des sonst zweiten akkusatorischen Prozeßtheils — wenn die Polizeibehörden die an sich klare Sache schon genügend vorbereitet haben, oder sie begehrt, unter Mittheilung der polizeilichen Akten oder der Anzeige, zuerst die Inquisition. Dieses letztere Begehren wird aber nicht an das Gericht, sondern unmittelbar an den Untersuchungs-Richter gestellt. Bei jedem erstinstanzlichen Gericht giebt es wenigstens einen Untersuchungsrichter.*) Die Staats-

*) Der Napoleonische Despotismus hat die Ernennung des Untersuchungsrichters nicht dem Gerichte überlassen mögen, sondern dieselbe seinem Minister vorbehalten. Die Untersuchungsrichter auf 3 Jahre oder länger ernannt, sind in ihren Inquisitionen unabhängig vom Gerichte, unterliegen aber der Oberaufsicht der Staatsbehörde. Auf diese Weise hängt das Loos der Angeschuldigten und Verhafteten vielleicht, und sehr oft, lange Zeit hindurch lediglich ab, nicht von unabhängigen Richtern, sondern von Ministerialbeamten. art. 55. 57.

behörde stellt bei diesem nur sehr im allgemeinen und blos der Form wegen ihre Anträge, so daß ihm in der Behandlung des Inquisiten und der Sache ganz freie Hand bleibt. Diese Freiheit wird denn auch benutzt. Die Oberflächlichkeit, mit der in Frankreich die Thatbestände aufgenommen werden, ist bekannt; allgemein ist aber auch die Klage über die langwierigen Verhaftungen und Verschleppungen der Voruntersuchungen. Ueber das Verfahren und die Verhaftung fehlt es an Vorschriften. Mandate de comparution (zu erscheinen), d'amener (zu sistiren) und de dèpôt (der einstweiligen Zurückbehaltung in Haft) erläßt er nach alleinigem Ermessen; nur zum förmlichen Haftbefehl, Mandat d'arrêt, bedarf er des förmlichen Antrages der Staatsbehörde. Rückfällige Verdächtige sollen immer verhaftet werden. Ueber Entlassung gegen Caution, die niemals unter 500 Francs betragen darf, beschließt die Rathskammer des Gerichts, bestehend aus dem Untersuchungs-Richter und noch zwei Gerichtsmitgliedern. Die Ausführung aller seiner Befehle vermittelt er durch die Staatsbehörde. Diese darf, außer in Fällen der handhaften That, nicht selbst Informations- und Instruktions-Handlungen vornehmen. Inquirent vernimmt nun Zeugen, einzeln und ohne Anwesenheit des Angeklagten, art. 73, Sachverständige u. s. w., und inquirirt auf ein Geständniß des Inquisiten, welches, sobald es einmal in den Akten steckt, für den akkusatorischen Prozeßtheil immer seine Bedeutung behält, zumal wenn es dazu dient, Mitschuldige und andere Inzichten zu ermitteln. Da der Untersuchungs-Richter auch die Gefängnißpolizei hat, so giebt es für den Verhafteten kein Mittel der Beschwerde, er muß sitzen und mit sich nach Ermessen inquiriren lassen, bis nach der förmlichen Anklage der Tag der Audienz kommt, wo er vor dem Publikum seine Beschwerden vorbringen kann. Allerdings soll der Untersuchungs-Richter allwöchentlich der Rathskammer Vortrag halten, art. 127, und der Prokurator jede Woche, art. 249, dem General-Prokurator beim Appellhofe eine summarische Uebersicht der schwebenden Sachen übergeben — allein das ist Formsache geworden. Glaubt nun der Untersuchungsrichter die Inquisition beendigt, so übergiebt er die Akten der Staatsbehörde und diese stellt beim Gericht ihre Anträge, welche entweder auf das Audienzverfahren, oder auf Entlassung, oder auf Verweisung vor das Polizei-Gericht, oder gar vor die Anklagekammer des Appellhofes gerichtet sein können, je nachdem genügende Indizien für ein délit gegen den Inquisiten vorliegen, oder gar keine, oder nur eine contravention oder aber ein crime obwaltet. Die Rathskammer faßt hierüber in nicht öffentlicher Versammlung und ohne Anhörung des Angeklagten Beschluß; art. 128 ff.; und wenn wegen des délit das öffentliche Verfahren Platz greifen soll, wird Inquisit vor das Zuchtpolizei-Gericht, also die andere Abtheilung des Kreis-Gerichts von drei Mitgliedern, art. 130. 182., verwiesen.

Zur öffentlichen Audienz laden die Staatsbehörden die Civil-Partei und der Angeschuldigte insgesammt ihre Zeugen vor, jedoch wird vom Gerichtsschreiber nicht förmlich protokollirt, sondern nur eine summarische Notiz von dem in der Audienz Vorgefallenen registrirt. Der Angeschuldigte wird abgehört, und vertheidigt sich selbst, oder läßt sich, wenn er will, durch einen Advokaten vertheidigen; die Staatsbehörde begründet die Anschuldigung und stellt ihre Strafanträge; und das Gericht eröffnet seine motivirte Sentenz. Der art. 195 bestimmt: in dem dispositiven Theile jedes verurtheilenden Erkenntnisses, also in der Urtelsformel sollen ausgesprochen werden: die Thatsachen, deren die zur Untersuchung gezogenen Personen für schuldig, oder verantwortlich, (dies bezieht sich auf den Civilpunkt) gehalten werden, die Strafe und die Civilschuld. — Der Text des Gesetzes, welches zur Anwendung gebracht wird, muß in der Audienz vom Präsidenten vorgelesen werden; dies muß in den Urtelsgründen erwähnt, und der Text auch dort angeführt werden bei 50 Francs Strafe für den Gerichtsschreiber.

Den beiden Hauptparteien, und auch der Civilpartei, wegen ihres Interesse, steht die Appellation an den Appellhof offen.

Bei diesem wird in der Regel auf Grund jener summarischen Registratur und nach einem stattgehabten Audienz-Verfahren, schließlich erkannt. Jedoch können sowohl die Parteien, als der Appellhof von Amtswegen, die abermalige Abhörung der Zeugen, und die Vernehmung neuer Zeugen veranlassen.

Gegen das 2te Erkenntniß findet in beregter Art nur der Kassations-Rekurs statt.

Keines der genannten Gerichte und Richter, ist im Verfahren an sonstige bestimmte Vorschriften, namentlich an bestimmt fesselnde Beweistheorien gebunden. Im Haupttheile der Untersuchung (der Inquisition) findet ein unbeschränkt heimliches und schriftliches Verfahren statt, und im formell akkusatorischen Theile werden Geschworene nicht zugezogen.

Was nun ferner die crimes anbetrifft, so ist dieserhalb im Code ein für allemal die Nothwendigkeit der gerichtlichen Voruntersuchung und der Präventiv-Haft ausgesprochen (art. 113). Das neueste französische Recht macht hinsichts der Preßvergehen hiervon eine Ausnahme, indem diese durch unmittelbare Ladung ohne Voruntersuchung vor die Assisen gebracht werden können. Hinsichts der crimes findet sonach das vorhin über die Art, den Gang und die Führung der Voruntersuchung durch den Untersuchungsrichter des erstinstanzlichen Gerichts Gesagte, volle und vorzugsweise Anwendung. Nach Beendigung der Inquisition stellt die Staatsbehörde bei der Rathskammer des Kreisgerichts den Antrag, auf Verweisung der Sache an die Anklagekammer des Appellhofes. Nur wenn in der erstern Einstimmigkeit obwaltet, also der Untersuchungsrichter, welcher dazu noch selbst Referent ist, mit seinen beiden Collegen übereinstimmt, kann der Antrag zurückgewiesen werden, andernfalls muß demselben Statt gegeben werden. Im erstern Falle hat die Staatsbehörde und die Civilpartei den Recurs gegen den Beschluß, und der Gefangene bleibt einstweilen sitzen. Andernfalls übermacht der Prokurator die Akten und den Beschluß dem Generalprokurator am Appelhof, und dieser muß binnen 5 Tagen der Anklagekammer, einer Abtheilung des Appelhofes von 5 Mitgliedern, Vortrag halten, und seine Anträge, betreffs Verweisung der Sache vor die Assisen, machen. Auch hier findet keine Oeffentlichkeit Statt, und Inquisit wird nicht gehört, jedoch steht es ihm (art. 217) frei, zur Abwendung der Untersuchung eine schriftliche Vertheidigung einzureichen, wovon aber gut berathene Inquisiten nie Gebrauch machen. Denn wenn sie darauf doch vor die Assisen verwiesen werden, pflegt der Ankläger vor den Geschworenen aus der

Nichtbeachtung dieser Defension bei der Anklagekammer des Appelhofes, sehr nachtheilige Folgerungen gegen den Inquisiten herzuleiten. Zwar sollte wohl nach art. 222 der Gerichtsschreiber den Richtern der Anklagekammer die Voruntersuchungsakten vollständig vorlesen, dies unterbleibt jedoch gewöhnlich, weil es nicht bei Nichtigkeit angeordnet ist — wie denn überhaupt viele nicht gerade bei Nullität vorgeschriebene Formalien nicht beachtet werden.

Die Anklagekammer soll sodann lediglich unter sich, auch unter Entfernthaltung des Gerichtsschreibers, berathen, und wenn sie nicht auf weitere Informativ-Inquisition interloquirt, so beschließt sie, je nach dem Befunde die Entlassung des ohne Grund verfolgten Inquisiten*), oder dessen Zurückweisung an das Polizei- oder Zuchtpolizei-Gericht, je nachdem in der dem Angeklagten zur Last gelegten That nur eine contravention oder ein délit gefunden wird. Nimmt sie aber ein crime für hinlänglich dargethan an, so erfolgt die Verweisung des Angeklagten vor die Assise. Die Anträge der Staatsbehörde und die Namen der Richter müssen im Beschlusse bei Nichtigkeit angeführt werden **) (art. 234). Die Staatsbehörde und der Inquisit haben gegen diesen Beschluß Nullitäts-Rekurs ***). Wird die Verweisung der

*) In diesem Falle ist Inquisit von der Sache entbunden, bis dahin, daß sich neue Belastungsmittel gegen ihn erheben, und eine neue Untersuchung gegen ihn eingeleitet ist. (art. 246.) Wenn in England und Amerika die Grandjury (Rügegeschworenen) das Anklagelibell ebenmäßig zurückweist, mit der Formel ignoramus, oder not found (nicht gefunden), so hat dies gleiche Wirkung. Conf. Einführung der Geschworenen pag. 28. 38.

**) Die Anklagekammer muß in einem und demselben Beschlusse über alle konnexe Sachen befinden. Der art. 227. nimmt dann Connexität an, wenn die Verbrechen gleichzeitig verübt worden durch mehre vereinigte Personen, oder wenn auch zu verschiedenen Zeiten und an verschiedenen Orten, jedoch in Folge vorheriger Verabredung, oder wenn das eine Verbrechen verübt worden als Mittel zur Begehung des andern, oder zur Erleichterung seiner Ausführung, oder zur Sicherung der Straflosigkeit.

***) Es giebt hier jedoch nur unerhebliche Nullitätsmittel (art. 299) nämlich wenn die Anklagekammer nicht mit 5 Richtern besetzt gewesen, wenn die Staatsbehörde nicht gehört worden, und wenn überhaupt kein Strafgesetz vorhanden. Der Kassationshof muß sofort über die Beschwerde entscheiden (art. 300). Die Untersuchung geht jedoch einstweilen vor der Assise fort, bis zu den Debatten. (art. 301.)

Sache vor die Assise erkannt, so hat die Staatsbehörde am Appelhof den Anklageakt zu verfertigen, wofür keine Frist gestellt ist. Nach art. 241. soll die Anklageakte darlegen: 1. die Natur des Verbrechens, welches die Grundlage der Anklage bildet. 2. Die Thatsachen mit allen Schärfungs- und Milderungs-Gründen. Deutliche Benennung und Bezeichnung des Angeklagten. Schließen soll die Akte mit folgendem Resumé:

„diesemnach wird N. N. angeklagt, „den und den" Mord,
„Diebstahl oder anderes Verbrechen, mit „den und den"
„Umständen verübt zu haben"

Der Anklagebeschluß ist gewöhnlich sehr kurz und bündig, und enthält die Person des Angeklagten, das Verbrechen, dessen er belastet wird und die Verdachtsgründe. Die beim Kriminal-Gerichte zu Berlin*) übliche Form:

„der N von X. wird wegen zweiten gewaltsamen Dieb-
„stahls in den Anklage[zu]stand versetzt. Die Existenz und
„die Natur dieses Verbrechens ist durch die Aussage des
„Bestohlenen, die Thäterschaft des bereits wegen gewalt-
„samen Diebstahls bestraften Angeklagten aber durch die
„Angaben der glaubwürdigen Zeugen A., B., C. wahr-
„scheinlich gemacht"

ist dem französischen ganz entsprechend. —

Was dagen die französische Anklageakte anbetrifft, so sticht dieselbe sehr ungünstig ab, gegen die einfache und objektiv gehaltene Anklageschrift der Engländer und Amerikaner. Wir haben uns darüber in der Abhandlung über die Einführung der Geschworenen geäußert,**) und können auch jetzt nichts davon abnehmen. Obwohl die Anklageakte eigentlich nichts sein soll,

*) Justiz-Ministerialblatt. 1848. pag. 15.

**) Seite 37. „Das Indeitment ist daher in der Regel sehr kurz, und „enthält auf kaum einem halben Bogen die kurze Angabe der That und des „Thäters mit Bezugnahme auf die Zeugennote. Die Anklageschrift ist ein für „allemal frei von der Anreizung und Aufregung der Richter und aller künst„lichen Inzichten-Verwebung. Wie grell stechen gegen diese ehrliche Einfalt „die französischen actes accusations und die Berichte mancher deutschen Skru„tinialrichter ab, welche dicke Hefte bilden, mit faits généraux und faits par„ticuliers, ein zwei Stock hohes, sehr künstliches und auf perspektivische Wir„kung, nicht aber auf nähere vorurtheilsfreie Prüfung eingerichtetes Gebäude, als der Entwurf der Anklage, welche der Staat, auf Ermächtigung der Anklagekammer, beim Assisenhofe durch seinen Anwalt gegen den Angeklagten anstellen will, und obwohl, wie wir nachher sehen werden, dieser Anwalt vor der Assise das ganze mündliche Verfahren mit seiner Anklage und deren Begründung eröffnet, trotz dem werden diese Schriftstücke gewöhnlich überreich ausgedehnt, und liefern neben einem völligen Aktenextrakt, übermäßige Exkurse über den Angeklagten. Der eine Theil, welcher das Petitum enthält, producirt nur den Präjudizialantrag der Schuld, keinen Strafantrag, indem dieser erst nach dem von den Geschworenen erlassenen Schuldbefunde durch den Staats-Anwalt beim Assisenhofe gestellt wird. Nach Maaßgabe des Anklagebeschlusses wird das Verbrechen auf den Grund der Erfordernisse, welche das Strafgesetz beim betreffenden Thatbestande bedingt, und unter Anschmiegung an die Worte des Gesetzes auseinander gesetzt. Bis hierher ist alles trocken und summarisch gehalten, dagegen beginnen die Mängel und Händel in der nur zu speziellen Geschichtserzählung des zweiten Theils. Die ingravirenden Inzichten, die Aussagen der klassischen und nicht klassischen Belastungszeugen, Vermuthungen und sonstige Hypothesen, Alles: Allgemeines und Spezielles, Vergangenes und Gegenwärtiges wird zu einem lebhaften, den Leser oder Zuhörer aufstachelnden und voreinnehmenden Libell zusammengelegt.

Und damit endigt das schrankenlose geheime und schriftliche, Inquisition genannte, polizeiliche Vorverfahren, damit wird der gefangene Angeklagte entzogen der beliebigen Behandlung und wohl auch Maaßregelei des Polizei-Inquirenten und der denselben beaufsichtigenden Prokuratur, welche insgesammt vom Ministerium abhangen, und denen die Selbstständigkeit und Unabhängigkeit unsres Richteramtes nicht zukömmt. Der Angeklagte erhält Abschrift des Anklagebeschusses und der Anklageakte, und binnen 24 Stunden darauf muß er in das Gefängniß des Gerichts hinübergebracht werden, bei welchem die Assise abgehalten wird. Nur ein neuer Uebelstand tritt für den Angeklagten ein; der

„deren Vorlesung oft Stunden lang dauert, und die Geschworenen aus allem „richterlichen Gleichmuthe aufstacheln soll."

Assisen-Präsident, dessen Amt beim öffentlichen Anklageverfahren das des Inquirenten, und des sehr einflußreichen Inquirenten ist, wird zwar aus den Mitgliedern des Appellhofes entnommen, aber die Auswahl und Ernennung geschieht wieder durch die Verwaltungsbehörde: durch den Justizminister. Und ein fortgesetzter Uebelstand, wenn auch in kleinerem Maaßstabe bleibt bestehen: während der Angeklagte im geheimen Verfahren ohne allen gesetzlichen Schutz und ohne Beirath eines Vertheidigers der Verfügung eines Untersuchungs-Richters anheim gegeben war, tritt er zwar mit einem Vertheidiger vor die Oeffentlichkeit, aber er muß mit ungleichen Waffen kämpfen, und so wird der Kampf kein ehrlicher.*)

Kapitel IV.

Das französische Assisen-Verfahren.

A. Bildung des Assisen-Hofes.

Am Orte wo der Appelhof Sitz hat, bilden fünf Mitglieder desselben den Assisenhof**). Der General-Prokurator, oder, nach

*) Da nach der französischen Idee die Staatsbehörde und die Richter zusammen erst das Gericht ausmachen, so ergiebt sich daraus der nothwendige Zusammenhang beider Elemente im Civil- und Kriminal-Verfahren. Die Mittheilungen der Prokuratur an das Gericht und umgekehrt erfolgen in der Regel kurzweg in Urschrift, so werden auch die Konklusionen und Anträge der Staatsbehörden gewöhnlich br. m. unter die Originalien und unter diese wieder ebenmäßig die Beschlüsse des Gerichts gesetzt. Das Sekretariat ist für beide Elemente der Gerichtshöfe gemeinschaftlich. Nur ist, was die Rheinprovinz anbelangt, Betrachts des ausgedehnten Civilgeschäftsbetriebes, dem General-Prokurator am rheinischen Kassationshofe, dem General-Prokurator am Appellations-Gerichts-Hof, und jedem Oberprokurator ein Privatsekretair bewilligt, welcher aus Staatsgeldern besoldet wird, auch einen Diensteid leistet, aber in so fern doch nur die Stellung eines Privat-Sekretairs hat, als er vom General-Prokurator, und beziehungsweise vom Ober-Prokurator angestellt, und nach Gutbefinden wieder entlassen werden kann. (Kabinetsordre vom 19. November 1818. §. 13, 19, 20, 23. Lottner, Bd. 1, pag. 523.)

**) Nach einem Gesetze vom 4. März 1831 nur noch 3 Mitglieder der cour-royale.

seinem Belieben, ein Substitut desselben, wahrnimmt den Dienst des öffentlichen Ministeriums, und der Appellations-Gerichts-Sekretair fungirt auch hier. In andern Orten wird der Assisenhof zusammengesetzt aus:

1. dem Präsidenten: einem dazu abgeordneten Mitgliede des Appellhofes.
2. Aus vier Richtern, welche aus den Präsidenten und ältesten Richtern des erstinstanzlichen Gerichtes genommen werden, oder auch vom Appellhofe aus seinen Mitgliedern delegirt werden können.
3. Aus dem erstinstanzlichen Prokurator oder, nach dessen Belieben, dessen Substituten, jedoch kann auch der General-Prokurator, wenn er es für angemessen hält, beim Assisenhofe seine Funktionen verrichten.
4. aus dem Sekretair des erstinstanzlichen Gerichts.

Im Assisenhofe darf, bei Nullität, weder der gewesene Untersuchungsrichter noch ein Mitglied der Anklagekammer, welches den Anklagebeschluß erlassen hat, sitzen.

Der Präsident bestimmt den Tag der Eröffnung der Assisen. Ihr Schluß wird von der Erledigung aller **bis zur Eröffnung** eingebrachten Kriminalsachen bedingt. Später eingebrachte Sachen dürfen dagegen nur auf Antrag der Staatsbehörde und mit Bewilligung des Angeklagten abgeurtelt werden.

Wird der Präsident an der Ausübung dieses Dienstes behindert, so wird er durch den ältesten der übrigen delegirten Appellrichter, und wenn keine da sind, durch den Präsidenten des erstinstanzlichen Gerichts vertreten. In ähnlicher Art müssen die assistirenden Appell-Richter und andre Richter vertreten werden. (art. 264.)

B. Amt des Präsidenten.

Sobald der Präsident ankömmt, soll er den Angeklagten im Gefängnißhause vernehmen. Dies ist aber zu einer bloßen Formsache herabgesunken, dergestalt, daß die Sache mit einem ausgefüllten Formular abgemacht wird: welches ein für allemal dahin lautet:

Der Assisen-Präsident begab sich in das Arresthaus. Der Angeklagte, vom Präsidenten befragt, erklärte, daß er sich auf seine in den Akten enthaltene Vernehmung beziehe.

Demnächst soll er die Geschworenen zusammenrufen und sie ausloosen.

Diese Verrichtungen kann er auch einem seiner Assessoren übertragen, dagegen muß er persönlich die Geschworenen dirigiren, die Untersuchung leiten, die Folgenreihe der Debatten bestimmen, und in der Audienz die Polizei handhaben (art. 207). Er hat überhaupt eine diskretionaire Gewalt, und soll nach Gewissen und Pflicht (Ehre) Alles, wenn dem so ist, auch neue Beweismittel, erheben, welche auf die Ermittelung der Wahrheit von Einfluß sein können. Der art. 270. verordnet noch weiter: „Der Präsident soll alles dasjenige zurückweisen, was darauf ab„zielen könnte, die Debatten zu verlängern, ohne der Hoffnung „Raum zu geben, daß dadurch mehr Gewißheit in den Ergebnissen „erzielt wird."

Der Präsident hört, bevor das Assisen-Verfahren eröffnet worden, den Angeklagten, bei Nullität, auch betreffs eines etwanigen Nullitäts-Rekurses gegen den Anklagebeschluß, und ebenmäßig über die Führung seiner Vertheidigung. Wählt er keinen Vertheidiger, so muß ihm der Präsident sofort einen solchen von Amts wegen zuordnen. Wählen kann er einen Advokaten oder einen Anwalt aus dem Bezirke des Appellhofes, oder, mit Erlaubniß des Präsidenten, einen seiner Freunde oder Verwandten.

Von nun an kann der Vertheidiger mit dem Angeklagten frei kommunizіren, und im Sekretariate von allen Akten Einsicht nehmen. Auch kann er auf seine Kosten von den Verhandlungen und Schriftstücken Abschrift verlangen. Wenn mehre Angeklagte bei einer und derselben Sache betheiligt sind, so erhalten sie unentgeldlich doch nur einmalige Abschrift der Thatbestands- und Zeugenbekundungs-Verhandlungen.

Der Präsident kann von Amtswegen oder auch auf Antrag, gegen die früher beliebte Ordnung, die Verhandlung der einen Sache nach der einer andern stellen, und ebenso kann er, wenn rücksichtlich desselben Verbrechens mehre Anklageakte gegen verschiedene Angeschuldigte erlassen sind (also wenn die Sachen auch nicht konner sind), auf Antrag der Staatsbehörde oder von Amtswegen die Verbindung derselben anordnen. Ebenmäßig kann verfahren werden, wenn die Anklageakte mehre nicht konnere Verbrechen enthält, und es angemessen erscheint, für jetzt nur eines oder mehre dieser Verbrechen zur Aburtelung zu bringen. Art. 307. 308.

Unentschuldigt bleibende Zeugen werden vom Assisen-Hofe zur Strafe verurtheilt.

Am Audienztage versammeln sich im Berathungszimmer die Mitglieder des Assisenhofes, sämmtliche auf dem Album, der Hauptrolle, stehende Geschworene, die Staatsbehörde, der Angeklagte mit seinem Rathe; und dann looset der Präsident die für die einzelne Sache erforderliche Liste von zwölf Geschworenen (das Tableau) aus. Das Rekusationsrecht zusteht der Reihe nach dem Angeklagten und dem Prokurator, jedoch mit Vorgang des Ersteren, die Rekusationsgründe dürfen nicht angegeben werden (art. 399). Sobald nur noch zwölf Geschworene vom Album (Hauptrolle) übrig bleiben, fällt das Rekusationsrecht weg (art. 400). Bei ungleicher Zahl der auf der Rolle befindlichen Geschworenen hat der Angeklagte eine Rekusation mehr als der Prokurator (art. 401). Mehre Angeklagte haben Betreffs des Rekusationsrechts nur die Rechte eines Angeklagten. Sind die Untersuchungen einfach, so daß am selben oder auch folgenden Tage mehre derselben abgemacht werden können, so pflegen am Morgen sofort die Listen (tableaux) für alle diese Sachen ausgelegt zu werden. Das erleichtert die übrigen nicht ausgeloosten auf dem Album (Rolle) stehenden Geschworenen, daß sie über den Tag verfügen können.

Die unentschuldigt ausgebliebenen, ebenso wie die ohne Erlaubniß des Präsidenten fortgegangenen Geschworenen, werden vom Assisenhofe in die gesetzliche Strafe genommen.

Sollte durch ein Ereigniß die Aburtelung einer angefangenen Sache bei den diesmaligen Assisen unmöglich geworden sein *) und dieselbe daher in einer folgenden Assise ausgebracht werden müssen, so muß auch (selbstredend) eine neue Geschworenen-Liste ausgeloost werden (art. 406).

*) Z. B. wenn Hauptzeugen ausgeblieben, der Angeklagte schwer erkrankt, und dergleichen.

C. Verfahren.

Zum Beginn des öffentlichen Verfahrens begeben sich der Gerichtshof, die zwölf Geschworenen, der Staatsanwalt und der Gerichtsschreiber aus dem Berathungszimmer in den Audienzsaal. Die Geschworenen setzen sich nach der Reihe des Looses, getrennt vom Publikum, von den Parteien und den Zeugen, gegenüber (en face) dem Angeklagten (art. 309). Der Präsident läßt den Angeklagten sich nähern, banden- und fesselfrei, jedoch von Wächtern begleitet, der Gerichtsbote ruft die Sache: „Staatsbehörde wider NN. wegen XX. angeklagt.“ Der Präsident constituirt ihn und monirt den Vertheidiger, Nichts gegen sein Gewissen, gegen die dem Gesetze schuldige, Achtung zu sagen und sich mit Anstand und Mäßigung auszudrücken (art. 311). Darauf hält der Präsident, stehend und entblößten Hauptes *), die Ermahnung an die Geschworenen und verliest ihnen den Wortinhalt ihres Eides. Jeder vom Präsidenten Mann für Mann aufgerufene Geschworene antwortet mit erhobener Hand: „ich schwöre es“ bei Strafe der Nichtigkeit des Verfahrens (art. 312).

Der Präsident verordnet sodann, unter Aufrufung des Angeklagten zur Aufmerksamkeit, die Vorlesung des Anklage-Beschlusses und der Anklage-Akte durch den Gerichtsschreiber, und wiederholt die Konklusion der Letzteren, indem er sich an den Angeklagten wendet, mit den Worten: (art. 314.)

> das ist es, dessen Sie angeklagt sind. Nun werden Sie die Belastungen hören, welche gegen Sie vorgebracht werden.

Unmittelbar hierauf ergreift die Staatsbehörde das Wort, setzt den Geschworenen nochmals den Gegenstand der Anklage auseinander, und bittet den Präsidenten, die Vorlesung der Zeugenliste, und wenn der Angeklagte solche hat, auch der Liste dieser Zeugen durch den Gerichtsschreiber anzuordnen, demnächst aber die Zeugen zu hören. Nur diejenigen Zeugen können gehört und vereidigt werden, deren Name, Stand u. s. w. jede Partei der anderen 24 Stunden vor dem Abhören mitgetheilt hat, es

*) Er nimmt also das zur Dienstkleidung gehörende Barrett ab.

wäre denn, daß die andere Partei keinen Widerspruch erhöbe. Jedoch kann der Präsident auch andere Zeugen nicht eidlich abhören und abhören lassen.

Nun läßt derselbe die Zeugen bis auf einen, in eine besondere Zeugenstube, und bewahrt vor Kollusionen, Verabredungen, rc. abtreten, und vernimmt dieselben dann nach einander, in der vom Staatsanwalte (art. 317) bestimmten Reihenfolge.

Bis dahin hat der Angeklagte und sein Vertheidiger noch nicht das Wort ergreifen dürfen. Der Präsident befragt jedoch den Angeklagten, wo es ihm angemessen scheint, und läßt auch zwischen dem Zeugenverhöre, sowie es die Sachlage erfordert, etwanige Protokolle über auswärts vernommene Zeugen, und sonstige Protokolle, Gutachten, Ortsbefunde, vorlesen, corpora delicti vorlegen u. s. w. Da er als öffentlicher Untersuchungs-Richter handelt, so kann er auch sonstige, ihm zur Ermittelung der Wahrheit dienlich scheinende Gutachten, Zeugen u. s. w. vernehmen oder abhören lassen. Er kann mit der ganzen Assise, oder kommissarisch, Ortsbesichtigungen vornehmen u. dergl. *) Die Sache aussetzen und auf die nächsten Assisen verlegen, kann nur der Gerichtshof auf Antrag, wenn ein Hauptzeuge falsches Zeugniß abgelegt zu haben scheint.

Falscher Aussagen verdächtige Zeugen kann der Präsident sofort verhaften lassen und die Voruntersuchung einleiten.

Der Gerichtsschreiber muß in das von ihm über den Akt zu haltende Protokoll die jetzigen Abweichungen der Zeugenaussagen vermerken, die Erklärungen des Angeklagten werden nicht darin aufgenommen. Die abgehörten Zeugen müssen im Saale bleiben, bis zum Abtreten der Geschworenen. Wenn Zusammenstellungen von Zeugen unter sich oder von Zeugen mit dem Angeklagten nöthig werden, so verordnet und bewirkt der Präsident das Erforderliche.

Nach dem Abschlusse der Instruktion beginnen die Debatten (das Deduktionsverfahren).

Die Staatsbehörde und die Civil-Partie erhalten das Wort

*) Alles dies kann der Präsident in England nicht, weil dort, vorzüglich im Assisen-Verfahren, der akkusatorische Prozeß vorwaltet.

zur Aufrechthaltung der Anklage. Statt einer objektiv gehaltenen, ruhigen Verarbeitung des ganzen Stoffes, machen sich hier nur zu oft Deklamationen und Floskeln breit, welche die Leidenschaft der Geschworenen aufregen sollen.

Der Vertheidiger erhebt sich demnächst, um mit Aufwendung seines ganzen Talentes die Unschuld oder die geringere Schuld seines Klienten durchzuführen. Der Angeklagte hat während des ersten inquisitorischen Theils des Verfahrens, und nun schon während der ganzen Assisen-Verhandlung so manche vermeintliche und wirkliche Kränkung und Rechtsverletzung erleiden müssen, daß nun alle seine Gefühle hervorbrechen und Ausschweifungen des Wortes nur zu oft vorkommen. Dadurch wird das Amt des Präsidenten bedeutend erschwert.

Der Präsident befragt den Angeklagten, ob er dem was der Vertheidiger gesagt, noch etwas hinzuzufügen habe, und erklärt demnächst die Debatte für geschlossen.

Der Präsident resümirt nunmehr die Sache, hebt den Geschworenen die Beweise für und wider hervor, und erinnert sie abermals an ihre dienstliche Verpflichtung.

Da er das letzte Wort hat, und der Angeklagte nichts mehr darauf erwidern darf, so ergiebt es sich von selbst, daß diese Wiederholung mit ernster Ruhe und mit Maaß in den Schlußfolgerungen geschehen muß. Dazu kommt noch, daß in vielen Fällen, wo es sich weniger um die Existenz der unzweifelhaft vorhandenen Thatsachen, als um deren strafrechtliche Qualifizirung oder um deren Unterstellung unter ein oder das andere Strafgesetz handelt, die Rechtsfrage von der Thatfrage gar nicht auseinander gebracht werden kann. Da wird der Präsident den Geschworenen den Sinn und die Bedeutung der Gesetze auseinander legen müssen, es ist natürlich, daß die Geschworenen auf diese Vorstellungen ein großes Gewicht legen werden. Der Präsident kann daher in solchen Fällen nicht umsichtig und gemessen genug handeln, zumal, wenn es sich um Begriffsbestimmungen und Gesetze handelt, über deren Auslegung selbst unter den gebildeten ständigen Richtern und den Rechtslehrern Streit obwaltet.

Hierauf stellt er die Fragen, welche mit: „Ist der Angeklagte schuldig ꝛc.“ zu beginnen haben. Die Fragen sollen sich mithin auf die Schuld und die That, und nicht blos auf die nackte Thatsache beziehen, die Frage umfaßt also ohne Weiteres auch die Zurechnungsfähigkeit*) und Alles, was diese bestimmt, dergestalt, daß darüber, ob bei der Handlung Leidenschaft, Nothwehr, Trunkenheit ꝛc. obgewaltet habe, keine besonderen Fragen gestellt werden dürfen, dergleichen aber wohl gestellt werden müssen in Beziehung auf besondere Schärfungs- oder Milderungsgründe, z. B. ob, wenn kein vollendetes Verbrechen vorliege, doch der Versuch desselben, und in welchem Grade, ob, wenn er nicht Urheber, er doch Genosse, Gehilfe ꝛc. sei?

Das Bestreben muß bei der Fragestellung dahin gerichtet sein, daß wo möglich die konkrete Handlung und nicht die abstrakte Voraussetzung des Strafgesetzes, daß also der verbrecherische Akt selbst, und nicht der Umriß desselben, zur Frage komme. Entstehen Debatten über die Fragestellung, so entscheidet der Hof. — Der Gefangene wird zurückgeführt.

Die Fragen, die Anklageakte und die übrigen Akten, mit Ausnahme der Zeugenaussagen, die corpora delicti ꝛc. werden dem Geschwornen-Vorsteher übergeben**), worauf sich die Geschworenen in ihr Berathungszimmer begeben, das sie vor dem Abschlusse der Berathung nicht verlassen dürfen, bei 500 Frs. Strafe, welche der Assisenhof festsetzt.

Nach dem Beispiele Englands und Amerika's können sie den Präsidenten zu sich einladen, um ihnen über den Sinn der Fragen und dergleichen Auskunft zu geben. Darüber wird nichts in das Protokoll vermerkt. Im Gesetze ist diese Praxis nicht ausdrücklich verboten.

Die Geschworenen sollen ihrem Vorsteher offene Antwort geben, seit dem Septembergesetze 1835 geschieht dies durch geheime Stimmgebung.

Die Antworten werden schriftlich an den Rand der gestellten Fragen gesetzt, mit dem kurzen Vermerken: „Ja, der Ange-

*) Die Bestimmung des art. 340., welcher eine besondre Frage über die Imputation gestellt wissen will, wenn Inquisit unter 16 Jahre alt ist, ist dieserhalb eine Anomalie.

**) In manchen amerikanischen Gerichten auch die schriftliche Belehrung des Präsidenten.

klagte ist schuldig 2c." oder: „Nein, der Angeklagte ist nicht schuldig 2c."

Nach der Praxis lassen sich die Geschwornen auf andre als die zur Frage gestellten Thatumstände nicht ein, mögen sie zur Schärfung oder Milderung der Strafe gereichen können. Sind die Geschworenen mit der Berathung zu Ende, so läßt sie der Präsident auf Anmeldung zur Audienz zurückgeleiten. Auf die Frage desselben nach dem Erfolge ihrer Berathung erhebt sich der Vorsteher, spricht mit der Hand auf dem Herzen die Worte:

„Auf meine Ehre und mein Gewissen, vor Gott und den Menschen, die Erklärung der Geschworenen ist:"

und verlies't: „Ja, der Angeschuldigte u. s. w.; Nein, der Angeschuldigte u. s. w." (art. 348.)

Findet der Präsident die Antwort dunkel, so kann er die Geschworenen zur ferneren Berathung zurückschicken. Haben jedoch der Präsident und die Geschworenen beide ihre Schuldigkeit gethan, so wird dieses nicht leicht vorkommen, denn beim richtigen Hergange der Sache wird sich das Resumé des Präsidenten zu dem Wahrspruche der Geschworenen verhalten, wie die Entscheidungsgründe zu einem Urtel.

Nach Erledigung aller Anstände unterzeichnet der Präsident die von dem Geschworenen-Vorsteher unterschriebenen Antworten; dasselbe geschieht vom Gerichtsschreiber.

Ist Stimmengleichheit vorhanden, so gilt dies als Freisprechung. Lautet der Wahrspruch auf Verurtheilung, und der Gerichtshof ist einstimmig der Ueberzeugung, daß die Geschworenen, der beobachteten Form ungeachtet, sich geirrt haben müssen, so kann er die Entscheidung aussetzen, und die Sache vor die nächste Assise bringen, in welcher keiner der diesmaligen Geschworenen auf die Liste gebracht werden darf. Dieses Recht hat der Assisenhof in derselben Sache aber nur einmal.

Hierauf wird der Angklagte vorgeführt und der Wahrspruch durch den Gerichtsschreiber vorgelesen. Lautet das Verdikt auf Nichtschuldig, wogegen es durchaus kein Rechtsmittel giebt, so erklärt der Präsident die Freisprechung des Angeklagten, und verordnet dessen sofortige Freilassung. Dies ist kein Urtel, sondern nur einfach die Vollziehung des Wahrspruches.

Lautet der Letztere auf Schuldig, mit einer Majorität von 7 zu 5 Stimmen, so beschließt auch der Gerichtshof über den Thatbefund, und wenn alsdann eine freisprechende Majorität desselben zu der Minorität der Geschworenen hinzugelegt, die Gesammtmajorität also 9 zu 8 oder 10 zu 7 herausstellt, so tritt Freisprechung ein (art. 351.) *).

Ist das „Schuldig“ auf diesem Wege oder durch größere Majorität der Jury festgestellt, so macht die Staatsbehörde ihren Strafantrag, und nach Anhörung des Vertheidigers (art. 363.) erkennt der Assisenhof über die Strafe.

Das Erkenntniß kann auf Freisprechung lauten: wenn aus den im Wahrspruche bejahten Fragen überhaupt keine strafbare Handlung des Angeklagten zu entnehmen ist: oder nur auf korrektionelle Strafe: wenn daraus nur ein délit und kein crime hervorgeht. Andernfalls tritt infamirende Strafe ein.

Der Gerichtshof kann sich über das Erkenntniß im Audienzsaale mit leiser Stimme vereinigen, oder sich in das Berathungszimmer zurückziehen, aber der Präsident muß das Urtel mit lauter Stimme in Gegenwart des Publikums und des Angeklagten eröffnen, nachdem er vorher den Wortinhalt des zur Anwendung gebrachten Strafgesetzes verlesen hat (art. 369.). Demnächst kann der Präsident nach den Umständen an den Verurtheilten eine Ermahnung zur Entschlossenheit, Besserung und Ausdauer richten (art. 371.) und muß ihn über das binnen 3 Tagen einzulegende Rechtsmittel der Kassation belehren.

Der Gerichtsschreiber hat das Erkenntniß und den Gesetzestext niederzuschreiben. Das von ihm über die ganze Verhand-

*) Rein numerisch betrachtet, wird hierdurch die Garantie für die Richtigkeit des Ausspruches kaum nennenswerth erhöhet, aber die Freisprechung begünstigt. Denn $7 : 5 = \frac{7}{12} : \frac{5}{12} = \frac{119}{204} : \frac{85}{204}$ d. h. unter 204 Befundrichtern haben 119 die Schuld als nachgewiesen angenommen gegen 85. Dagegen $10 : 7 = \frac{10}{17} : \frac{7}{17} = \frac{120}{204} : \frac{84}{204}$ d. h. unter 204 Befundrichtern haben 120 die Nichtschuld als nachgewiesen angenommen gegen 84. Aber $9 : 8 = \frac{9}{17} : \frac{8}{17} = \frac{108}{204} : \frac{96}{204}$ d. h. unter 204 Befundrichtern haben 108 die Nichtschuld als nachgewiesen angenommen gegen 96. Ersten Falls ist für die Schuld eine Majorität von 34, im zweiten Falle für die Nichtschuld eine Majorität von 36, im dritten nur von 12, also verhältnißmäßige Majoritäten von $\frac{1}{6}$, $\frac{3}{17}$ und $\frac{1}{17}$ der 204 Votanten.

lung geführte Protokoll wird von dem Präsidenten und dem Gerichtsschreiber vollzogen.

Im Falle des Kassations-Rekurses wird derselbe entweder als unbegründet verworfen, oder für begründet erachtet. Dann muß die Sache auf den Grund des erhaltenen Verdikts durch einen andern Assisenhof abgeurtelt werden, wenn der Angeklagte nur das Verfahren seit dem Verdikt angefochten hat, oder es muß eine ganz neue Jury eintreten, wenn das frühere Verfahren überhaupt als nichtig erkannt worden. Befindet der Kassationshof, daß aus dem Verdikt überhaupt kein Pönalakt zu entnehmen sei, so spricht er den Angeklagten auch selbst frei (art. 429. ff.)*).

Kapitel V.

Kurze Kritik des französischen Strafverfahrens.

Ein kurzer Rückblick auf die hervorstechenden Mängel des bisher geschilderten Verfahrens kann für unsern praktischen Standpunkt um so mehr genügen, als sich bei der Erörterung unserer Verordnung noch manche Einzelnheiten zur Besprechung darbieten werden. Was nun das Strafverfahren überhaupt anbelangt, so muß jeder, der nicht aus scheinbarer Menschenfreundlichkeit die größte Grausamkeit gegen die Gesammtheit der Staatsgenossen verüben, und die allgemeine Sicherheit und Ruhe auf das Aeußerste gefährden will, allerdings wünschen und dafür sorgen, daß eine kräftige und schleunige, wo möglich auch unfehlbare Ahndung dem Verbrechen auf den Fuß folge. Schon der Hinblick auf die Verbrechen, welche aus Hoffnung der Straflosigkeit entspringen, und auf die vielen unverschuldeten Leiden, welche die kühn gewordenen Verbrecher den Staatsgenossen verursachen, muß diese Vorsorge noch erhöhen**), allein das kann die Nothwendigkeit

*) Der für die Rheinprovinz angeordnete Kassationshof ist jedoch zugleich ein Ober-Revisionstribunal, und entscheidet als solches in letzter Instanz, wenn wegen einer Nullität in der Materie das angefochtene Urtel vernichtet werden mußte. Bräuning üb. d. Kassat.-Inst. u. d. Rechtsmitt. d. Cassat. i. d. Rheinlnd.

**) Vergl. Einführung der Geschworenen S. 30. Anm. **, und Cicero de off. I. 25.: et tamen ita probanda est mansuetudo atque clementia, ut adhibeatur reipublicae causa, severitas, sine qua administrari civitas non potest.

schützender Formen und Schranken in jedem Punkte des Strafverfahrens nicht beseitigen. Denn die Gerechtigkeit muß alles überwiegen, sowohl die vorsorgenden Empfindungen, als die politischen Rücksichten. Die Gerechtigkeit gestattet nun aber nicht, daß ein Mensch, wenn auch einer ungesetzlichen Handlung verdächtig, nicht wie ein selbstberechtigtes Subjekt, sondern als ein Mittel zu einem andern, wenn auch an sich guten, Zwecke behandelt werde. Darum kann der einzige Endpunkt, auf welchen alle Prozeßmittel und Wege hinauslaufen sollen, nur die Gerechtigkeit sein. Die kurze Darstellung im Kapitel 2. zeigt auch, wie Jahrhunderte hindurch die Menschheit sich bemüht hat, Formen zu ermitteln, durch welche die beiden nächsten Zwecke des Untersuchungsverfahrens, nämlich die Handhabung des öffentlichen Rechtszustandes, und die Sicherung der Freiheit und der Unschuld des Angeklagten zu vereinbaren wären. Was nun, abgesehen vom rein polizeilichen Vorverfahren, das Verhalten der sogenannten gerichtlichen Polizei in der Voruntersuchung anbetrifft, so ist der französische Instruktionsrichter, Inquirent, bei weitem unabhängiger als es im Interesse des Angeschuldigten zulässig erscheint.

Es widerspricht der Gerechtigkeit, daß ein Mensch, vielleicht ein seinem Geschäfte obliegender Bürger und Familienvater, auf den Grund von unbedeutenden verdächtigen Umständen seinem Geschäfte und seiner Familie entrissen und verhaftet werde, blos auf die Ansicht eines einzigen nicht einmal unabhängigen Beamten, der durch keine gesetzlichen Normen instruirt und beschränkt ist. Der Instruktionsrichter verhaftet nach alleinigem Ermessen durch sein Mandat de dépôt, und er verhaftet auf lange Monate und Zeiten durch das eigentliche Arrestmandat, wenn der öffentliche Ankläger, welcher dazu ein absetzbarer Beamter ist, damit einverstanden ist. — Alle wahrhaften Freunde der bürgerlichen Freiheit und Ordnung können mit einer wachsamen und energischen Thätigkeit der Polizei nur einverstanden sein. Denn sie kann selbst bei einem großen Spielraume, den man ihr zu Verhaftungen läßt, nie gefährlich werden, sobald ihr nur gesetzlich die Verbindlichkeit auferlegt ist, ihre Gefangenen baldigst der Gerichtsbehörde zu übergeben. Anders aber ist dies Betreffs der

Gerichte, bei diesen müssen die strengsten Normen vorwalten, sobald es sich um die Beschränkung der Freiheit handelt. Solche Normen sucht man aber in der französischen Strafprozeß-Ordnung vergebens; umgekehrt ist vorgesorgt, daß der Instruktionsrichter allein nicht berechtigt ist, den Gefangenen nach seinem Ermessen, überhaupt, oder auch nur gegen Kaution, der Haft zu entlassen. Ein bereits einmal Bestrafter oder auch ein zum erstenmal wegen eines crime Angeklagter, darf niemals auf freien Fuß gesetzt werden. — Ueber die Art wie die Untersuchung zu führen und wie der Angeklagte zu behandeln ist, enthält das Gesetz nichts. — Daß über die Prozedur des Instruktionsrichters und des Procureurs keine Kontrole gehandhabt wird, trotz dem, daß eine solche durch das Gesetz nothdürftig angegeben ist, ist schon Kapitel 3. besprochen.

Es giebt keine gesetzliche Vorschrift darüber, daß und wann dem Angeklagten der Grund seiner Verhaftung oder des wider ihn eingeleiteten Verfahrens im ersten Theile desselben mitzutheilen wäre. Ueber die erhobenen Beweismittel und die vernommenen Zeugen erfährt der Angeklagte nichts, wenn es dem Instruktions-Richter nicht erforderlich scheint. Der Beistand eines Vertheidigers oder auch nur der Beirath eines solchen ist ihm versagt. Und doch sollten bei dem in dieser Prozedur verstärkten Angriffe gegen den Angeklagten, die Mittel desselben zur Vertheidigung nicht minder verstärkt sein!

In diesem Prozeßtheile ist also der Angeklagte gesetzlich ganz schutzlos*). Wenn auch die Gränzen zwischen der General- und Spezial-Inquisition nicht in allen Systemen scharf festgestellt waren, so war doch, sowohl nach gemeinen Rechten, als nach

*) Rossi bemerkt S. 45.: die Instruktionsrichter, wenn sie es vielleicht auch nicht thun, können doch Mißbrauch treiben mit der unbeschränkten Macht, die sie haben. Das öffentliche Ministerium, soweit es sich um seine Rolle als Erforscher der Vergehen und als Ankläger handelt, steht durch seinen Rang, durch seinen Einfluß, und ganz besonders durch die Vorrechte und Privilegien, mit denen es versehen ist, viel zu hoch über dem Angeschuldigten und Angeklagten. Ja auch die Präsidenten haben Funktionen, welche sie oft, und dabei auf ganz natürliche Weise, dazu hinreißen, sich zu Hilfsgenossen der Anklage zu machen.

dem kanonischen Rechte, der Grundsatz festgehalten, daß die General-Inquisition bei den hohen Rügen ein- für allemal durch das besetzte Gericht erfolgte, und die im Kapitel 2. mitgetheilte märkische Kriminal-Ordnung beweis't, mit welcher Sorgfalt dieser Theil des Prozesses in den Gerichten behandelt wurde. Der Verdächtige und Angeschuldigte mußte über den Belastungsbeweis und seine Vertheidigungsmittel zur Abwendung der Spezial-Inquisition sorgfältig gehört werden.

Nun hat aber die Polizei zwar die ersten Spuren der begangenen Verbrechen zu ermitteln, aber als solche keine richterliche Funktionen auszuüben, eben weil sie ihrem Begriffe nach nicht Strafanstalt, sondern Vorbeugungs- oder Sicherungs-Anstalt ist. In die Sphäre der Justizgewalt des Staates fällt dagegen das Geschäft, auf geschehene Anzeige von einem vorgefallenen Verbrechen, dessen Thatbestand festzustellen, die Thäterschaft zu ermitteln, und den Thäter zur gesetzlichen Strafe zu bringen. Die gesammte General-Inquisition gebührt sonach ausschließlich dem Gerichte, und da, wo Gefahr im Verzuge ist, und bei Verbrechen auf handhafter That d. h. nach unsern deutschen Rechtsbüchern am Tage der That, und ehe das Verbrechen übernächtig geworden*), kann allenfalls die Polizei den ersten Angriff übernehmen, wenn das Gericht mit seiner Einwirkung zu spät kommen würde. Dies ist auch im art. 32. flg. angeordnet. In allen übrigen Fällen soll die Staatsbehörde die Inquisition überhaupt dem Untersuchungsrichter überlassen (art. 47.). Das klingt nun ganz angemessen, ist aber nur ein Scheinwerk. Denn der französische Untersuchungsrichter ist eher alles Andre, als ein Richter; er ist nichts als auch ein Beamter der Polizei, und von ihr abhängig. Wenn auch Beamter der sogenannten gerichtlichen Polizei, ist er doch ein Werkzeug in der Hand der Verwaltungsbehörde, und steht in seinen Funktionen zum Gerichte in gar keiner Beziehung.

*) Die Definition des flagrant délit im art. 41. stimmt im Allgemeinen hiermit überein, nur daß nach Sassenspiegel II. 35. beim Besitze des entwendeten Gutes die Betreffung am Tage der That vorausgesetzt wird.

Man hat also gegen Theorie*) und alle Geschichte verstoßen, indem man die Polizei an die Stelle des Gerichts geschoben, wenn man auch so pfiffig gewesen ist, diese Polizei die gerichtliche zu nennen, was soviel ist, als spräche man von einem hölzernen Eisen. In der That hat auch in Fällen der handhaften That der Instruktionsrichter (art. 59.) dieselben Funktionen wie der procureur, sowie denn auch sonst beide nur eins sind. — Das französische Voruntersuchungs-Verfahren ermangelt also, als nicht vom Gerichte, sondern von der Polizeibehörde gehandhabt, der höheren, zum Schutz der Angeklagten dienenden richterlichen Garantie, und was noch schlimmer ist, es entbehrt aller Oeffentlichkeit. Wir wollen uns zwar nicht für die Oeffentlichkeit aussprechen, wie sie in Amerika**) und auch bei den englischen Friedensrichtern im Vorverfahren gehandhabt wird. Dort erfolgt nämlich die Vernehmung aller Thatbestands- und Belastungszeugen und die Aufnahme sonstiger Informations-Verhandlungen von vorn herein mit Zuziehung des Verdächtigen und Beschuldigten, dies halten wir jedoch für bedenklich, sowohl für den Staat, als für den etwa ohne Grund Verdächtigen. Aber wenn der erste Theil des Vorverfahrens, die infamatio, die Leumundsforschung, beendigt ist, und nun gegen den schon im Allgemeinen Verdächtigten, die General-Inquisition vor sich gehen soll, dann

*) Diejenigen, welche der General-Inquisition den Charakter einer eigentlich richterlichen Thätigkeit absprechen, stützen dies darauf, daß in derselben nur erst der Prozeß zwischen der Staatsgesellschaft und dem Verdächtigten vorbereitet und begründet, nicht aber schon geführt werde. Dieselben verwechseln aber das im Kapitel 2. erwähnte Infamations-Verfahren mit der General-Inquisition, und übersehen, daß auch in dieser der Prozeß, dem Begriffe nach allerdings schon geführt werden, daß sogar praktisch die General-Inquisition den Prozeß mehr ausmacht, als die häufig nur mehr förmliche Spezial-Inquisition, bei welcher der Inhalt der ersteren meist nur wiederholt und ergänzt wird. Das Spezial-Verfahren ist schon lange als die eigentliche Vollziehung des auf die General-Inquisition eingeholten Urtels anerkannt worden, und eben deshalb begann die Thätigkeit der Malefiz-Prokuratoren wesentlich erst mit dieser Vollziehung. So wurde der Grundsatz festgehalten, daß die Hilfe der Polizei zur Vorbereitung des Kriminalprozesses überhaupt dienen, nicht aber umgekehrt der Kriminalprozeß eine Episode des Polizeiverfahrens bilden sollte!

**) Einführung der Geschwerenen S. 37.

ist es der Gerechtigkeit entsprechend, daß demselben die Annahme eines Rathes gestattet werde, und er auch jetzt schon die Mittel erhalte, um zur Prüfung des Werths der erhobenen Beweise mitzuwirken, und schon jetzt durch Befragen der Zeugen, deren Irrthümer oder deren absichtliche Entstellungen der Wahrheit aufzudecken. Hätte der Verdächtigte auf diese Weise gehörige Gelegenheit, zur Abwendung der förmlichen Untersuchung seine Vertheidigung zu wahren, so würden die Beunruhigung mancher Familien, der Ruin manches Familienvaters, dem die spätere Freisprechung nicht abhilft, und viele Kosten für die Staatsgesellschaft beseitigt. Diese Oeffentlichkeit des Verfahrens ist eben so sehr eine Forderung der Zeit als der Gerechtigkeit.

Was nun noch das Verfahren vor den Geschworenen und dem Assisenhofe anbelangt, so ergeben sich aus dem Vorgetragenen folgende Uebelstände:

1. In der Anklageakte werden die Aussagen der Belastungszeugen sehr vollständig angeführt. Da nun die Zeugen der öffentlichen Vorlesung beiwohnen, und der Präsident sie bei ihrer folgenden Vernehmung oft heftig und grob anfährt, wenn sie neuerdings von ihrer früheren Aussage abweichen, so haben sie die beste Gelegenheit und benutzen dieselbe, sich ihre frühere Aussage zu bemerken.

2. Es ist schlimm genug für den Angeklagten, daß schon die Anklageakte so sehr den objektiven Standpunkt vermissen läßt, und das Bemühen, bei den Geschworenen eine vorgefaßte Meinung gegen den Ersteren zu erregen, zu sehr hervortritt. Nun ergreift der Prokurator vor den Geschworenen nochmals das erste Wort, schildert den Angeklagten schon jetzt mit den schwärzesten Farben, bemerkt ihnen, worauf es für sie bei der Beurtheilung der Sache ankommt, worauf sie also zu passen hätten und empfiehlt ihnen nach seiner Manier das Staatswohl. Da nun der Angeklagte auf das Alles nichts erwiedern darf, so erfolgt die gesammte Beweisaufnahme vor den Geschworenen unter den ihm nachtheiligsten Eindrücken.

3. Daß der Ankläger die Folgeordnung für die Zeugen-Abhörung festsetzt, widerspricht ebenfalls der Gerechtigkeit. Dies gebührt dem Präsidenten, ebenso wie dieser während der Beweis-

aufnahme ganz nach seinem Ermessen dem Angeklagten Vorhaltungen macht, Fragen vorlegt, Konfrontationen vornimmt, und überhaupt, im Gegensatze zum früheren geheimen Polizei-Inquirenten, öffentlich inquirirt.

4. Leider suchen die Präsidenten bei diesen Interrogatorien den Angeklagten oft mit Leidenschaft in Widersprüche zu verwickeln und dergleichen. Da wird nicht bedacht, daß die Oeffentlichkeit ein Schutz und nicht eine Folter für den Angeklagten sein soll, und es wird nicht erwogen der nachtheilige moralische Einfluß, den ein so parteiisches Verhalten auf die öffentliche Moral hat. Wo möglich müßte das Inquiriren, wie in England, im akkusatorischen Prozesse ganz wegfallen, und es dem Ankläger überlassen bleiben, dem Angeklagten Interrogatorien zu stellen.

5. Der Prokurator, die Geschworenen und die Assisen-Assessoren können die Zeugen direkt fragen über beliebige Punkte, sie bitten bloß den Präsidenten um das Wort; der Angeklagte und dessen Vertheidiger dürfen dies nicht, sie können dieserhalb nur eine Bitte an den Präsidenten richten, und dieser stellt die Frage. Aber Ton und Art der Fragestellung bedingen nur zu oft die Antwort! (art. 319.)

Das ist jedenfalls kein ehrlicher Kampf, kein Kampf mit gleichen Waffen! Zuerst steht der Angeschuldigte schutz- und rechtlos vor dem s. g. Instruktionsrichter und dem Procureur, dieser ein Verwaltungsbeamter, und jener zwar seinem Stande nach ein Richter, aber von der Verwaltung ausgesucht und außer jeder organischen Verbindung mit dem Gerichtshofe, aller Kontrole desselben entzogen; und nachher nimmt zwar alles für den Angeklagten d e n S c h e i n eines gerechteren und gleichberechtigten Verfahrens zwischen Anklage und Vertheidigung, aber es ist doch hauptsächlich nur Schein, denn die Ernennung des Assisen-Präsidenten und der Geschworenen erfolgt durch die Verwaltungsbehörde. Der Angeklagte hat allerdings ein Recht, die Geschworenen zu rekusiren, aber ein sehr beschränktes, und dadurch, daß er kaum 24 Stunden vor dem Verfahren ihre Namen erfährt, fast nur ein illusorisches. Das Verfahren gestattet dem Angeklagten erst zu einer Zeit das Wort, wo er durch Angriffe aller

Art vor den Augen und im Gemüthe der Geschworenen auf das Höchste benachtheiligt ist.

In unserer Schrift über die Einführung der Geschworenen*) haben wir uns, nach einer kurzen Darstellung des gradsinnigen und ehrlichen Verfahrens der Engländer und Amerikaner, über die napoleonische Strafgesetzgebung näher geäußert, und wir müssen auch jetzt bei dem dort Gerügten verharren.

*) A. a. O. S. 12 flg.

Zweiter Theil.

Die Verordnung vom 3. Januar 1849.

Wir **Friedrich Wilhelm**, von Gottes Gnaden, König von Preußen 2c. 2c.

verordnen in Ausführung der Art. 92. und 93. und auf Grund des Art. 105 der Verfassungsurkunde für den ganzen Umfang Unserer Monarchie mit Ausschluß des Bezirks des Appellationsgerichtshofes in Cöln auf den Antrag Unseres Staatsministeriums, was folgt:

Den Kammern bleibt allerdings nach Artikel 105. der Verfassungs-Urkunde die Genehmigung dieser Verordnung vorbehalten; da dieselbe jedoch nur dazu erlassen ist, um die in Art. 92. und 93. dem Volke zugesicherte Oeffentlichkeit und Mündlichkeit des Strafverfahrens, mit Entscheidung der schweren und politischen Verbrechen, sowie der Preßvergehen durch Geschworene, sofort ins Leben zu rufen, so können die zu erwartenden Veränderungen der Verordnung nur Einzelnheiten betreffen, während in der Hauptsache die beregten verfassungsmäßigen Grundlagen des Strafverfahrens auch für die Zukunft fortbestehen werden.

Abschnitt I.

Allgemeine Vorschriften über das Verfahren bei Untersuchungen.

1. Anklageprozeß.

§. 1. Die Gerichte sollen bei Einleitung und Führung der Untersuchungen wegen einer Gesetzesübertretung nicht ferner von Amtswegen, sondern nur auf erhobene Anklage einschreiten.

Nach dem Marginal und der allgemeinen Fassung dieses Gesetzes könnte man fast zweifelhaft werden, ob nicht gar unser ausgebildeter Inquisitionsprozeß abgeschafft, und der uranfängliche privative Akkusations-Prozeß, wenn auch nicht ganz, doch theilweise nach englischem Muster, von den Todten aufgegraben, und zu neuem Leben wieder hergestellt worden. Auch für das Verhalten des öffentlichen Inquirenten und in Beziehung auf das Beweisverfahren würde es praktisch von den erheblichsten Folgen sein, wenn unter dem Titel des „Anklageprozesses" das englische, und nicht das aus deutschem und englischem gemischte französische Verfahren angenommen und eingeführt wäre. An die materielle Einführung des Anklageprozesses ist aber nicht gedacht worden, zumal die Verordnung wesentlich dem französischen Gesetze gefolgt ist, in Frankreich aber noch Niemand darauf ausgegangen ist, den Inquisitionsprozeß abzuschaffen. Der französische Gesetzgeber hat umgekehrt das Strafverfahren für den Staat monopolisirt (art. 1. Code d'instr. crim.) und es wird sich nachher ergeben, daß wir diesem Beispiele zu folgen begonnen haben. Es bleibt also auch fernerhin bei unserm alten ausgebildeten Inquisitionsprozesse, und was in demselben bisher von der Wissenschaft, der Praxis und der Gesetzgebung ermittelt und erworben, oder vorgeschrieben worden, bleibt auch ferner bewahrt und aufrecht stehen, soweit es nicht in dieser Verordnung ausdrücklich aufgehoben ist, oder, beim Wegfalle seiner thatsächlichen Voraussetzung, sich von selbst als wegfallend ergiebt. So ist also der §. 2. Einleitung der Kriminal-Ordnung für die Gerichte aufgegeben, und dasselbe gilt im Allgemeinen auch von den Vorschriften des Tit. 2. Abschn. 1. Kriminal-Ordnung.

2. Staats-Anwaltschaft.

§. 2. Bei jedem Appellationsgericht soll ein Ober-Staatsanwalt und für jedes Kreis- oder Stadtgericht ein Staatsanwalt aus der Zahl der zum höheren Richteramte befähigten Beamten bestellt werden, dessen amtlicher Beruf es ist, bei Verbrechen die Ermittelung der Thäter herbeizuführen, und dieselben vor Gericht zu verfolgen.

Jedem Staatsanwalte sind, soweit das Bedürfniß es erfordert, vom Justizminister Gehülfen beizuordnen, welche unter seiner Aufsicht stehen und seinen Anweisungen Folge leisten müssen, überall aber, wo sie für ihn auftreten, zu allen Verrichtungen desselben berechtigt sind.

§. 3. Die Ober-Staatsanwalte, Staatsanwalte und deren Gehülfen gehören nicht zu den richterlichen Beamten. Sie sind in ihrer Amtsführung nicht der Aufsicht der Gerichte, sondern die Staatsanwalte der Aufsicht des Ober-Staatsanwaltes und dieser mit ihnen der des Justizministers unterworfen, dessen Anweisungen sie nachzukommen haben. Die definitive Ernennung der Ober-Staatsanwalte und Staatsanwalte erfolgt durch Uns auf den Antrag des Justizministers.

Die Staatsanwaltschaft des Bezirks eines jeden Appellations-Gerichts bildet diesemnach eine Körperschaft unter sich, welche den Ober-Staatsanwalt zu ihrem nächsten Vorgesetzten hat. Die Staatsanwälte stehen unter des Ober-Staatsanwalts Aufsicht, und dieser mit ihnen zugleich unter der Aufsicht des Justizministers. Sie alle haben aber auch den Anweisungen des Justiz-Ministers nachzukommen, gerade so wie die Gehülfen eines Staatsanwaltes den Anweisungen desselben Folge leisten müssen. Müssen nun die Staatsanwälte auch den Anweisungen des Ober-Staatsanwalts Folge leisten? Das Gesetz sagt hierüber nichts, und verordnet nur:

§. 10. Dem Ober-Staatsanwalte steht die Befugniß zu, die Funktionen der Staatsanwaltschaft auch bei den Gerichten erster Instanz seines Amtsbezieks selbst oder durch einen seiner Gehülfen zu übernehmen, wenn er dies für zweckmäßig erachtet.

Dennoch wird die Frage an sich zu bejahen sein, weil in dem Attribute der Beaufsichtigung auch dasjenige zur Direction liegt. Es werden aber hier die §§. 6 flg. III. 2. A. Ger.-Ordn. maaßgebend sein müssen, welche von der Aufsicht der Vorsitzenden über die Mitglieder der Kollegien handeln, daher kann auch hier nicht die Rede sein von einer unwürdigen, die Persönlichkeit des Staatsanwalts gefährdenden Unterwürfigkeit unter die Meinungen des Ober-Staatsanwalts. Vielmehr muß das Gesetz als der gemeinsame Einigungspunkt Aller angesehen werden, so daß jeder den Sinn desselben zu ergründen, und nach seiner eigenen Ueberzeugung auszulegen und anzuwenden haben wird. Ist es des Staatsanwalts Gewissenspflicht, auch die von der seinigen vielleicht abweichende Ansicht des Ober-Staatsanwalts in ernste Ueberlegung zu nehmen, so ist er doch, ohne Anweisung des gemeinschaftlichen Chefs Beider, des Justizministers, an die Annahme der letzteren nicht gebunden. —

Die Fälle der Behinderung eines Staatsanwalts sind im Gesetze nicht so bedacht, wie dies in den Dekreten von 1810 und

1811 für die französische Prokuratur geschehen ist. Danach hätte der Ober-Staatsanwalt für die Vertretung des verhinderten Staatsanwalts Vorsorge zu treffen, und wenn dazu kein andrer Beamte der Staatsbehörde verfügbar wäre, so müßte der Vorsitzende des Gerichts einen der jüngern Richter zur augenblicklichen Aushilfe abordnen. Nach Art. 84. der bürgerlichen Pr.-O. und Art. 26. der Strafpr.-O. ordnet der Vorsitzende des Gerichts auch ohne Antrag einen Richter ab, zur Vertretung eines etwa im Laufe einer Sitzung behinderten Staatsanwalts.

Bis andre Vorschriften ergehen, wird man nothwendig nach diesen Maaßgaben verfahren müssen, indem sonst Audienztermine, und gar Assisenverhandlungen, zum großen Nachtheile der Sachen und der Betheiligten, vereitelt werden könnten*).

Der §. 3. belehrt uns, daß die Staatsanwalte zu den richterlichen Beamten nicht gehören. Dies ist nur eine Negative. Was für Beamte sie nun eigentlich sind, ist nicht gesagt, da sie jedoch unter Aufsicht und Direktion des Justizministers stehen, so müssen sie Justiz-Verwaltungsbeamte sein, oder, wie das Strafrecht sich allgemein ausdrückt, sie sind zwar keine Richter und Gerichtspersonen, aber Justizbediente, dergestalt, daß auf Vergehen der Staatsanwälte, außer den allgemeinen Vorschriften §. 86—87. II. 10. und §. 323 flg. II. 20. A. L. R. auch die §. 366 flg. a. a. O. für pflichtwidrige Justizbediente Anwendung finden müssen.

Der amtliche Beruf der Staatsanwälte wird sich nachher besser zusammenfassen lassen, nur ist hier zu beregen, daß die Lehre vom Kriminal-Gerichtsstande aus Tit. 1. Abschn. 3. der Krim.-Ordn. zu entnehmen ist, und daß die Staatsanwälte danach die etwa in ihre Hände kommenden Sachen, wenn dieselben vor ein anderes Kreisgericht gehören, bei dem sie nicht bestellt sind, an den Staatsanwalt des kompetenten Gerichts werden ab-

*) Das Angemessenste wäre, in plötzlichen Behindrungsfällen einen sonstigen Rechtsanwalt dem Staatsanwalt zu substituiren. Das hieher erlassene Reskript des Justizministers vom 14. April 1849, Justizminist.-Bl. S. 228, erledigt die Sache und das Bedürfniß nicht, insofern es sich oft um Fälle handeln kann, in welchen es an Zeit gebricht, Anträge des auswärtigen Ober-Staatsanwalts abzuwarten.

geben müssen. Was etwanige konnere Sachen anbelangt, so wird nach dem zweckmäßigen §. 16. des revidirten Entwurfes der Strafprozeß-Ordnung von 1841 die ganze Untersuchung an dasjenige Gericht abzugeben sein, bei welchem über das schwerste Verbrechen künftig erkannt werden muß.

Die staatsanwaltlichen Geschäfte für die Prozesse in Ehesachen, nach Maaßgabe §. 4. bis 8. der Verordnung vom 28. Juni 1844, Gesetz-Samml. S. 184., obliegen nach §. 12. der Verordnung vom 2. Januar 1849, Gesetz-Samml. S. 4. den Staatsanwälten beim kompetenten Kriminal-Gerichte.

Was dagegen diese Funktionen beim Ehrenrathe unter den Rechtsanwälten und Notarien anbelangt, so werden die in §§. 4. 11. 15. der Verordnung vom 30. April 1847, Gesetz-Samml. S. 197. gedachten staatsanwaltlichen Handlungen von den betreffenden Ober-Staatsanwälten zu versehen sein.

3. Verhältniß der Staatsanwaltschaft zu andern Behörden.

§. 4. Den Polizeibehörden und anderen Sicherheitsbeamten verbleibt die ihnen gesetzlich obliegende Verpflichtung, Verbrechen nachzuforschen und alle keinen Aufschub gestattenden vorbereitenden Anordnungen zur Aufklärung der Sache und vorläufigen Haftnahme des Thäters, mit Beobachtung der Vorschriften des Gesetzes v. 24. Sept. 1848 (Gesetz-Samml. S. 257—259), zu treffen. Sie haben jedoch die von ihnen aufgenommenen Verhandlungen dem betreffenden Staatsanwalte zur weiteren Veranlassung zu übersenden, auch den Requisitionen desselben wegen Einleitung oder Vervollständigung solcher polizeilicher Voruntersuchungen Folge zu leisten.

§. 7. Untersuchungsverhandlungen, Verhaftungen oder Beschlagnahmen hat der Staatsanwalt, wenn nicht Gefahr im Verzuge obwaltet und der Fall der Ergreifung auf frischer That vorliegt, nicht selbst vorzunehmen, sondern solche nach den Umständen entweder bei der Polizeibehörde, oder bei dem betreffenden Gerichte zu beantragen. Er ist jedoch befugt, allen polizeilichen und gerichtlichen Verhandlungen, welche Gegenstände seines Geschäftskreises betreffen, beizuwohnen, mit dem Beamten, welcher die Verhandlung zu führen hat, in unmittelbare Verbindung zu treten, und seine Anträge und Mittheilungen zur Förderung des Zweckes der Untersuchung an diesen Beamten zu richten.

Hiernach ergiebt sich eine enge Verbindung zwischen der Staatsanwaltschaft und der Polizeibehörde, und es möchte mit Hinblick auf die, im §. 6. des Gesetzes vom 24. Septbr. 1848 bei den Haussuchungen geschehene Andeutung, um so weniger zu bezweifeln sein, daß dieselbe das neue Organ für die sogenannte **gerichtliche Polizei** sein soll, als die Prokuratoren nach der französischen Verfassung auch Beamte der s. g. gerichtlichen Polizei sind. In der That läßt sich, angesehen jenes Gesetz, auch sonst nicht absehen, in welcher Eigenschaft die Staatsanwälte zur Vornahme von Verhaftungen und Haussuchungen berechtigt sein könnten.

Da der Staatsanwalt nach §. 3. keine richterliche Person ist, so versteht es sich demnach, daß zu den, allenfalls von ihm vorgenommenen Verhaftungen, der im §. 1. des vorbezogenen Gesetzes erforderliche richterliche Befehl beschafft werden muß.

Da aber auch die Vorschriften über das Untersuchungs- und Beweisverfahren, also auch über die fides instrumentorum, bestehen geblieben, so ergiebt sich hieraus ferner, daß den etwanigen Dokumenten der Staatsanwälte nicht der gerichtliche Glaube, sondern nur die Glaubwürdigkeit andrer nicht gerichtlicher öffentlicher Urkunden §. 382. Krim.-Ordn. zukommt. **In Beziehung auf die Thäterschaft kann dagegen den Protokollen der Staatsanwälte nach §. 362. Krim.-Ordn. überhaupt keine wirkende Kraft beigelegt werden.** Wenn also die Competenz der Staatsanwälte zur selbsteignen Aufnahme von Untersuchungs-Verhandlungen in unsrer Verordnung erweitert ist, so steht diese aus dem Französischen entnommene Bestimmung in Widerspruch mit unsern übrigen Gesetzen. Der Zusatz zu dem Inhalte des §. 7. des Gesetzes vom 17. Juli 1846 ist diesemnach unveranlaßt, und unpraktisch!

§. 5. Die Gerichte sind verpflichtet, von Verbrechen, welche amtlich zu ihrer Kenntniß kommen, dem Staatsanwalte sogleich Mittheilung zu machen, auch den von demselben an sie gerichteten Anträgen wegen Feststellung des Thatbestandes und wegen sonst erforderlicher Ermittelungen zu genügen, und, wenn es nöthig ist, einen Untersuchungsrichter zu ernennen.

Waltet Gefahr im Verzuge ob, so hat das Gericht auch ohne Antrag des Staatsanwaltes alle diejenigen Ermittelungen, Verhaftungen oder sonstigen Anordnungen vorzunehmen, welche nothwendig sind, um die Verdunkelung der Sache zu verhüten. Die Verhandlungen hierüber sind demnächst dem Staatsanwalte mitzutheilen.

Die hier ausgesprochenen Verbindlichkeiten obliegen ebensowohl den Einzelnrichtern, als den Kreisgerichten und ihren Deputationen, Verordnung vom 2. Januar 1843 §. 22. No. 5. — Der Pflicht, von amtlich bekannt gewordenen Verbrechen dem Staatsanwalte Mittheilung zu machen, muß auch die zweite Abtheilung der Kreisgerichte genügen.

Die Bestimmung im zweiten Alinea bildet eine überall zweckmäßige Beschränkung des im §. 1. aufgestellten allgemeinen Grundsatzes. Am häufigsten wird dies vorkommen bei Ergreifung von Verbrechern auf frischer That, deren Begriff im §. 2. des Gesetzes vom 24. September 1848 ganz in Uebereinstimmung mit dem deutschen Rechte gegeben ist, nur daß man gleichlautend mit Artikel 41. der französischen Strafprozeß-Ordnung, sich des allgemeinen Ausdruckes: kurz nach der That, bedient hat. Hält man sich an die deutsche Bestimmung von etwa 24 Stunden*), so wird man nicht fehl gehen. —

§. 6. Dem Staatsanwalte legt sein Amt die Pflicht auf, darüber zu wachen, daß bei dem Strafverfahren den gesetzlichen Vorschriften überall genügt werde. Er hat daher nicht blos darauf zu achten, daß kein Schuldiger der Strafe entgehe, sondern auch darauf, daß Niemand schuldlos verfolgt werde.

Dies ist ein aus dem Französischen entnommener Satz, der für unsere deutschen Zustände nicht passend ist, vorausgesetzt, daß er etwas andres sein soll, als eine Instruktion für den Staatsanwalt, bei Anstellung seiner Anklagen mit der nöthigen Umsicht zu verfahren, und der Vorschrift §. 86. II. 10. A. L. R. eingedenk zu sein. Letzteres ist um so eher anzunehmen, als ja nach §. 1. Niemand in Untersuchung kommen soll, es sei denn auf Anklage des Staatsanwalts. — Deutsche Gerichte und deutsche Richter wird aber der Staatsanwalt als öffentlicher Ankläger, schwerlich auf den Weg Rechtens zu führen haben, vielmehr werden dieselben sich wohl ohne solche Direktion, als die geeignetsten Wächter und Handhaber des Gesetzes beweisen. Tiefer betrachtet ist aber auch der Beruf unsres Staatsanwalts die Vertheidigung der Staats-Anwaltschaft gegen die Uebergriffe eines Delinquenten, und derselbe daher der Stellung eines sogenannten Wächters des Gesetzes geradezu widersprechend. Denn als Vertheidiger des Staates ist

*) Vergl. Th. 1. Kap 5.

der Staatsanwalt nothwendig Partei, wenn auch eine sehr moralische und ehrenwerthe Partei, — jeder, der in der Vertheidigung steht, sei er eine öffentliche oder Privatperson, ist Partei, und kann daher so wenig Richter sein als Oberrichter, und unmöglich die Befugniß haben, mehr als die andre Partei, auf das Verfahren des mit der Handhabung der unparteiischen Gerechtigkeit betraueten Richters, einzuwirken. — Beim Gerichte darf nur das Interesse der Gerechtigkeit, ohne alle Nebenrücksichten, Alles beherrschen, und jede Partei, keine aber mehr als die andere, muß berechtigt sein, auf die Innehaltung dieses Ganges zu wachen. Der Staatsanwalt soll nur eine besonders rechtliche Partei sein, und wohl bedenken, daß ihm nicht der Sieg, sondern die Art des Sieges Ruhm bringen kann. Bei unsern Gerichten wird der Staatsanwalt, als Malefizprokurator, also movens inquisitionem nicht aber promovens inquisitionem sein. Der Staatsanwalt stellt die Klage an und verfolgt dieselbe, das Gericht aber richtet, und zum Richten gehört auch das Untersuchen und Prüfen. Diejenigen, welche von einem Wächteramte des Staatsanwalts sprechen, übersehen, daß sie, bloß mit einer Transposition, den alten Zustand wiederherstellen. War bisher auf ungeeignete Weise der Richter auch Ankläger, so soll jetzt der Ankläger auch Oberrichter sein oder etwas der Art, und das könnte auch kein Heil bringen. Uebrigens ist dieses Wächteramt für Frankreich auch historisch kein philosophisch-juridisches, sondern ein politisch-polizeiliches Institut, wie im ersten Theil Kapitel 2. dargethan ist, unter Napoleon ist es die hohe Polizei geworden, die unter einer edlen Maske beim Gerichte den Hauswirth spielt *).

*) Unser Gesetz giebt unsern Anwalten hier eine so summarische Instruktion, daß es für einen Kommentator angemessen scheint, einige Ergänzungen beizubringen aus der sorgfältigen Instruktion, welche der größte römische Ober-Staatsanwalt, in seinem Buche de officiis, für seine Dienstnachfolger geschrieben hat. Er sagt Betreffs der Gesinnung der Staatsanwalte:

> Nihil enim honestum esse potest, quod justitia vacat. Quo difficilius, hoc praeclarius, nullum est enim tempus, quod justitia vacare debeat. I. 19.

In Beziehung auf die innere Haltung:

> vacandum autem est omni animi perturbatione. I. 20. In omnibus au-

§. 8. Dem Staatsanwalte steht die Einsicht aller polizeilichen und gerichtlichen Akten, welche sich auf einen zu seinem Geschäftskreise gehörenden Gegenstand beziehen, jederzeit frei. Auch gehört es zum Berufe desselben, den Unvollständigkeiten, Verzögerungen oder sonstigen Unregelmäßigkeiten, welche er in den Untersuchungen wahrnimmt, durch Anträge bei der vorgesetzten Behörde des die Untersuchung führenden Beamten Abhülfe zu schaffen.

Mit dem ersten Satze kann man nur einverstanden sein. Was den zweiten anbetrifft, so stand ja der anderen Partei bisher dasselbe Recht zu, hoffen wir, daß diese Rechte nicht werden geschmälert werden.

tem negotiis, priusquam aggrediare, adhibenda est praeparatio diligens. I. 21. Ut enim tutela sic *procuratio* reipublicae ad utilitatem eorum, qui commissi sunt, non ad eorum, quibus commissa est, gerenda est. Qui autem parti civium consulunt, partem negligunt, rem perniciosissimam in civitatem inducunt, seditionem atque discordiam. I. 25. Omnis autem et animadversis, et castigatio, contumelia vacare debet: neque ad ejus, qui punitur aliquem, aut verbis castigat, sed ad reipublicae utilitatem referri. Eodem.

Was die äußere Haltung anbetrifft:

Naturam sequamur, et ab omni, quod abhorret ab oculorum auriumque approbatione, fugiamus. Status, incessus, sessio, vultus, oculi, manuum motus, teneant decorum. Fugiendum est: nequid effaeminatum aut molle, et nequid durum aut rusticum sit. I. 35.

und die Beredsamkeit:

Eloqui copiose modo prudenter; et agere considerate pluris est, quam cogitare prudenter. I. 45. Popularibus verbis est agendum, et usitatis, cum loquimur de opinione populari. II. 10. Quid est tam inhumanum, quam eloquentiam, a natura ad salutem hominum, et ad conservationem datam, ad bonorum pestem perniciemque convertere? II. 14.

Für den ganzen Mann:

Fundamentum enim perpetuae commendationis et famae, est justitia, sine qua nihil potest esse laudabile. II. 20. Nemo vero justus esse potest, qui mortem, qui dolorem, qui exsilium, qui egestatem timet, aut qui ea quae his sunt contraria, aequitati anteponit. II. 11.

und daran sich anschließend der Dichter:

Justum et tenacem propositi virum
Non civium ardor prava jubentium,
Non vultus instantis tyranni
Mente qualit solida,

Nec fulminantis magna manus Jovis;
Si fractus illabatur orbis,
Impavidum ferient ruinae.

§. 9. Verbrechen, deren Bestrafung die Gesetze von dem Antrage einer Privatperson abhängig machen, darf der Staatsanwalt nur dann vor Gericht verfolgen, wenn hierauf von jener Person angetragen worden ist. Doch ist er sowohl in diesen Fällen, als auch dann, wenn bei Verbrechen anderer Art die Betheiligten sich an ihn wenden, befugt, die gerichtliche Verfolgung zu verweigern, sofern er dieselbe für gesetzlich begründet nicht erachtet.

Ueber Beschwerden wegen solcher Weigerungen hat der Ober-Staatsanwalt zu entscheiden.

Nach §. 1. sollen die Gerichte fortan nicht mehr gegen Verbrechen einschreiten, es sei denn auf Anklage. Das Bedenken, daß wir dadurch der Wohlthaten des Inquisitionsprozesses und der würdigeren Stellung des Staatslebens verlustig gehen könnten, beseitigte sich sofort dadurch, daß der Staat keineswegs sich des Anklagerechts begeben, und daß jetzt nur darin eine Aenderung erfolgt ist, daß das Gericht nicht mehr auf Anzeige der Polizeibehörde wegen eines Verbrechens die Untersuchung eröffnet, sondern daß die Staatsgewalt ein eigenes höheres Organ, die Staatsanwaltschaft, neben und über die Polizeibehörden gesetzt, und durch dieses neue Organ die polizeilichen Ermittelungen dem Gerichte in andrer Gestalt zukommen läßt. Der Staatsanwalt fertigt aus dem blos polizeilichen Material, oder auch aus dem Stoffe der gerichtlichen Akten, eine förmliche Anklage, übergiebt dieselbe dem Gerichte, und durchführt sie Namens des Staates in der äußern Form des Civilprozesses gegen den Angeklagten. Das ist somit nichts als eine angemessene Theilung der im Interesse des Staates geleisteten Arbeiten, welche bisher blos auf den Schultern des Gerichts gelegen haben. — Nach §. 2. ist es der amtliche Beruf des Staatsanwalts, die Verbrecher vor Gericht zu verfolgen. Dies kann nach dem eben Gesagten nicht befremden, dazu ist die Staatsanwaltschaft eben eingeführt, und man wäre nach den neueren Erfahrungen über den großen Nutzen der Arbeitstheilung, selbst wohl auch ohne das französische Beispiel darauf zurückgekommen, die curatores locorum, die irenarchae, die mit der publicae sollicitudinis cura Betraueten, kurz die alten Malefizprokuratoren, wieder herzustellen. — Aber unser §. 9. wirft die Sache auf ein ganz andres Feld. Mit einem unschuldigen und sehr angemessenen Anfangssatze führt er nebenbei, so wie wohl der Schmuggler auf Schleichwegen wandelt, den neuen wichtigen Satz ein:

daß Niemand aus dem Volke mehr berechtigt sein soll, beim Gerichte die Verfolgung eines Verbrechens zu beantragen — die Staatsanwaltschaft entscheidet über die Statthaftigkeit eines Kriminalprozesses.

Das ist eine große Umwälzung des bisherigen Rechts-Zustandes unsres Landes, und dazu eine verfassungswidrige. Entnommen ist die Neuerung der französischen Strafprozeß-Ordnung. In dem französischen Polizeistaate ist der Bürger vor allen nicht Bagatell- und Handelsprozeß-Gerichten mundtodt erklärt. Wer klagen, oder als Verklagter sein angefochtenes Recht vertheidigen, oder wer in den höheren Instanzen vor Gericht auftreten will, kann und darf dies nicht persönlich und allein. Er muß, auch wenn er gescheidt und erfahren genug zu sein glaubt, sein Recht selbst wahrzunehmen, er muß einen Advokaten annehmen. Und wenn er nun der Innung seinen gesetzlichen Tribut abgeführt, wenn er einen Advokaten angenommen hat und mit demselben die Prozeßhallen betritt, um in Gegenwart des Advokaten selbst sein Recht zu vertheidigen, so kann ihm auch dann das Gericht das Wort versagen, wenn der arme Mann leidenschaftlich werden, oder Unerfahrenheit an den Tag legen sollte*). Das ist eine radikale Vormundschaft, unter welche alle Bürger gestellt sind, und durch welche sie in die Hand der Advokatur überliefert werden. Wer es nicht will, ist rechtlos. Die Advokatur aber steht unter der Aufsicht und Disciplin der Staatsbehörde, also derjenigen Beamten, welche, wie im Kap. 2. des ersten Theils nachgewiesen ist, vorzugsweise die Polizeigewalt des Staates in den Gerichten und über dieselben handhaben. Damit das Gericht diese Beamte nimmer umgehe, sind sie sogar zu einem integrirenden Theile des Gerichtes gemacht, so daß keine Berathung der Richter in ihrer Abwesenheit Gültigkeit hat. Denn der französische Machthaber faßt leicht Verdacht gegen selbstständige Naturen, insbesondere aber gegen Richter und Gerichts-Collegien. — War dieses durchgängige Bevormundungssystem schon

*) Art. 85. Bürg. Pr.-O.

in Civilsachen so klar und kaum durch losen Schleier verhüllt — der Prokurator kontrolirt die Präsens-Liste der Richter — so durfte der Gesetzgeber in Kriminalsachen sich noch weniger beschränken. Daher sagt er in der Strafprozeß-Ordnung art. 1. kurzweg und ohne alle Ausnahme; Die Klage auf strafrechtliche Verfolgung zusteht einzig und allein den Beamten der Staatsbehörde. Das ist klar, und wenn die Bevormundung im Civilverfahren damit entschuldigt wird, daß die französischen Bürger für die Handhabung der feinen französischen Prozeßmaschine viel zu plumpe Hände haben, und daß es sich nicht der Mühe lohne, die Maschinerie nach der Natur der Werkleute zu modeln, so verstand sich diese Bevormundung für das Kriminalwesen im Polizeistaate ganz von selbst, und darüber war kein Wort zu verlieren *).

Im preußischen Rechtsstaate stand und steht das denn aber doch etwas anders. Im Civilverfahren haben unsere Bürger unabhängige, durch keine Polizeigewalt beaufsichtigte Gerichte, und als, in Folge des Gesetzes vom 29. März 1844, die richterliche Unabhängigkeit, wenn auch nur auf indirekte Weise, bedroht erschien, erhob sich die allgemeine Stimme dagegen, bis schon am 6. April 1848 **) dieses Gesetz beseitigt wurde. Jeder Bürger kann vor seiner Gerichtsbehörde seine Rechtsangelegenheiten selbst besorgen, wenn er es nicht für besser hält, sich durch einen Rechtsanwalt vertreten zu lassen, und wenn er zugleich mit einem solchen Beirath vor Gericht sein Recht verfechten will, kann ihn Niemand darin beschränken.

Im Kap. 2. des ersten Theils haben wir dargelegt, daß seit 1724 der privatliche Akkusationsprozeß abgeschafft worden, aber das alte Recht jedes Preußen, vorgefallene Verbrechen sei-

*) Bei Hélie, traité de l'instruction criminelle, findet sich der Nachweis und die Anerkennung, daß die Institution aus dem Absolutismus hervorgegangen. In der ersten Zeit der Republik trennte man, zur Beseitigung der zu argen Abnormität, den öffentlichen Ankläger von dem ministère public, Napoleon brachte jedoch 1808 die Sache wieder auf denselben Fuß, wie vor der Revolution. cf. Biener, a. a. O. Heft 2. S. 98.

**) Gesetz-Sammlung S. 87.

nem Richter anzuzeigen und die Einleitung des Strafverfahrens zu gewärtigen, blieb ungeschmälert bestehen.

Der §. 2. der Kriminal-Ordnung bestimmt: Verbrechen müssen in der Regel von Amtswegen untersucht werden, ohne den Antrag einer Partei oder eines Beschädigten abzuwarten. Darin war also das Recht jedes Bürgers, bei vorgefallenen Verbrechen sich unmittelbar an den Richter zu wenden, so wenig beschränkt, daß im §. 120. sogar dem Richter zur Pflicht gemacht ist, den Anzeigenden ausführlich über das denunzirte Verbrechen zu hören, wenn es auch sonst nicht hat gelingen wollen, etwas über dasselbe zu ermitteln. Es war also das Gericht und nicht die Polizei, oder eine sonstige Verwaltungsbehörde, welche über die Anzeige eines Verbrechens zu befinden, und dieselbe nach den Umständen zurückzuweisen hatte.

Niemand konnte sich zwischen den Bürger und den Richter stellen, und den Gang der Gerechtigkeit hemmen. Nur wenn Beamte ein Amtsverbrechen verübt haben sollten, durfte das Gericht auf die Seitens eines Bürgers erfolgte Anzeige desselben noch nichts veranlassen, vielmehr sollte in diesem Falle die vorgesetzte Behörde des Beamten zu bestimmen haben, ob auf die Anzeige einzugehen. Diese erhebliche Beschränkung des Akkusationsrechts der Bürger ist durch unsre Verfassung aufgehoben worden. Der Artikel 95. bestimmt:

> es ist keine vorgängige Genehmigung der Behörden nöthig, um öffentliche Civil- und Militairbeamte wegen der durch Ueberschreitung ihrer Amtsbefugnisse verübten Rechtsverletzungen gerichtlich zu belangen.

Dies kann nicht blos auf den Civilprozeß beschränkt werden, wie sich aus §. 9. des Gesetzes vom 24. Septbr. 1848*) erweis't. Auch bestimmt der Art. 85. der Verfassung:

> Die richterliche Gewalt wird im Namen des Königs durch unabhängige, keiner andern Autorität als der des Gesetzes unterworfene Gerichte ausgeübt.

Nun gehörte es bis dahin zur richterlichen Gewalt, ohne Zwischentreten eines Verwaltungsbeamten auf die gegen Bürger oder Be-

*) Gesetz-Sammlung S. 259.

amte angebrachten Denunziationen nach dem Rechte zu befinden. Wenn also nach dem vorliegenden Gesetze das Gericht angewiesen wird, die bei demselben einkommenden Strafanträge dem Staatsanwalte mitzutheilen, und auf die bei ihm beantragte Ermittelung nnd Verfolgung eines Verbrechens nicht anders einzugehen, als wenn der Staatsanwalt die Anklage aufnimmt, so kann darin nur eine verfassungswidrige Beschränkung des uralten Rechts der Bürger, ihre Strafanträge beim Gericht unmittelbar anzubringen, und eine ebenmäßige Verkürzung der richterlichen Gewalt gesehen werden. Auch stellt sich in der That die Sache praktisch so, daß, wenn eine Denunziation wegen eines Dienstvergehens eines Civil- oder Militairbeamten, oder gar eines Staatsanwaltes, sei es wegen vorsätzlich oder aus grobem Versehen verübter Kalumnie, dem Gerichte vorgelegt wird, dieses trotz seiner verfassungsmäßigen Unabhängigkeit auf die Untersuchung nicht eingehen darf, wenn der Staatsanwalt oder dessen Verwaltungs-Chef, der Justizminister, nicht dazu die Genehmigung ertheilt. Und doch sollte nach dem Berichte des Staatsministeriums vom 5. Dezember 1848 die Verfassung zur Begründung, Befestigung und Erhaltung wahrer Freiheit gegeben sein! — Daß man sich der ganzen Folgen des hier so nebenbei eingeführten Prinzips nicht klar bewußt gewesen, erweis't der §. 47., in welchem, sonst inkonsequenter Weise, dem Gerichte eine Befugniß beigelegt ist, wider die Ansicht des Staatsanwalts die Verfolgung einer einmal bei ihm in Anregung gebrachten Untersuchungssache anzuordnen. — Hier ist das Verhältniß ganz unklar gehalten, andrerseits aus dieser Stelle die Möglichkeit gegeben, ungebührlichem Verhalten der Staatsanwaltschaft auch von Gerichtswegen zu begegnen.

Geht man aber auch, abgesehen von den positiven Vorschriften, tiefer in die Sache ein, so kann man sich nur dagegen aussprechen, daß den Bürgern in Strafangelegenheiten das Recht genommen werden soll, beim Gerichte Anzeigen und Anträge zu machen. Werden die Bürger dieses Rechts beraubt, und sie nur noch auf das Bitten bei dem Staatsprokurator beschränkt, so werden dieselben der festen Ueberzeugung ermangeln, daß die Gesetze und die Obrigkeit den Schutz ihrer Rechte wollen, sie werden dem Staatsanwalte unfehlbar mißtrauen und den Verläumdungen wird Thür und Thor geöffnet sein. Schon Machiavelli*) bemerkt, daß es kein besseres Mittel giebt zur Beiseitigung der Verläumdung, als dem Anklagerechte des Volkes freien Raum zu lassen, denn die Anklagen seien dem Staate sehr nützlich, ebenso schädlich aber die Kalumnien. Freilich ist der niedere Standpunkt mit Recht verlassen, wo die Anklage mit Kautionsbestellung genügte, um irgend einen Bürger in die Gefährniß eines Kriminalprozesses zu stürzen, allein weiter darf auch das Anklagerecht nicht beschränkt werden, als daß dieselbe Gerichtsobrigkeit, welche schließlich über den Werth der Anklage durch Erkenntniß entscheidet, im Interesse der wahren Gerechtigkeit, und um deren Hallen nicht zu einem Tummelplatze der Leidenschaften, des Hasses oder der niedrigsten Habsucht herabwürdigen zu lassen, von vorn herein mit ernster Sorgfalt die Anklage prüfe, und die unbegründet scheinende zurückweise. Einer solchen Entscheidung der richterlichen Behörde wird sich jeder gern fügen, denn die Handhabung der Gerechtigkeit durch das Gericht muß jeder als nothwendig anerkennen. Im Uebrigen aber hat allerdings die Staatsbehörde zu ihren Nachforschungen die ausgedehnten Mittel der Polizei, an der andern Seite aber wird der durch ein Verbrechen unmittelbar Verletzte, oder derjenige, welcher sich zur Verfolgung eines solchen entschlossen hat, durch Zorn und Erbitterung, ja auch durch Eigennutz und Rache zur Entdeckung und Verfolgung des Uebelthäters Manches beibringen können, was den Polizeibeamten aus Trägheit und Schlaffheit entgeht, oder was sie auch wohl im Streben nach Unparteilichkeit, oder aus Gleichgültigkeit auf sich beruhen lassen.

Ferner kann aber auch die Verwaltungsbehörde in ihren unteren Organen, und, wie die Erfahrung zeigt, auch in ihren höchsten Stellen, gewisse der bürgerlichen Freiheit nachtheilige Plane verfolgen, und in diesem Streben gewisse Gesetzes-Uebertretungen geradezu ungerügt lassen — gegen solche Uebergriffe gäbe es dann keine richterliche Hilfe, und doch soll gerade die richterliche Gewalt und Obrigkeit das wahre Schwert gegen die Uebelthäter

*) Discorsi I. 8.

und der letzte Schutz und Schirm gegen jeden Uebergriff sein *). Die ausschließliche Befugniß der Staatsbehörde zur Anklage der Verbrecher ist demnach verwerflich, während andrerseits, je freier sich das bürgerliche Leben gestaltet, es um so nothwendiger ist, daß die Staatsbehörde auch ohne Privatklage der Verletzten, die vorgefallenen Verbrechen verfolgen kann. Denn, zumal in aufgeregten Zeiten und Zuständen, ist es nicht Jedermanns Sache, der s. g. öffentlichen Meinung, und der Stimme der herrschenden Partei entgegenzutreten, und sich als Ankläger Haß, Verkennung der inneren guten Absicht, und gar Verfolgung aufzuladen, darum muß die Verletzung von Leib und Gut eines Bürgers, auch ohne desfallsige besondere Klage, durch die Staatsbehörde in Konkurrenz mit den Anklagen der Einzelnen, beim Gerichte gerügt werden können.

Schließlich muß hier noch ein für allemal über das eigentliche Verhältniß der Staatsanwaltschaft zum Gerichte und zum Volke gesprochen werden. — Im französischen Polizeistaate ist die niedere und höhere Polizei das allherrschende und Alles überwältigende Element. Aus Furcht vor etwaigen unbotmäßigen Bestrebungen der Gerichtshöfe mußten die Commissaires du Roi

*) Darum hat eben das Gericht die Gewalt des richterlichen Amts, darum ist das Gericht die Gerichtsobrigkeit. In Frankreich ist allmählig das, den eigentlichen und wesentlichen Theil des Gerichts ausmachende öffentliche Ministerium, mit Umgehung der Richter, diese praktisch das Schwert handhabende Obrigkeit geworden, und somit eine seltsame Transposition der Funktionen bewerkstelligt worden, eine um so weniger zu billigende, als die Beamten des öffentlichen Ministeriums der Garantie der Unabhängigkeit entbehren. Ein Schriftsteller des 16. Jahrhunderts (Perrot, a. a. O. S. 371) bezeichnet ihre Verrichtungen dahin: Ils sont les dépositaires de tous les intérêts du prince et du public, l'asyle des lois, le rempart de la justice et de l'innocence attaquée, il est également à leurs soins de s'opposer au mal et de persuader le bien, et pour remplir des devoirs si importans, ils ont continuellement l'esprit appliqué à poursuivre ou à défendre ce qui est conforme au droit et à l'équité. Abgesehen davon, daß diese Schilderung etwas lebhaft gehalten ist, ist es zwar recht gut, daß sich das öffentliche Ministerium in Frankreich im Laufe der Jahrhunderte Zutrauen und Liebe erworben, vom deutschen Standpunkte aus scheint es doch aber viel natürlicher, wenn und daß diese lobesame Schilderung von der eigentlichen unabhängigen Gerichtsobrigkeit gegeben werden könne.

integrirende Theile derselben werden. Damit nicht genug, mußten die Gerichte außer aller Beziehung und Verbindung mit der Außenwelt gesetzt, völlig isolirt, und, so zu sagen, nur zu Urtelsfabrikationsmaschinen herabgesetzt werden. Die Gerichte wurden arm- und fußlose Rümpfe, mit Ohren zu hören: die Anträge der Advokaten unter Oberaufsicht der Commissaires und mit einem Munde: um daraus Sentenzen ertönen zu lassen — sonst nichts. Gehen und Handeln thut für das Gericht der Commissaire, und nicht blos im Verhältnisse der Richter mit der Außenwelt; durch Mangel an Uebung im Gebrauch seiner Gliedmaaßen kann der Gerichtshof nicht einmal mit seinem eigenen Special-Commissar sprechen, das unbehülfliche Wesen muß sein Interlokut dem Commissaire du Roi mittheilen, damit dieser das Nöthige an den Kommissar und den Inquirenten erlasse. Das Gericht sieht und hört, abgesehen von der Sentenzfabrikation, nur mit den Augen und Ohren des Königlichen Kommissars, und darum giebt es für dasselbe auch keine Kriminalklage eines Bürgers. — Bei uns soll zur Zeit wenigstens noch nichts der Art eingeführt werden. Unser Staatsanwalt soll ein Anwalt der Staatsgenossen sein, soweit diese ihm die Verfolgung der Verbrechen überlassen, in dem Maaße, wie jeder andere Anwalt die Rechte seines besondren Machtgebers wahrzunehmen hat. Die Staatsanwaltschaft soll fortan in Stelle des Gerichtes die vorgefallenen Gesetzesübertretungen zur Sprache bringen, und wenn die Sache danach angethan ist, verfolgen. Demnach hat das Gericht bei Einleitung des Kriminal-Verfahrens so wenig, als beim Civil-Verfahren, mehr etwas von Amtswegen zu veranlassen. Das Gericht wartet die Anträge ab. Das haben wir als angemessen anerkannt; auch wird dadurch so wenig die Würde und Bedeutung des Gerichts, als die Unabhängigkeit und das Recht der Bürger geschmälert. Ein einziger Schritt weiter, wirft aber die bisherigen bedeutungsvollen Rechtszustände der Staatsgenossen und der zu ihrem Besten überall selbstständig und unabhängig gestellten Gerichte über den Haufen. Die Bürger konnten bisher bei ihrem Gerichte in Civil- und in Strafsachen persönlich und selbstständig Anträge machen — und das müssen sie auch noch fernerhin dürfen, wenn ihnen nicht ein sehr bedeutendes Recht genommen werden soll. Das Gericht war bisher berechtigt und verpflichtet, auf solche Anträge einzugehen, und was Rechtens, darauf zu verfügen — und auch dabei muß es im wohlverstandenen Interesse der bürgerlichen Freiheit noch fernerhin bewenden. Denn die Staatsgenossen sollen verfassungsmäßig fortan nur eine ganz unabhängige Gerichtsobrigkeit haben, nicht aber eine der Selbstständigkeit und der eigenen Gliedmaßen beraubte. Kommen Seitens der Bürger Strafanträge beim Gericht ein, so mittheilt es dieselben dem Gehilfen der Strafrechtsverwaltung, dem Staatsanwalt, zur Veranlassung des Geeigneten. Das Gericht muß aber, ganz wie §. 47 bestimmt, über die beantragte strafrechtliche Verfolgung entscheiden, wenn auch der Staatsanwalt, dieselbe weiter zu betreiben, nicht gemeint wäre. Denn der Staatsanwalt kann als Malefizprokurator nicht berufen sein, die von irgend einer Seite angeregte richterliche Thätigkeit zu hemmen, den Körper des Gerichts à la française zu verstümmeln, ihm ebenfalls Hände und Füße abzuschneiden, und den Rumpf demnächst vor jeder Berührung mit der Außenwelt zu bewahren, oder gar das Gericht in der einzigen ihm nachgelassenen obrigkeitlichen Funktion des Urtelmachens vom Standpunkte der haute police aus, zu kontroliren, und in Ordnung zu halten. Bis jetzt ist ein solches Institut des Absolutismus für das Wohl des deutschen Volkes noch nicht für ersprießlich gehalten, und daher auch nirgend verlangt worden, und wenn es sein sollte, daß die Franzosen sich im Besitze dieses Instituts und in demjenigen von arm- und fußlosen kontrolirten Gerichten wohl fühlen*), so folgt daraus doch noch keinesweges, daß in einem deutschen Rechtsstaate über etwanige Einführung dieser fremden Pflanze Freude empfunden werden sollte. Die Malefiz-Prokuratoren als Rechts-

*) Auch abgesehen von den Erscheinungen der neueren Zeit, sind übrigens die einsichtigeren Franzosen schon seit lange von ihrem ministère public keineswegs so sehr erbaut. Dies erweisen des Verfassers verehrter Lehrer Dupin in den Observations, p. 172 flg., Merlin, Répertoire 8. 214 flg., Bérenger, de la justice criminelle 4. 257 flg. und Andre. Von der Gerichtsverwaltung am Rheine ist hier überall nicht die Rede, vielmehr wird dieserhalb verwiesen auf: Schletter, Rheinische Gerichtsverfassung und auf Materialien zur Revision der rhein.-preuß. Strafprozeß-Ordn. Köln, 1848.

anwälte der Staatsgewalt und gleichgestellt den Rechtsanwälten eines jeden Dritten, sind eine altdeutsche Einrichtung. Ihre Anklageschriften gelten aber nichts mehr und nichts weniger als die eines jeden Dritten. Der Staatsanwalt als Partei darf beim Richter keine größere Bedeutung haben als der Angeklagte. Als Organe der hohen Polizei würde aber eine Staatsanwaltschaft als eine Justizverwaltende abhängige Staatsbehörde neben und über unsern deutschen Gerichten ebenso fremd als befremdend und verwerflich sein.

4. Gerichtliches Verfahren im Allgemeinen.

§. 11. Die Eröffnung einer Untersuchung muß durch förmlichen Beschluß des Gerichts erfolgen.

Hier ist unter „Untersuchung" die eigentliche Spezial-Inquisition gemeint, und der Untersuchung wird die General-Inquisition entgegengesetzt, die im §. 13. Voruntersuchung schlechtweg, in den andern Stellen des Gesetzes aber richtiger „gerichtliche Voruntersuchung" genannt wird. Denn der gerichtlichen Voruntersuchung wird häufig auch noch eine polizeiliche Voruntersuchung voraufgehen, mit der wir es hier nicht zu thun haben *). — Hier wird nun die Nothwendigkeit des Beschlusses zur Eröffnung der Spezial-Inquisition mit Recht ausgesprochen, und damit den bisherigen Beschwerden über die Unbestimmtheit des peinlichen Untersuchungsverfahrens ein Ende gemacht. Die zum Spruch eingereichten Untersuchungs-Akten ließen es in der That sehr oft ungewiß, ob ein Individuum nur verantwortlich der Erkundigung halber vernommen, oder ob dasselbe selbst zur Untersuchung gezogen worden. Peinlich Angeklagter ist hinfüro Niemand, gegen den nicht ein förmlicher Anklagebeschluß erlassen ist, im §. 263 der Krim.-Ord. war die förmliche Beschlußfassung aus dem ältern Verfahren nur stillschweigend vorausgesetzt, dieselbe aber sehr in

*) Wie es auch im kanonischen Untersuchungs-Verfahren drei Theile gab, die inquisitio generalis (infamatio), polizeiliche Voruntersuchung; die inquisitio summaria (auch General-Inquisition), die gerichtliche Voruntersuchung; und die inquisitio specialis (auf Artikel), das Hauptverfahren; ist im ersten Theile Kap. 2. angegeben.

Vergessenheit gerathen.*) Was für Förmlichkeiten zum förmlichen Beschluß gehören, ist im Gesetze nirgend angegeben, es möchte wohl angemessen sein, den Tag der Berathung und die Namen der Beschlußfassenden Richter aufzuführen, dem conclusum aber ein schriftliches, jedenfalls mündlich vorgetragenes, Referat voraufgehen zu lassen.

§. 12. Gegen den Beschluß eines Gerichts, durch welchen der Antrag auf Eröffnung einer Untersuchung zurückgewiesen wird, steht dem Staatsanwalte innerhalb einer zehntägigen präklusivischen Frist, welche mit dem Ablaufe des Tages beginnt, an dem die Mittheilung des Bescheides erfolgt ist, die Beschwerde an das Appellationsgericht offen. Bei der Entscheidung dieses Gerichts muß es verbleiben.

Vorausgesetzt, daß nicht, wie im französischen Verfahren, die Freilassung des gefangen gewesenen Angeschuldigten durch die Berufung des Staatsanwalts gehemmt wird, läßt sich gegen die 10 tägige Frist nichts erinnern. Dagegen versteht es sich von selbst, daß auch einer Privatpartei die Beschwerde an das Obergericht jederzeit freistehen muß, wenn das Untersuchungsgericht die Anklage derselben als unbegründet zurückgewiesen hat.

§. 13. Sowohl während der Untersuchung, als während des ganzen Laufes der gerichtlichen Untersuchung steht dem Gerichte die Beschlußnahme über die Verhaftung oder Freilassung des Angeklagten zu.

Beschwerden über den Beschluß des Gerichts gehören vor das zuständige Appellationsgericht, bei dessen Entscheidung es bewendet.

Durch dieses Gesetz wird dem Gerichte, und nicht etwa der Verwaltungsbehörde im Bunde mit dem Untersuchungsrichter, die Disposition über die Freiheit des Angeklagten vorbehalten. Nach dem Inhalte und der Grundbedeutung des Gesetzes vom 24. September 1848 konnte dies füglich auch nicht anders bestimmt wer-

*) Früher wurde es mit der Form und Formel des Anklagebeschlusses so wie der Anklageschrift sehr streng und genau genommen. Ein Vater hatte wegen „Lähmde" den Prozeß veranlaßt, weil seinem Kinde ein Zahn ausgestoßen worden. Der Angeklagte wurde freigesprochen, weil ein Kindzahn wieder wachse, und deshalb keine Lähmde vorliege. Brachvogel, I. Kap. 36. S. 15. cf. Kap. 8. und 13. S. 7. und 8. Wenn zwei Personen eine Wunde geschlagen hatten, so konnte nur ein Mann beschuldigt werden. a. a. O. 12.

den. Nach diesem Gesetze giebt es, was die Civilzustände anbetrifft, über 24 Stunden hindurch keinen Gefangenen, er wäre denn in den Händen des Gerichts, es giebt nur noch Gerichtsgefangene. Daraus folgt denn, daß, wenn die Angeklagten auf die Firma und für Rechnung des Gerichts gefangen gehalten werden, dieses allein auch nur über die Fortdauer der Haft oder die Freilassung des Angeklagten zu beschließen haben darf. Dies gilt aber auch in Beziehung auf den Untersuchungsrichter, so daß dieser allein nicht mehr kompetent ist, die Verhaftung oder Entlassung eines Angeklagten definitiv zu beschließen. Wegen der Befreiung von der persönlichen Haft gegen Kaution werden auch fernerhin die Bestimmungen §. 210. §. 224 flg. namentlich §. 235 Kriminal-Ordnung, und wegen der Verhaftung der Verdächtigen und Verurtheilten §. 206 flg. und 516 Kriminal-Ordnung zu befolgen sein.

5. Mündlichkeit und Oeffentlichkeit des Verfahrens.

§. 14. Der Fällung des Urtheils soll bei Strafe der Nichtigkeit ein mündliches öffentliches Verfahren vor dem erkennenden Gericht vorhergehen, bei welchem der Staatsanwalt und der Angeklagte zu hören, die Beweisaufnahme vorzunehmen und die Vertheidigung des Angeklagten mündlich zu führen ist.

§. 15. Die Oeffentlichkeit der Verhandlungen kann von dem Gerichte durch einen öffentlich zu verkündenden Beschluß ausgeschlossen werden, wenn es dies aus Gründen des öffentlichen Wohls oder der Sittlichkeit für angemessen erachtet.

§. 19. Hat eine Beweisaufnahme durch Einnehmung des Augenscheins an Ort und Stelle Statt gefunden, so muß das darüber aufgenommene Protokoll bei dem mündlichen Verfahren vorgelesen werden.

§. 20. Zeugen, welche nicht vorgeladen worden, jedoch in der Nähe befindlich sind, kann der Richter sogleich durch den Gerichtsdiener gestellen lassen, im aktiven Dienste stehende Militairpersonen jedoch nur mit Genehmigung ihrer Vorgesetzten.

Dasselbe gilt von gehörig vorgeladenen, aber ausgebliebenen Zeugen. Hat ein solcher Zeuge sein Ausbleiben nicht im Voraus entschuldigt, so kann gegen ihn von dem Gericht ohne weiteres Verfahren eine Geldbuße bis zu 20 Rthlr. oder eine Gefängnißstrafe bis zu acht Tagen, und die Verpflichtung zur Tragung aller Kosten festgesetzt werden, welche durch die von ihm verursachte Ansetzung eines neuen Termins entstehen. Die Niederschlagung dieser Strafe und die Entbindung von der Kostentragung ist von dem Gericht nur dann zu bewilligen, wenn der Zeuge binnen 14 Tagen nach Zustellung der Strafverfügung sein Ausbleiben genügend entschuldigt.

§. 21. Kann bei dem mündlichen Verfahren die Vernehmung eines Zeugen wegen Krankheit, Altersschwäche, großer Entfernung, oder wegen anderer unabwendbarer Hindernisse nicht erfolgen, so ist solche anderweit zu bewirken, und in diesen Fällen, so wie alsdann, wenn ein schon zuvor gerichtlich vernommener Zeuge inzwischen verstorben ist, das Vernehmungsprotokoll bei dem mündlichen Verfahren vorzulesen.

Für die Spezialinquisition sind sonach in der Regel die Gerichtshallen dem Publikum geöffnet, und der Mündlichkeit des Verfahrens der Vorzug gegeben vor der Schriftlichkeit. Jedoch wird hier das Extrem zu vermeiden, und dahin zu wirken sein, daß durch geeignete Führung der Voruntersuchung und des Audienzprotokolls die materielle zweite Instanz nicht vereitelt wird. Wird die Schriftlichkeit des Verfahrens zu wenig berücksichtigt, so werden die Angeklagten nur zu oft um den Nutzen der zweiten Instanz gebracht, und die zweite Instanz zu einer bloßen Kassationsinstanz abgeschwächt werden.

6. Vertheidigung.

§. 18. Zwangsmittel jeder Art, durch welche der Angeklagte zu irgend einer Erklärung genöthigt werden soll, sind unzulässig.

Hier sind also die Bestimmungen §. 289 und 290 der Kriminal-Ordnung, welche lauten:

§. 289: Auch wegen hartnäckig verweigerter Antwort oder Angabe der Mitschuldigen, oder Herbeischaffung der entwendeten Sachen, so wie wegen wirklicher Lügen, soll künftig Niemand vom Richter eigenmächtig gezüchtigt, oder sonst thätlich gemißhandelt werden.

290: Richter und Gerichtspersonen, die dennoch gegen diese Vorschrift handeln, sollen zur Untersuchung gezogen, und nach den Gesetzen nachdrücklich bestraft werden.

unbedingt und als allgemeine Regel aufgestellt. Die §§. 292 bis 297 der Kriminal-Ordnung müssen demnach als aufgehoben angesehen werden.

§. 16. Der Angeklagte kann in allen Fällen, jedoch wenn eine Voruntersuchung Statt findet (§. 42 ff. 75 ff.), erst nach Abschuß derselben, sich des Beistandes eines Vertheidigers bedienen.

Bei schweren Verbrechen (§. 60.) muß dem Angeklagten ein Vertheidiger, falls er einen solchen nicht erwählt hat, von Amtswegen bestellt werden.

§. 17. Dem Vertheidiger, der Angeklagte möge verhaftet sein oder nicht, müssen die Untersuchungsakten auf Verlangen in der Gerichtsregistratur zur Einsicht vorgelegt werden. Eine Verabfolgung derselben an den Vertheidiger ist nicht gestattet.

Wir haben im ersten Theile Kapitel 2 und 5 uns darüber ausgesprochen, wie sehr es der Gerechtigkeit entsprechend ist, daß in dem ernsten Kampfe, welchen die anklagende Staatsgewalt gegen den Angeklagten vor dem unabhängigen und unparteiischen Gerichte durchführt, die Waffen gleich vertheilt sein müssen, und daß nur allein die absolute Gerechtigkeit den Maaßstab für die Behandlung beider Theile abgeben darf. — Nun ist zwar im alten kanonischen und deutschen Verfahren die Prozedur der englischen und amerikanischen Gerichte nicht beliebt, und dem Angeklagten während der Generalinquisition die Annahme eines Beistandes bei seinen Vernehmungen nicht gestattet worden. Anderseits war aber nach dem Kanonischen Prozesse, dem Angeklagten als infamatus, also nach dem ersten Stadium der Generalinquisition, die Berathung mit einem Rechtsverständigen verstattet, und es wurden ihm zur unbeschränkten Vertheidigung schon da alsbald die nöthigen Mittel gewährt. — In der märkischen Kriminal-Ordnung ist, wie Kapitel 3 §. 24 nach der Anführung in unserm zweiten Kapitel ergiebt, das Vertheidigungsrecht des Angeklagten nicht wesentlich mehr beschränkt, indem auch hier ein advocatus des Angeklagten statuirt und ihnen pro avertenda inquisitione volles Gehör und unbeschränkte Vertheidigung, auch die vollständigste Durchsicht der Akten mit abschriftlicher Entnehmung ihres Inhalts gestattet ist. Da jetzt durch die Wiedereinführung der Form des Anklageprozesses der Angriff gegen den Angeklagten geschärft worden, so wäre es nicht zu billigen, und würde überall ungerechtfertigt sein, über die positive Bestimmung des Gesetzes hinaus, in irgend einer Art die Vertheidigung des Angeschuldigten und Angeklagten zu beschränken. Der Angeschuldigte soll sich also während der Voruntersuchung des Beistandes eines Vertheidigers nicht bedienen dürfen. Genau ausgelegt heißt dies blos, daß der Angeschuldigte bei seinen Verhören sich von einem Vertheidiger nicht darf beistehen lassen. Die Besprechung mit einem Vertheidiger und der Beirath desselben, wird ihm also nicht zu versagen sein. Der Angeklagte und sein Vertheidiger wird sich ferner aus den eingesehenen Akten die nöthigen abschriftlichen Notizen entnehmen dürfen, und auf ihre Kosten werden ihnen beliebige Abschriften zu ertheilen sein; was 1717, zur Zeit, wo noch die Folter als Beweismittel galt, gerecht und billig schien, wird jetzt als unverfänglich und unverwerflich anerkannt werden müssen. Wenn der Angeschuldigte begehrt bei Ortsbefundserhebungen und Zeugenvernehmungen zugezogen zu werden, wird ihm auch dies nicht zu versagen sein. Die Verordnung verbietet es nicht, und auch die Kriminal-Ordnung steht dem nicht entgegen, umgekehrt wird im §. 318. die Anwesenheit des Vertheidigers bei der Vernehmung der Zeugen unbedingt, also in jedem Stadium des Verfahrens gestattet. Auf die Frage, wer dem Angeklagten als Vertheidiger zur Seite stehen kann, hat die Verordnung keine Antwort. Es wird also die Kriminal-Ordnung und die bisherige Praxis maaßgebend sein. Nach §. 433. scheinen zwar nur zur Justiz verpflichtete Personen zu Vertheidigern gewählt werden zu können, diese Beschränkung ist jedoch nicht begründet, wie sich aus §. 469 ergiebt. Auch werden nach der Praxis Nichtjuristen als Vertheidiger zugelassen, so wie denn kein Grund obwalten dürfte, die Bestimmung des §. 21. Tit. 3. Pr.-Ord. im Strafverfahren auszuschließen. Es ist übrigens die Pflicht jedes Vertheidigers, nicht die Thatsachen zu verdrehen, nicht klare Gesetze wegzuleugnen, nicht über letztere leer und gehaltlos zu schwatzen, und nicht die Wahrheit gegen bessere Ueberzeugung zu verletzen.

7. Beweis und Urtel.

§. 22. Die bestehenden gesetzlichen Vorschriften über das Verfahren bei Aufnahme der Beweise, insbesondere auch darüber, welche Personen als Zeugen vernommen und vereidet werden dürfen, bleiben ferner maaßgebend.

Dagegen treten die bisherigen positiven Regeln über die Wirkungen der Beweise außer Anwendung. Der erkennende Richter hat fortan unter genauer Prüfung aller Beweise für die Anklage und Vertheidigung nach seiner freien, aus dem Inbegriffe der vor ihm erfolgten Verhandlungen geschöpften Ueberzeugung zu entscheiden, ob der Angeklagte schuldig oder nichtschuldig sei. Er ist aber verpflichtet, die Gründe, welche ihn dabei geleitet haben, in dem Urtheile anzugeben.

Auf vorläufige Lossprechung (Freisprechung von der Instanz) soll nicht mehr erkannt werden.

Die ausgezeichneten Vorschriften unsrer Kriminal-Ordnung über das Beweisverfahren überhaupt, und die Person der Zeugen insbesondere, namentlich die Art ihrer Vernehmung und Vereidung, sind also beibehalten. Dieselben lassen nichts zu wünschen übrig. Wenn nun die bisherigen positiven Regeln über die Wirkung der Beweise außer Anwendung gesetzt sind, so kann es dem Gesetzgeber auch nicht entfernt eingefallen sein, die naturgemäßen, der Wissenschaft und der früheren bessern Gesetzgebung entnommenen, in unsrer trefflichen Kriminal-Ordnung enthaltenen Grundsätze über den Werth der verschiedenen Beweismittel, als da sind: das Geständniß, die Urkunden, die Zeugenbekundungen, der richterliche Augenschein, und die ausgezeichneten Satzungen in den §§. 359 bis 390. 392. 398 bis 404. für aufgehoben und beseitigt zu erklären. Wenn so etwas angenommen werden könnte, so würde der baare Unverstand gleichberechtigt neben die verständige Ansicht der Dinge, es würde die ganze Barbarei roher und ungebildeter Zeiten, neben die hochgemäßen Errungenschaften ganzer Jahrhunderte von Arbeit und Studium, es würde das Gesetz neben das beliebige Dafürhalten subjektiver Meinungen, alles gleichberechtigt neben einander gestellt sein, und das Gericht sich ohne allen gesetzlichen Anhalt finden.

Dies hat aber mit jenen allgemeinen Worten nicht gesagt sein sollen, sondern nur die Regeln über die Wirkungen der Beweise sind außer Anwendung gesetzt, d. h. die positiven, in den §§. 391. 393 bis 397 und 405 bis 409 Kriminal-Ordnung, für das Ermessen des Richters über den Nachweis der Schuld, als bindend aufgestellten Grundsätze sind aufgehoben. Also auch fortan ist der Eid des Angeschuldigten im Kriminalprocesse unstatthaft, auch fortan wird ein erzwungenes Geständniß desselben werthlos sein, wird ein bedingtes Geständniß der Theorie vom qualifizirten Geständnisse unterliegen, wird ein außergerichtliches Geständniß nur eine Inzicht abgeben, wird ein Gutachten der Sachverständigen, soweit seine „überzeugenden Gründe" auf Folgerungen aus aktenmäßigen Thatsachen beruhen, den allgemeinen Grundsätzen der Denklehre unterliegen, auch fortan werden die Grundsätze über Beweisfähigkeit und Glaubwürdigkeit der eidlichen Zeugnisse aus den gesetzlichen Bestimmungen zu entnehmen sein. Aber der Versuch, die unendliche Mannigfaltigkeit der Fälle unter abstrakte, ein für allemal positiv festgestellte Regeln zu bannen, und die Stärke des geführten Beweises nicht aus dem Inbegriffe der richterlichen Wahrnehmungen, sondern nach vorausbestimmten allgemeinen Maaßstäben fest zu stellen — dieses vergebliche, wiewohl aus einer für die Angeklagten sehr vorsorglichen Gesinnung entsprossene Beginnen ist verlassen worden. Die positiven bindenden Beweisregeln sind gefallen, und von jetzt an bestimmt das Gesetz nur noch, wo der Richter die Ueberzeugung nicht zu suchen hat. — Damit aber die Strafurtheile unter keinen Umständen Urtheile der Willkühr werden, ist die weise Beschränkung hinzugefügt, daß der Richter verpflichtet ist, die Gründe, welche ihn aus seiner Ueberzeugung geleitet haben, in dem Urtheile anzugeben. Dadurch sollen die Richter gezwungen werden, sich die Gründe ihrer Ueberzeugung stets klar zu machen, und es soll damit die Möglichkeit gewahrt werden, ihre Aussprüche einer fernern Prüfung und allenfalls einer Abänderung zu unterwerfen. Der §. 11. des Gesetzes vom 17. Juli 1846 bestimmte noch:

> Die Gerichte sind an die Anträge des Staats-Anwalts nicht dergestalt gebunden, daß sie nur darüber, ob solche in der angebrachten Art begründet seien, zu entscheiden hätten; sie sind vielmehr verpflichtet, die That, deren Untersuchung und Bestrafung der Staatsanwalt beantragt hat, ihrer Beurtheilung zu unterwerfen, und wenn sie hierbei finden, daß diese That zwar eine strafbare ist, allein gegen ein anderes Strafgesetz, als das von dem Staatsanwalt bezeichnete, verstößt, so liegt ihnen ob, demgemäß was Rechtens zu beschließen.

Da sich diese Anordnung jedoch von selbst versteht, so konnte dieselbe in der Verordnung mit Recht weggelassen werden. Denn so lange das Gericht noch ein ehrliches deutsches Gericht, ein selbstständiges unabhängiges und mit eigenem Geiste begabtes Gesammtwesen ist, so lange wird es seinem Berufe, die absolute Gerechtigkeit zu handhaben, und objektiv das auszusprechen, was nach der Wahrheit an der ihm vorliegenden Sache ist, unbeirrt durch unrichtige Ansichten und Irrthümer des Staatsanwaltes, zu genügen haben und genügen können.

§. 23. Der für schuldig Erklärte ist zur vollen gesetzlichen Strafe zu verurtheilen.

§. 24. Einer Belehrung des Verurtheilten über die ihm zustehenden Rechtsmittel bedarf es nicht.

Wenn es auch der Belehrung nicht bedarf, so wird sich doch das Gericht bei ungelehrten Angeklagten wohl nicht enthalten, dieselben über die ihnen zuständigen Rechtsmittel zu belehren.

§. 25. Abwesende und flüchtige Verbrecher sind auf den Antrag des Staatsanwaltes mittelst Ediktalien vorzuladen. Die §§. 577. 578. 580. 581. 585. und 587 der Kriminalordnung treten außer Kraft, wogegen es bei den Vorschriften der §§. 579. 582. 583. 584. und 586. daselbst verbleibt.

Schon die Römer anerkannten den Grundsatz, daß aus erwiesenem Ungehorsam ein stillschweigendes Geständniß des angeschuldigten Verbrechens nicht abgeleitet, und also wegen dieses letztern eine Verurtheilung nicht ausgesprochen werden dürfe. Nur bei einigen besonders hassenswerthen Verbrechen und später bei den geringeren hauptsächlich mit Geld- nnd Ehrenstrafen verfolgten Vergehen, ging man von dieser Regel ab. Der alte deutsche Bannprozeß ist mit Recht aufgegeben worden, und es sollte auch eigentlich in der Regel ein Strafverfahren gegen abwesende oder flüchtige Verbrecher unterbleiben, weil es im Allgemeinen mit der Fiktion des Geständnisses bedenklich aussieht, weil nur wenige Strafen in Abwesenheit des Schuldigen vollstreckt werden können, und weil es die wahre Gerechtigkeit erfordert, später vom Contumazial-Urtel ganz abzusehen, wenn sich der Angeklagte dennoch gestellt, oder vor den Richter gestellt wird. Inzwischen hatte unsre Kriminal-Ordnung im §. 577. 578. die Fälle angegeben, in welchen die Ediktal-Citation zuläßig sein sollte, oder nicht. Dieses Gesetz ist jetzt aufgehoben, und es scheint die Einleitung des Verfahrens lediglich in das Ermessen des Staatsanwalts gestellt worden zu sein. Dies ist jedoch unrichtig. Denn der Staatsanwalt richtet an das Gericht eben nur einen Antrag, und das Gericht hat die Zulässigkeit desselben zu prüfen. Wenn nun auch der citirte §. 577 aufgehoben worden, so wird doch der am Anfange desselben aufgestellt gewesene Satz: daß der Thatbestand des Verbrechens festgestellt, und die Thäterschaft wenigstens bis zur Einleitung der Spezial-Inquisition gegen den Flüchtigen dargethan sein müsse, als der Wissenschaft angehörig, welche doch nicht füglich aufgehoben werden kann, noch fortwährend Gültigkeit haben, und ein Antrag, bei welchem diese Vorbedingungen nicht vorhanden wären, müßte zurückgewiesen werden. Aufrecht erhalten aus der Kriminal-Ordnung sind nur die Bestimmungen über die Form der Ladung (§. 579 und 586) über die Eröffnung des Kontumazial-Urtels (§. 582) und über die Restitutionsfrist und Strafvollstreckung (§. 583. 584.). Weshalb aber die zum Theil noch jetzt zweckmäßige Instruktion der Gerichte §. 577. 581. 585. und 587. aufgehoben ist, läßt sich nicht übersehen. Der §. 107. des Gesetzes vom 17. Juli 1846 beließ es dabei ganz angemessen. Die Grundsätze der Wissenschaft müssen jetzt deren Stelle ersetzen, insbesondere was die Contumazial-Instruktion, die Vertheidigung des abwesenden Angeklagten und die Einlegung von Rechtsmitteln angeht.

Als ganz zweckmäßige Instruktion könnten zu diesem Behuf die Bestimmungen des revidirten Entwurfs der Strafprozeßordnung von 1841 dienen, welche dahin gehen:

> §. 416. Hat nach Lage der Sache die Hauptuntersuchung gegen den Verdächtigen eröffnet werden können, und ist derselbe flüchtig und dessen Aufenthaltsort unbekannt; so muß er, wenn die That eine Geldstrafe nach sich zieht, und er Vermögen zurückgelassen hat, durch öffentliche Ladung vorgefordert werden.
>
> §. 418. Die Vorladung muß die Warnung enthalten: daß die Untersuchung im Falle des Ausbleibens dennoch

abgeschlossen, und das Rechtliche dennoch erkannt werden wird.

§. 419. II. Fortsetzung der Untersuchung und Erkenntniß. Erscheint der Vorgeladene nicht; so ist die Untersuchung unter Zuziehung eines demselben von Amtswegen zu bestellenden Vertheidigers fortzusetzen, der Beweis aufzunehmen und demnächst des Rechtens zu erkennen, falls nicht auf Entbindung von der Untersuchung erkannt werden müßte, in welchem Falle die Akten einstweilen zu reponiren sind.

§. 420. III. Publikation des Erkenntnisses. Das Erkenntniß ist dem Vertheidiger zu publiziren, und statt der Bekanntmachung an den Angeschuldigten in dem Amtsgebäude des untersuchenden Gerichts anzuschlagen.

§. 421. IV. Appellation. Dem Vertheidiger, so wie den im §. 323 benannten Personen, steht die Appellation gegen das Erkenntniß binnen zehn Tagen nach der dem Vertheidiger geschehenen Bekanntmachung desselben frei.

Das Appellations-Erkenntniß ist nur dem Appellanten zu publiziren.

§. 422. V. Erneuerung der Untersuchung. Erscheint der Vorgeladene; so ist die Untersuchung, wenn er nicht völlig freigesprochen worden, unter Aufhebung des bereits ergangenen Erkenntnisses, durch seine Vernehmung, und nöthigenfalls durch Aufnahme des ferneren Beweises zu vervollständigen und darin von Neuem in den gesetzlichen Instanzen zu erkennen.

§. 423. VI. Wenn der Angeschuldigte erst nach Eröffnung der Hauptuntersuchung entwichen ist. Das vorstehend angeordnete Ungehorsams-Verfahren muß in den, im §. 416 erwähnten Fällen auch dann eingeleitet werden, wenn der Angeschuldigte erst nach der Eröffnung der Hauptuntersuchung vor dem Schlusse derselben in erster Instanz entwichen ist.

§. 424. Ist derselbe nach dem Schlusse der Untersuchung erster Instanz entwichen: so muß in der Sache erkannt, das Erkenntniß aber, statt der gewöhnlichen Publikation, durch Anschlag im Amtsgebäude des untersuchenden Gerichts mit der Warnung bekannt gemacht werden, daß es nach Ablauf der zehntägigen Appellationsfrist rechtskräftig, und die erkannte Geldbuße zur Vollstreckung gebracht werde.

§. 425. Ist der Angeschuldigte während der zweiten Instanz entwichen; so muß das Appellations-Erkenntniß abgefaßt, durch Anschlag im Amtsgebäude des untersuchenden Gerichts bekannt gemacht, und die erkannte Geldbuße vollstreckt werden.

§. 426. Erscheint der Angeschuldigte und beruhigt sich bei dem Erkenntnisse (§§. 424 und 425) nicht; so muß derselbe nach Maaßgabe des §. 422 mit seinen Beschwerden gehört, die Beweisaufnahme vervollständigt und nach abgehaltenem Schlußverhör das Erkenntniß vor dem Richter zweiter Instanz abgefaßt werden.

§. 427. VII. Ausnahme bei Rügesachen. Das in diesem Titel vorgeschriebene Verfahren findet auf Rügesachen keine Anwendnng.

§. 428. In allen Fällen, in welchen das Ungehorsams-Verfahren nicht Statt findet (§§. 416 und 427), hat der Richter zur Vermeidung der durch den Verlauf der Zeit zu besorgenden Verdunkelungen Alles, was zur Ueberführung des flüchtigen oder abwesenden Angeschuldigten gereichen kann, festzustellen, worauf die verhandelten Akten so lange zu reponiren sind, bis die Vorladung gehörig insinuirt werden kann.

Zu erwähnen ist noch, daß, obwohl nach Art. 9 der Verfassungs-Urkunde die Strafe der Vermögens-Einziehung nicht mehr Statt findet, bei flüchtigen Verbrechern dennoch die annotatio bonorum, die Aufzeichnung und Sequestration des Vermögens, verfügt werden kann, um ihnen die Mittel zum Unterhalte im Auslande zu entziehen, sie zur Rückkehr zu nöthigen, um die künftigen Strafgelder, Kosten und den Schadenersatz zu sichern. Es versteht sich von selbst, daß der Frau und den Kindern des Flüchtigen aus dem in Beschlag genommenen Vermögen der nöthige Unterhalt gereicht werden muß.

§. 26. Die Beschlüsse des Gerichts und seiner Abtheilungen werden, auch wenn es auf Fällung des Urtheils ankommt, durch Stimmenmehrheit gefaßt.

Eine Bestätigung des richterlichen Urtheils durch den Justizminister findet nicht ferner Statt.

Es ist zu vermuthen, daß hiernach der wohl in allen Gerichten famose und nie erschöpfend genug zu ergründende §. 506 der Kriminal-Ordnung beseitigt sein soll. Klar und unbedingt ist die Aufhebung nicht ausgesprochen, zumal auch im §. 502 a. a. O. die Stimmenmehrheit bedingt ist. Die Gerichte werden sich jedoch hoffentlich für die Beseitigung des §. 506 entscheiden. Eigentlich wird zur Anwendung desselben auch keine Gelegenheit mehr sein, wenn die Bestimmung in den §§. 38, 60, 76 und 78 kategorisch aufgefaßt, und daran festgehalten wird, daß nicht mehr als 3 und 5 Richter sich an den Beschlüssen und Erkenntnissen betheiligen dürfen. Wir halten das Hinzutreten von noch mehr Richtern für unzulässig.

Wenn auch hiermit die Ministerial-Bestätigung der Straferkenntnisse abgeschafft worden, verbleibt es doch noch bei der nach den bestehenden Gesetzen erforderlichen Einholung der Allerhöchsten Bestätigung gewisser Erkenntnisse, ohne welche die erkannten Strafen nicht vollstreckt werden dürfen. Hierbei sind die K.-O. 2. Juni 1841 und 2. Dezember 1842, Jahrbücher Bd. 60, pag. 537 zu beachten.

Was die sonst mit Freiheitsstrafe zu rügenden Verbrechen von Personen anbelangt, welche bereits zu einer lebenswierigen Freiheitsstrafe verurtheilt sind, so ist die Kabinets-Ordre vom 20. Juni 1835, Gesetz-Samml. pag. 100 zu beachten.

Erwähnt mag noch werden, daß an den Vorschriften nichts geändert ist, welche die Mittheilungen an Behörden, über die Einleitung von Untersuchungen gegen gewisse Personen wegen bestimmter Verbrechen anordnen.

Abschnitt II.

Besondere Vorschriften über das Untersuchungs-Verfahren.

1. Bei Vergehen.

§. 27. Die Untersuchung und die Entscheidung erster Instanz in Ansehung derjenigen Vergehen, welche in den Gesetzen mit

Geldbuße bis zu 50 Thalern,

oder

Freiheitsstrafe bis zu sechs Wochen,

oder

körperlicher Züchtigung, an deren Stelle jetzt verhältnißmäßige Freiheitsstrafe tritt,

oder mit mehreren dieser Strafen zugleich bedroht sind, erfolgt durch kommissarisch dazu bestellte Einzelrichter mit Zuziehung eines Gerichtsschreibers.

Die Kompetenz der Einzelrichter tritt auch dann ein, wenn neben diesen Strafen zugleich auf Ehrenstrafen zu erkennen ist.

Ausgeschlossen von der Zuständigkeit der Einzelrichter bleiben jedoch die Fälle, in welchen entweder zugleich auf Verlust von Aemtern, Titeln oder Würden, oder des Rechts zum selbstständigen Gewerbebetriebe zu erkennen ist, oder in welchen die Verurtheilung für den Verbrecher den Verlust von Ehrenrechten oder des Bürgerrechts nach den gesetzlichen Bestimmungen unbedingt zur Folge hat.

Im ersten Theile Kapitel 3. haben wir schon die Mangelhaftigkeit der hier im §. 38. und §. 60. nach einem rein äußerlichen Bestimmungsgrunde erfolgten Dreitheilung der Gesetzübertretungen beregt. Es ist zu bedauern, daß unsre Gesetzgeber, den vorgeschrittenen Standpunkt unserer Wissenschaft ignorirt, und auch hier, wahrscheinlich weil in einigen leichthin gepflogenen Kammerverhandlungen etwas Wissenschaftliches sich nicht erreichen ließ, das oberflächliche französische Muster nachgeahmt haben. Im Allgemeinen wird der Grundsatz ewig wahr bleiben, daß das Verbrechen schändet und nicht die Strafe, die Strafe kann also keinen Eintheilungsgrund des Strafverfahrens abgeben, und die Schulregelei Seitens der Staatsgewalt wird, wie wir vom Geiste unsres Volkes hoffen, hier ewig fruchtlos bleiben; leider wird dieselbe aber auch nachtheilig auf die öffentliche Moral wirken. Es mag schwer sein, die unerlaubten Handlungen nach ihrer Natur zu sondern, aber die Schwierigkeit kann nicht für unüberwindlich gehalten werden, zumal unser altes Verfahren, wie im Kapitel 2. beregt ist, die Sache ganz praktisch angegriffen hatte.

Alle verbotenen Handlungen, die gegen ein blos präventives Gesetz verstoßen, sind Uebertretungen (Kontraventionen). Die Uebertretungen erzwingbarer Pflichten, welche nicht blos vom polizeilichen Standpunkte aus sträflich sind, sondern auch nach Moral, Staatspolitik oder Volksgefühl, sind Verbrechen. Diese kann man sondern in solche, welche das Volk nicht für entehrend hält: Vergehen, und in die nach dem Volksgefühle Entehrenden: Verbrechen. Die Schwierigkeit der Ermittelung dieses Volksgefühls, würde gleich umgangen werden, wenn bei allen Verbrechen Volksgenossen als Geschworene zu entscheiden hätten, und die politischen resp. finanziellen Zustände eine solche Ausdehnung des Geschworenen-Instituts zuließen. Die Motive der französischen Gesetzgebung ergeben auch nichts als einige Scheinredensarten für die dort beliebte Trichotomie, während der wahre Grund kein anderer war als der, die überhaupt nur in verkümmerter und verzerrter Gestalt aus England entnommene Jury in möglichst wenigen Fällen zur Anwendung kommen zu lassen. Da nun die Geschworenen vom Zuchtpolizeigericht entfernt gehalten wurden, vor demselben aber die délits abgeurtelt werden sollten, so mußte man alle Gesetz-Uebertretungen, an deren Bestrafung die despotische Regierung ein besonderes Interesse nahm, in die Klasse der délits setzen, als da sind: Tadel der Regierung, Erregung von Unzufriedenheit, Anmaaßung öffentlicher Funktionen; Aufruhr von weniger als 20 Personen, Nichtanzeige von Staatsverbrechen, Preßvergehen u. s. w.*)

Da das Kreisgericht nach §. 20. der Verordnung vom 2. Januar 1849, Gesetz-Samml. S. 6. die kommissarischen Einzelrichter selbst bestellt, so wird dadurch der Verband zwischen dem Kommissar und dem Gerichte lebendiger erhalten, und die bessere Behandlung der Untersuchungssachen dadurch gesichert. Der Polizeianwalt wird schwerlich Gelegenheit finden, beim Gerichts-Kommissar das Gesetz zu bewachen!

Unter dem „Gerichtsschreiber" wird wohl Niemand Anders zu verstehen sein, als der bisherige vereidigte Protokollführer

*) In unsrer Rheinprovinz vorkommen jährlich an 12,000 zuchtpolizeiliche Untersuchungen gegen etwa 400 Assisensachen.

und es ist an den Vorschriften §. 34. und 38. Krim.-Ordnung nichts geändert. Dasselbe gilt von den Bestimmungen §§. 36. 40. und 54. daselbst. cf. §. 43. dieser Verordnung.

§. 28. Die Geschäfte des Staatsanwalts werden bei den Untersuchungen dieser Art von Beamten verwaltet, welche der Regierungspräsident nach Anhörung des Ober-Staatsanwalts kommissarisch hierzu ernennt, und über deren Amtsführung der Ober-Staatsanwalt die Aufsicht zu führen hat. Ueber Beschwerden, welche gegen diesen Beamten wegen verweigerter Erhebung von Anklagen geführt werden, hat der Ober-Staatsanwalt zu entscheiden.

Im Uebrigen findet Alles, was über die Pflichten und Befugnisse der Staatsanwalte, über deren Verhältniß zu den Gerichten, sowie über die Nothwendigkeit ihrer Zuziehung bei der Verhandlung vor dem erkennenden Richter bestimmt ist, auch auf diese Polizeianwalte Anwendung.

§. 29. Die Anklage kann schriftlich oder mündlich angebracht werden.

Die Natur der Sache hat es in allen Rechtssystemen mit sich gebracht, daß die kleinen Rügesachen mehr summarisch und mit geringerer Umständlichkeit und Förmlichkeit behandelt wurden, wobei denn insbesondre gegen den sonstigen Grundsatz, vom Untersuchungsrichter selbst auch das Erkenntniß abgefaßt werden konnte. In diesem Sinne ist denn auch hier das Verfahren für die „Vergehen" mehr summarisch eingerichtet.

§. 30. Wird dem Richter beim Eingange der Anklage zugleich der Angeklagte vorgeführt, und gesteht derselbe die ihm angeschuldigte That, oder sind die Beweismittel für die Anklage und Vertheidigung zur Hand, so hat der Richter in der Regel auf der Stelle die Untersuchung zu führen und das Urtheil zu fällen.

Ist der Angeklagte verhaftet, so muß dessen Vorführung beim Eingange der Anklage sofort geschehen.

Aus dieser Vorschrift, in Verbindung mit §. 1. des Gesetzes vom 24. September 1848, ergiebt sich, daß der Polizeianwalt die Anklage gegen einen Verhafteten, sei es schriftlich oder mündlich, baldigst und jedenfalls binnen 24 Stunden beim Gerichte einbringen muß.

§. 31. Kann im Falle des §. 30. das Urtheil nicht sogleich gefällt werden, der Angeklagte ist aber verhaftet, so muß derselbe sogleich über die zu seiner Vertheidigung dienenden Beweismittel vernommen, und hierauf zum mündlichen Verfahren und zur Entscheidung der Sache ein möglichst naher Termin anberaumt werden, zu welchem die beiderseits über bestimmte Thatsachen vorgeschlagenen Zeugen vorzuladen sind, in sofern der Richter die Umstände, über welche sie vorgeschlagen sind, für wesentlich erachtet.

Da hier der Richter das Enderkenntniß in der Untersuchungssache zu fällen hat, so ergiebt sich daraus für ihn als Untersuchungsrichter von selbst die Berechtigung den Beweis auszusetzen über Thatsachen, welche ihm ohne Einfluß scheinen auf die Entscheidung der Sache. Die durch solche Maaßregeln beschwerte Partei kann ihre Rechte in der Appellations-Instanz wahren.

§. 32. Kann der Angeklagte nicht sofort vorgeführt werden, so ist derselbe zum mündlichen Verfahren durch eine schriftliche Verfügung vorzuladen, welche die Thatsachen des ihm angeschuldigten Vergehens angeben und die Aufforderung enthalten muß:

> Zur festgesetzten Stunde zu erscheinen, und die zu seiner Vertheidigung dienenden Beweismittel mit zur Stelle zu bringen, oder solche dem Richter so zeitig vor dem Termine anzuzeigen, daß sie noch zu demselben herbeigeschafft werden können.

Zugleich ist dem Angeklagten die Warnung zu stellen:

> Daß im Falle seines Ausbleibens mit der Untersuchung und Entscheidung in contumaciam verfahren werden solle.

§. 35. Erscheint der Angeklagte der gehörig erfolgten Vorladung ungeachtet in dem Termine nicht, oder verweigert er in demselben, über die Anklage sich zu erklären, so wird der Beweis aufgenommen, und nach Anhörung des Polizei-Anwalts, sowie des für den Angeklagten etwa aufgetretenen Vertheidigers, das Urtheil gefällt und verkündet.

Dem ausgebliebenen Angeklagten ist das Urtheil in Ausfertigung zuzustellen.

Für den Ausbleibensfall tritt also nicht wie §. 80. Contumazial-E n t s c h e i d u n g ein, sondern es findet die B e w e i s - a u f n a h m e in contumaciam statt, welchem nächst nach Lage der Sache das Erkenntniß ergeht. Angesehen die Bestimmung §. 18. konnte eine andre der Gerechtigkeit entsprechende Maaßnahme nicht getroffen werden. Der Ungehorsam gegen den Richter kann für sich betrachtet bestraft werden; soll dies aus politischen Rücksichten nicht geschehen, so bleibt nichts übrig, als trotz Ausbleibens oder Schweigens des Angeklagten, mit der Beweisaufnahme vorzuschreiten; aus dem Ungehorsam ein stillschweigendes Geständniß des angeschuldigten Verbrechens abzuleiten, und darauf ein verurtheilendes Erkenntniß zu gründen, würde sich nicht rechtfertigen lassen, indem diese Fiktion einen Verzicht Seitens des Angeklagten voraussetzt, welcher im Kriminalprozesse nicht Statt hat. Im Civilprozesse, wo es sich eben nicht um die absolute Gerechtigkeit handelt, vorwaltet die Verhandlungsmaxime; da wird der Prozeß vor dem Richter verhandelt, und die Betheiligung der Parteien an der Sache ist in deren Ermessen gestellt. Im akkusatorischen Strafverfahren wird derselbe Standpunkt mehr oder weniger vorwalten, weil nicht des Staates, des Rechts und der Gerechtigkeit wegen, sondern eben eines Verletzten oder Denunzianten wegen vor Gericht verhandelt wird. Im Inquisitionsprozesse dagegen, wo Schuld oder Unschuld des Angeklagten gleich problematisch sind, da ist dem Richter die der Wahrheit entsprechende Lösung dieses Problems auf die Schulter gelegt, der Richter soll daselbst den Prozeß führen, und denselben nicht bloß vor ihm führen lassen, eben weil er die Idee der vergeltenden Gerechtigkeit zu verwirklichen hat, weil er eben so wenig zugeben darf, daß ein bürgerlich Strafbarer unbestraft bleibe, als daß ein Unschuldiger Strafe erleide, noch auch daß ein Angeklagter, ohne vorgängige Untersuchung, die Strafen, welche im Gesetze der ihm angeschuldigten Uebertretung angedrohet sind, mit freiem Willen auf sich nehme. Der Richter soll selbstthätig die Beweise der Schuld oder Unschuld sammeln und erforschen, und darf sich nicht beruhigen bei der Würdigung desjenigen, was der Ankläger oder Angeklagte ihm dargeboten haben. — Das Ziel des Civil-Prozesses geht auf Herstellung eines formellen Rechts, dasjenige des Kriminal-Prozesses erstrebt das wirkliche Recht, die Wahrheit, frei von allen Nebenrücksichten. Deshalb muß auch der Angeklagte sich persönlich verantworten, und kann sich nicht durch einen Bevollmächtigten vertreten lassen, was in Frankreich nach art. 185. zum Theil anders bestimmt ist. Bleibt er diesem nach aus, oder verharrt der Erschienene im Stillschweigen, so ändert dies an der Berufspflicht des Kriminal-Richters nichts, er muß weiter instruiren, und Beweis aufnehmen. Gerade so wie auch schon nach dem alten deutschen Verfahren das Geständniß*) keine Beweisung

*) Der gichtige Mund scheint mehr ein außergerichtliches Bekenntniß zu bedeuten.

war, sondern wie im römischen Kriminalprozesse, die Bekräftigung, oder der Ersatz der Beweisung.

§. 33. Nur auf Grund bescheinigter erheblicher Hindernisse kann dem Antrage des Angeklagten auf Ansetzung eines neuen Termines Statt gegeben werden.

§. 34. In dem Termine wird, nachdem die Anklage durch den Polizeianwalt vorgetragen und der Angeklagte darüber nernommen worden, mit der Beweisaufnahme, soweit dies erforderlich ist, verfahren, der Polizeianwalt mit seinen Anträgen, sowie der Angeklagte mit seiner Vertheidigung gehört, sodann aber das Urtheil gefällt und mit Gründen verkündet:

Der Richter ist jedoch befugt, die Fällung des Urtheils auszusetzen und einen Termin zur Fortsetzung des Verfahrens zu bestimmen.

§. 36. Findet der Richter bei Beurtheilung der That des Angeklagten, daß solche ein Verbrechen enthält, dessen gesetzliche Strafe seine richterliche Kompetenz überschreitet, so hat er die Sache mittelst Beschlusses an das kompetente Gericht abzugeben.

Ueber Kompetenzstreitigkeiten hat das Gericht der höheren Instanz zu entscheiden.

Es ist hier interessant, zu bemerken, daß der Einzelrichter als noch selbst belebtes Wesen, wenn er sich für inkompetent erachtet, mit eigenen Gliedmaßen die Akten an das kompetente Gericht abgiebt. Er bedarf dazu nicht der Dazwischenkunft des Anwaltes.

Sollte der Einzelrichter über seine Kompetenz hinaus erkannt haben, so ist nach §. 24. Kr.-Ord. das Erkenntniß doch nicht nichtig, vielmehr geht auch alsdann die Appellation an das gewöhnliche Gericht zweiter Instanz ab. Ordre vom 3. Dezember 1841, Justiz-M.-Blatt S. 372. Da es bei den „schweren Verbrechen" keine Appellationsinstanz giebt, so machen diese Sachen hiervon eine Ausnahme.

§. 37. Ueber den Hergang im Termine wird von einem vereideten Gerichtsschreiber ein Protokoll aufgenommen, welches den wesentlichen Inhalt der Erklärungen des Polizeianwalts, des Angeklagten und der Zeugen enthalten muß, und in welchem zugleich das abgefaßte Urtheil mit dessen Gründen niederzuschreiben ist. Der Richter und der Gerichtsschreiber haben dieses Protokoll zu vollziehen.

In den Gründen des Erkenntnisses muß nach §§. 494. 507. Krim.-Ordn. auch das Gesetz nach seinem ganzen Inhalte angeführt werden, welches auf den Verurtheilten angewendet worden. Ob der Richter hier und eben so zu §. 59 der Vorsitzende, in der öffentlichen Sitzung den Text des Gesetzes, welches zur Strafanwendung gekommen, nach dem französischen Muster art. 195 lesen und beregen will, muß seinem Ermessen überlassen bleiben.

2. Bei Verbrechen.

§. 38. Die Untersuchung und die Entscheidung erster Instanz erfolgt mit Zuziehung eines Gerichtsschreibers durch Gerichtsabtheilungen, welche aus drei Mitgliedern bestehen, in Ansehung

1) derjenigen im §. 27. bezeichneten Vergehen, welche in der Schlußbestimmung desselben von der Kompetenz der Einzelrichter ausgeschlossen worden sind;
2) derjenigen Verbrechen, welche in den Gesetzen mit
   Geldbuße, deren höchstes Maaß 50 Rthlr. übersteigt,
   oder
   Freiheitsstrafe, deren höchstes Maaß sechs Wochen, jedoch nicht drei Jahre übersteigt,
   oder
   mit diesen beiden Strafen zugleich bedroht sind, auch wenn sie noch außerdem den Verlust von Aemtern, Ehren- oder anderen Rechten gesetzlich zur Folge haben;
3) solcher Amtsverbrechen, welche entweder nur mit Amtsentsetzung, Kassation und Unfähigkeits-Erklärung zu allen öffentlichen Aemtern, oder zwar noch außerdem mit Strafen bedroht sind, welche aber die zu 2. erwähnten Strafen nicht übersteigen;
4) des zweiten und dritten großen gemeinen, oder unter erschwerenden Umständen begangenen und des ersten gewaltsamen Diebstahls.

In denjenigen Landestheilen, in welchen das Allgemeine Landrecht nicht Gesetzeskraft hat, entscheidet rücksichtlich der Kompetenz zu Nr. 1. 2. 3. das durch Gerichtsgebrauch hergebrachte Strafmaaß, in hiernach zweifelhaften Fällen aber die Bestimmung des Allgemeinen Landrechts.

In Beziehung auf die unter Nr. 2 gedachten Strafen kann es bei manchen Verbrechen, z. B. verheimlichter Schwangerschaft, dergl. Niederkunft, von vorn herein sehr zweifelhaft sein, ob auf die That in thesi nur eine 3jährige oder eine höhere Freiheitsstrafe angedroht ist. Für diese Fälle ist das zu §. 58 Gesagte zu vergleichen.

Hier könnte noch die Frage aufgeworfen werden, wie es zu halten ist, wenn auf ein Verbrechen nur Geldstrafe angedroht ist, aber eine so hohe, daß ihr im Unvermögensfalle eine mehr als dreijährige Freiheitsstrafe zu substituiren wäre. Nach unserm Erachten bleibt dies einflußlos, und im vorgelegten Falle das Verfahren für schwere Verbrechen ausgeschlossen.

§. 39. Zur förmlichen Eröffnung der Untersuchung gegen eine bestimmte Person ist erforderlich:

1) eine vom Staatsanwalt abzufassende Anklageschrift, welche enthalten muß: den Namen des Angeklagten, eine Darstellung der ihm zur Last gelegten That, die Beweismittel dafür, insbesondere die Namen der Belastungszeugen, deren Abhörung der Staatsanwalt verlangt, und die Bezeichnung des Verbrechens, dessen der Angeklagte beschuldigt wird;
2) ein auf Grund dieser Anklageschrift die Eröffnung der Untersuchung anordnender Beschluß der Gerichtsabtheilung, in welchem der Name des Angeklagten und das ihm angeschuldigte Verbrechen zu bezeichnen sind.

Zu 2 wird Betreffs der Förmlichkeiten des erforderlichen förmlichen Beschlusses auf die Bemerkung zu §. 11 verwiesen.

Ferner sind wir zu 2 der Meinung, daß das Gericht wegen der in der Anklageschrift beregten Thatsache das weitere Untersuchungsverfahren unbedingt einleiten kann, wenn dasselbe auch das Factum für eine andere That, und für ein anderes Verbrechen halten sollte, als der Staatsanwalt angenommen. Wir beziehen uns dieserhalb auf das zum Schlusse des §. 22 Dargestellte und auf die Argumentation aus §. 58.

§. 40. Die Berathung und Beschlußnahme der Gerichtsabtheilung darüber, ob auf die Anklage die Untersuchung zu eröffnen sei, erfolgt ohne Beisein des Staatsanwalts.

Erachtet das Gericht die Eröffnung der Untersuchung für nicht zulässig, so hat es in dem Beschlusse, wenn der Angeklagte verhaftet ist, zugleich dessen Freilassung zu verordnen.

Man könnte versucht werden, durch Contraposition darauf zu schließen, als ob der Angeklagte der Berathung und Beschlußnahme wohl beiwohnen dürfte — aber daran ist nicht gedacht worden. Diese Bestimmung rührt vom französischen Standpunkte her, auf welchem das verstümmelte Gericht unter Controle, oder, wie es Anstands halber heißt, Anwesenheit des Procureurs, berathen muß. Da er hier aber auch Ankläger ist, so mußte der Franzose hier schon bestimmen, daß der Procureur sich entfernt zu halten habe, so lange darüber berathen würde, ob auf seine

Anklage einzugehen. Es war nun offenbar eine Ungeeignetheit, daß diese für Frankreich nothwendige Satzung in unser deutsches Gesetz aufgenommen worden, während doch unser Recht und unsere Gerichte noch nicht ganz in das Französische übersetzt sind. Niemand wird daran zweifeln, daß in unsern Gerichten die Parteien bei den Berathungen und Beschlüssen entfernt sein müssen, und da unser Staatsanwalt noch eine Partei ist, so versteht sich auch dessen Entfernung von selbst. Die Verordnung im §. 40. 47. 76. 78. läßt es sogar unbestimmt, ob die Staatsanwalte ihre Anträge mündlich in einer Audienz vorzutragen haben, oder dieselben auch schriftlich vorbringen können. Die Worte des §. 41 scheinen auf ein schriftliches Verfahren zu verweisen. Wir halten es jedoch für weit geeigneter, daß der Staatsanwalt seine, allenfalls schriftlichen, Anträge in einer Audienz motivire, in welcher zuerst ein Referent die Sache dem Gerichte mittheilt. Dafür scheint auch das Wort „Anhörung" im §. 78. zu sprechen.

§. 41. Findet die Gerichtsabtheilung die Sache noch nicht hinreichend vorbereitet, um über die förmliche Eröffnung der Untersuchung zu entscheiden, so hat sie die Punkte, in Ansehung deren es noch einer näheren Aufklärung bedarf, in dem abzufassenden Beschlusse zu bezeichnen, und diesen Beschluß dem Staatsanwalte zur Erledigung mitzutheilen.

Da es möglich ist, daß der Staatsanwalt die bemängelten Punkte mit blos polizeilichen Mitteln erledigen kann, so ist hier nichts Wesentliches dagegen zu erinnern, daß das Interlokut dem Staatsanwalte mitgetheilt, und ihm einstweilen der Betrieb der Sache überlassen wird. Wir müssen jedoch auch hier mit Hinweisung auf die Erörterung §. 9. die Maaßgabe §. 47. vorbehalten. Ist also die Untersuchung von einer Privatperson unmittelbar beim Gericht beantragt, so wird das Gericht die Sache im Auge behalten müssen.

§. 42. Hält der Staatsanwalt zur Begründung oder Vervollständigung der Anklage eine gerichtliche Voruntersuchung für nöthig, so hat auf seinen Antrag das Gericht einen Untersuchungsrichter zu ernennen.

Es ist hiermit nicht angeordnet, daß nicht auch das Gericht die Einleitung der Voruntersuchung verfügen könnte, wenn auch der Staatsanwalt sie nicht für nöthig hält. Ist die Anklage durch den Staatsanwalt oder einen Bürger einmal beim Gericht angebracht, so muß das Gericht, dem nirgend beseitigten Inquisitionsprinzipe gemäß, nach der Ausführung zum §. 9. der Sache den geeigneten Fortgang geben.

Im Fall der Angeklagte verhaftet ist, ist das Gericht nach dem zu §. 13. Erörterten dafür verantwortlich, daß der Staatsanwalt ebenso wie der Inquirent, die Sache rasch fortführe. Sollte Ersterer die Sache verschleppen, so wird, abgesehen etwaniger Remedur durch den Ober-Staatsanwalt, das Gericht wegen der einstweiligen Entlassung des Gefangenen Beschluß zu fassen haben.

Es ist hier nicht verboten, daß das Gericht einen ständigen Untersuchungsrichter bestelle. Dies wird sogar räthlich und angemessen sein, vorausgesetzt jedoch, daß dieser Richter nicht zum Nachtheile des energischen Betriebes der Sachen, mit zu vielen Arbeiten überladen werde. Wünschenswerth ist es, daß das Amt des Untersuchungs-Richters alle ein oder höchstens zwei Jahre auf einen andern Richter übertragen werde, dies wird die Einseitigkeit in der Ausbildung und Fortentwickelung der Gerichtsmitglieder verhüten. Daß in der Regel eines der Mitglieder der Abtheilung für Strafsachen die Geschäfte des Untersuchungsrichters übernehmen wird, versteht sich wohl von selbst. Sogar beim bisherigen nicht öffentlichen Verfahren, wo die in der Sache entscheidenden Richter den Angeschuldigten nicht zu sehen bekamen, ist es, der dagegen aufgestellten Zweifel ungeachtet, nicht blos für unschädlich, sondern sogar für nützlich erachtet worden, daß der Inquirent mitrichte — wenn auch er nicht Referent sein sein dürfte. — Jetzt kann dies um so weniger Bedenken finden, als jetzt alle Richter den Inquisiten sehen und hören, da das Hauptverfahren vor dem Gerichte öffentlich Statt findet, da der Inquirent in der Hauptsache vom Officium des Anklägers befreit ist, und da sonach überall kein Grund obwaltet, anzunehmen, daß sich die Richter von den Eindrücken werden bestimmen lassen, welche sonst den Inquirenten ergriffen haben mochten. Wir dürfen sogar erwarten, daß der Inquirent fortan bei weitem mehr das officium der Vertheidigung handhaben wird, als das der Anklage, indem für dieses der besondere Staatsanwalt da ist. Unsre Verordnung hat es daher mit Recht vermieden, die Betheiligung des Inquirenten am Urthelsspruch zu verbieten. — Auch hätte sie dies schon vom praktischen Standpunkte aus nicht füglich dürfen, da an sehr vielen Gerichten die Richterzahl zu schwach ist, um, wie bei den großen französischen Gerichten, für die urtelsprechende Abtheilung für Strafsachen 3 andere Mitglieder als die der Rathskammer anzuordnen. Bei den großen französischen Gerichten haben die Richter allerdings gute Tage, indem die französische Prokuratur, abgesehen von der Urtels- und Beschluß-Fertigung alle andern Arbeiten besorgt. Diese Bequemlichkeit wird jedoch auf die pflichtmäßige Erwägung unsrer kleineren Gerichte hoffentlich immer einflußlos bleiben. Was man sonst von dem Nutzen der großen Gerichte für die gründliche Behandlung der Sachen und dergleichen sagt, ist unbegründet, wir haben uns darüber in der Schrift über die Einführung der Geschworenen Seite 62 ff. geäußert. In Berlin hat es bisher immer sehr große, darin den französischen ähnliche Gerichte gegeben, es läßt sich aber nicht behaupten, daß dort weniger Erkenntnisse in zweiter und dritter Instanz abgeändert worden wären, als in den Provinzen. Was aber die wissenschaftliche Ausbildung der Richter anbelangt, so liegt diese wesentlich in der inneren Gesinnung derselben, und es kann nicht behauptet werden, daß die Juristen um so mehr der Theorie und dem Studium obliegen, je weniger sie praktisch zu thun haben. Die Schriftsteller über das preußische Recht angehören nicht gerade vorzugsweise dem Richterstande aus den Gerichten in großen Städten.

§. 43. Der Untersuchungsrichter hat bei der Voruntersuchung alle in der Kriminalordnung für den Inquirenten gegebenen Vorschriften, insbesondere auch die Vorschrift wegen Zuziehung eines vereideten Protokollführers zu beachten.

Hierdurch ist uns also glücklicherweise vom französischen Untersuchungsrichter nichts als der Name geblieben. Unser Inquirent wird ganz nach Maaßgabe unserer Kriminal-Ordnung ein selbstständiger, mit seinem Kollegium in lebendiger Verbindung bleibender Richter sein, der nach seinem pflichtmäßigen Ermessen, aber nach Anleitung der Kriminal-Ordnung, den Thatbestand erheben, Augenschein einnehmen, Zeugen abhören, und mit dem Angeschuldigten inquiriren wird. Er wird den ihm vom Staatsanwalt ein= oder auch nachgelieferten Stoff zur Anklage verarbeiten, bereitwillig eingehen, auch die Vertheidigungsmittel des Angeschuldigten, und die Ermittelung der ganzen Wahrheit vorbereiten. — Vermeint der Letztere, sei er auf freien Füßen oder verhaftet, Grund zur Beschwerde oder Klage wider den Inquirenten zu haben, so meldet er sich unmittelbar, oder durch den Gefangenen=Aufseher beim Gerichtsvorstande, und findet Gehör, und so findet er, auch wenn er einstweilen hat der Freiheit beraubt werden müssen, im Sinne des Gesetzes vom 24. Septbr. 1848 den nöthigen richterlichen Schutz.

Der Staatsanwalt hat mit dem Gefangenen unter keinen Umständen etwas zu schaffen, und wir vermeinen, daß derselbe während der Voruntersuchung nicht berechtigt ist, den Gefangenen zu inquiriren. Der Staatsanwalt wird, wo er es für nützlich hält, bei dem Inquirenten Anträge machen, und wenn der Inquirent dieselben zurückweist, kann er sie an das Gericht bringen, und selbst beim Appellationsgerichte, als Aufsichtsbehörde, über das Gericht Beschwerde führen, wie dies ja von Rechtswegen jeder Partei zusteht. Dagegen kann davon nicht die Rede sein, daß der Staatsanwalt in den ihm zur Bildung von Anträgen vorgelegten Akten Verfügungen erlasse.

§. 44. Der Zweck der Voruntersuchung ist: die Existenz und Natur des angezeigten Verbrechens, sowie die Person des Thäters und die zu seiner Ueberführung dienenden Beweismittel so weit zu erforschen und festzustellen, als dies zur Begründung einer Anklage und zur Vorbereitung der mündlichen Haupt=Untersuchung erforderlich erscheint.

Der Untersuchungsrichter hat daher seine Nachforschungen nicht weiter auszudehnen, als dieser Zweck es nothwendig macht.

Es ist um Alles nicht anzunehmen, daß hierdurch das Wirken des Inquirenten qualitativ habe beschränkt werden sollen. Wenn so etwas hier herausgelesen würde, so geriethe unsere ehrenwerthe Preußische Justiz in die Gefahr, der französischen Flüchtigkeit und Oberflächlichkeit zu verfallen. Auch würde dies der kategorischen Bestimmung des vorigen Paragraphen zuwiderlaufen, wonach der Inquirent alle für ihn in der Kriminal=

Ordnung enthaltenen Vorschriften beachten soll. — Der Satz ist vielmehr nur quantitativ aufzufassen; der Inquirent als Voruntersuchungsrichter soll, wie dies bei uns mit wenigen Ausnahmen stets geschehen, nach wie vor mit Sorgfalt, Gründlichkeit, Umsicht und erschöpfender Vollständigkeit in Beziehung auf den objektiven und subjektiven Thatbestand wirken, namentlich müssen also die Zeugen und Experten auch fernerhin noch mit besonderer Genauigkeit verhört werden (was sich auch daraus ergiebt, daß beim späteren Verfahren die Abweichungen der Zeugen von ihren früheren Aussagen zum Protokoll vermerkt werden sollen). Dagegen soll sich der Inquirent in Betreff des subjektiven Thatbestandes in so weit beschränken, daß er von den Beweismitteln nur diejenigen erhebt, welche dem Anscheine oder der Behauptung nach die Schuld oder Unschuld des Angeschuldigten geradezu darthun sollen. Diejenigen Beweismittel dagegen, welche nur mehr die weitern Umstände der That, etwanige Schärfungs- oder Milderungsgründe betreffen, braucht er nicht zu erheben. Also wird unser Untersuchungsrichter nach wie vor den objektiven Thatbestand mit hergebrachter Gründlichkeit erheben, in subjektiver Beziehung wird er die Hauptindizien gegen und für den Angeschuldigten ermitteln, und auf Erforschung der Wahrheit und ein Geständniß des Angeschuldigten gesetzmäßig inquiriren, aber Alles, was er arbeiten wird, wird so vollständig und tüchtig sein, wie jemals. Gerade den Erklärungen des Angeschuldigten gegenüber ist es unthunlich, daß ein ganzes Rechtskollegium den sich überall nur allmälig entwickelnden und fortspinnenden Verhandlungen beiwohne. Mancher im Anfange der Voruntersuchung unwichtig scheinende Umstand erhält erst später eine erhebliche Bedeutung, auch kann nur der Inquirent sich nach allen Seiten für die geeigneten Be- und Entlastungsmittel am besten umsehen. Die Voruntersuchung muß sonach die tüchtige Grundlage für jedes spätere Verfahren, selbst noch für eine etwanige Restitutionsklage, bilden.

§. 45. Die in der Voruntersuchung vernommenen Zeugen sind durch den Untersuchungsrichter, wenn keine gesetzlichen Gründe entgegenstehen (§. 22.), zu vereidigen.

Dieser in der Redaktion sehr verdunkelte Satz soll nichts sagen als: Der Inquirent vereidigt schon in der Voruntersuchung nach Anleitung der Kriminal-Ordnung die von ihm abgehörten Zeugen.

§. 46. Auch der Beschuldigte kann in der Voruntersuchung, wenn dies zur Aufklärung des Sachverhältnisses zweckmäßig erscheint, vernommen werden.

Ist derselbe verhaftet, so muß seine Vernehmung stets erfolgen.

Der hier getroffene Unterschied im Anhören des Angeschuldigten rechtfertigt sich nicht. Wir beziehen uns auf das zum §. 16. 17. Gesagte, und wollen hoffen, daß unsre Inquirenten in allen Voruntersuchungen den Angeschuldigten volle Gelegenheit geben werden, ihre Vertheidigung zu wahren. Schon die Rücksicht auf die Oeffentlichkeit des Hauptverfahrens macht es zur Pflicht, einem Beschuldigten das Mittel nachzulassen, jedes weitere Verfahren bald abzuschneiden.

§. 47. Nach Abschließung der Voruntersuchung legt der Untersuchungsrichter die Akten dem Staatsanwalte zur Stellung der nöthigen Anträge vor.

Trägt der Staatsanwalt hierbei auf Einstellung des weiteren Verfahrens an, so hat das Gericht hierüber zu befinden, und wenn es sich mit dem Antrage einverstanden erklärt, die Zurücklegung der Akten, auch sofern der Beschuldigte verhaftet ist, dessen Freilassung zu verfügen.

Erachtet aber der Staatsanwalt oder das Gericht die förmliche Einleitung der Untersuchung für begründet, so hat der Staatsanwalt die Anklageschrift einzureichen, über welche alsdann die Gerichtsabtheilung Beschluß faßt.

Wir haben uns schon bei der Erörterung des §. 9. vollständig darüber geäußert, welche Stellung allein verfassungsmäßig dem Staatsanwalte beim Kriminal-Gerichte zukommen kann, und müssen hier darauf hinweisen. Da es sich jedoch hier nicht um bloße Grundsätze und ein System handelt, vielmehr die wichtigsten Volksinteressen und Volksbedürfnisse in Betracht kommen, so müssen wir nochmals resümiren. Wird es dem Staatsanwalt zugestanden, um das Gericht die Banden zu schlagen, innerhalb deren es sich zu bewegen hat, so erhält das Gericht allerdings bestimmte Schranken seiner Bewegung, und dies ist es eben, was den Anhängern eines äußerlich geglätteten Verfahrens so sehr gefällt. Jedoch diese Schranken zugegeben, hat das Gericht auch aufgehört, eine Gerichtsobrigkeit zu sein — die Verwaltung hat das Gericht verschlungen — und es giebt kein Kriminalgericht mehr; die Verwaltung hat fortan zu bestimmen, ob noch Gerechtigkeit im Lande verwaltet werden darf! Nach deutscher Verfassung ist das Gericht aber kein Gehilfe der exekutiven Staatsgewalt, es fungirt vielmehr unabhängig, und scharf geschieden von der exekutiven Macht. Die Staatsanwaltschaft dagegen gehört zur Verwaltung; es ergiebt sich also schon hieraus, daß dieselbe so wenig, wie eine andere Verwaltungsbehörde das Gericht bemaßregeln kann. Soll es nun noch ein Gericht geben, soll sein Bestreben dahin gehen, die Wahrheit und die Forderungen der Gerechtigkeit zu ermitteln und festzustellen, unabhängig, frei und unbeengt von den Bestimmungen, und gar der Uebereinkunft der betroffenen Parteien, dann ist es unerläßliche Bedingung, daß das Gericht, so bald ihm ein Verbrechen denunzirt worden, sei es durch den Staatsanwalt, oder blos durch eine Privatperson, die Sache in der von uns angegebenen Weise aufnehme, und über den Grund oder Ungrund des Vorfalles befinde. Dabei kann es nicht beirrt werden durch Anträge der Staatsanwaltschaft; das Gericht muß vollkommen berechtigt sein, über alle in der Voruntersuchung sonst noch beregten Verbrechen, oder über die sonstige Qualifikation der That unbeschränkt zu beschließen. Dies ist im §. 47. anerkannt, damit ist dem bestehenden Rechte gegen den im §. 9. eingeschlichenen unklaren Satz zu seinem Rechte verholfen, und darauf werden unsre Gerichte zu halten haben.

Auf den Beschluß des Gerichts wird der Staatsanwalt die Anklage anfertigen müssen. Wenn er aber dies nicht wollte, und auch der Ober-Staatsanwalt und der Justizminister jemals sich dessen weigern sollten, so würde allerdings ein justitium eintreten, und der Lauf der Gerechtigkeit vollends unterbrochen sein, wenn die nebensätzliche Bestimmung des §. 9. als kategorischer Befehl gälte. Dann aber würde auch kein Mitglied der Staatsanwaltschaft wegen verweigerter Erfüllung der Amtspflicht zur Untersuchung gezogen werden können, wenn und sofern sich kein kompetenter Staatsanwalt zur Anstellung der Anklageschrift bereit finden ließe. Dagegen vermöchte selbst die souveraine Staatsgewalt nichts, bis zum Erlasse eines neuen Gesetzes. — So liegt die Sache aber nicht. Nach der Verfassung, und selbst nach der Verordnung, ist das Gericht noch immer die unabhängige Obrigkeit, der die Mittel, ihrem Rechte Ansehen zu schaffen, nicht fehlen dürfen. Es muß daher für alle Fälle dem Gericht das Recht zustehen, falls die Staatsanwaltschaft sich weigert, den Beschluß auszuführen, die Anklage-Akte durch einen andern Rechtsanwalt ausfertigen zu lassen, über welche alsdann die Gerichtsabtheilung Beschluß zu fassen hätte. Dies würde einmal ein Fall sein, wo das Gericht veranlaßt wäre, nach alter Art den Fiskus loszulassen, und ebenso müßte gegen den seine Dienstpflicht verweigernden Staatsanwalt verfahren werden *).

§. 48. Wird die Eröffnung der Untersuchung beschlossen, so hat die Gerichtsabtheilung zugleich einen Termin zum mündlichen Verfahren zu bestimmen.

Wird die Nichteröffnung beschlossen, so ist §. 12 maaßgebend.

§. 49. Ist der Angeklagte verhaftet, so wird ihm die Anklageschrift nebst dem Beschlusse vorgelesen, und er wird darüber vernommen:

ob und welche Beweismittel zu seiner Vertheidigung er herbeigeschafft, insbesondere, welche Zeugen er vorgeladen zu sehen verlange.

Kann der Angeklagte sich hierüber nicht auf der Stelle erklären, so ist ihm dazu eine angemessene Frist zu bestimmen.

§. 50. Steht dem verhafteten Angeklagten ein Vertheidiger zur Seite, so ist dieser eine Abschrift der Anklage des Beschlusses zu fordern berechtigt.

§. 51. Ist der Angeklagte nicht verhaftet, so wird derselbe unter Mittheilung einer Abschrift der Anklageschrift und des Beschlusses nach §. 32. schriftlich vorgeladen.

*) Man wird zwar erinnern, der Staat könne oft aus politischen Gründen höheren Staatswohls, Veranlassung haben, vorgefallene Verbrechen nicht zu verfolgen. Dies bleibt hier jedoch nothwendig einflußlos. Die Justiz hat sich um keine Politik zu bekümmern, sie ist Dienerin lediglich des unbeugsamen Rechts, und hat sie gesprochen, dann mag der Staat, so wie er es vertreten kann, Gnade für Recht ergehen lassen. In dringlichen Fällen mag das Staats-Oberhaupt auch die Einleitung der Untersuchung untersagen, das steht dem Könige zu. Art. 47. der Verf.-Urkunde.

§. 52. Als Zeugen werden, ohne Rücksicht darauf, ob sie schon in der Voruntersuchung vernommen sind oder nicht, alle diejenigen vorgeladen, deren Abhörung der Staatsanwalt oder das Gericht für erforderlich erachtet, oder der Angeklagte verlangt, in sofern das Gericht die Umstände, über welche die Abhörung der Zeugen beantragt ist, wesentlich findet. Zu diesem Zwecke müssen die Thatsachen ganz bestimmt angeführt werden.

Dem Staatsanwalte und dem Angeklagten sind die vorgeladenen Zeugen namhaft zu machen.

Hier läßt die Verordnung das Gericht so recht mit eigenen Gliedmaaßen arbeiten. Und auch mit seinem geistigen Ermessen, in Beziehung auf das Aussetzen der Beweisaufnahme, worüber zu §. 31 gesprochen.

§. 53. In der Zwischenzeit bis zum Termine ist dem verhafteten Angeklagten, sofern er einen Vertheidiger besitzt, verstattet, sich mit demselben zu besprechen, und zwar ohne Beisein einer Gerichtsperson, wenn der Vertheidiger ein in Eid und Pflicht stehender Justizbeamter ist.

Hier wird auf das zum §. 16 u. 17 Gesagte verwiesen. Uebrigens werden im Deutschen nicht einmal Kinder, geschweige Vertheidiger b e s e s s e n.

§. 54. Die Leitung der mündlichen Verhandlung, insbesondere das Verhör des Angeklagten und der Zeugen, gebührt dem Vorsitzenden der Gerichtsabtheilung.

§. 55. Die schon in der Voruntersuchung eidlich vernommenen Zeugen werden bei ihrer nochmaligen Abhörung nicht aufs neue vereidet, sondern auf den geleisteten Eid verwiesen.

Es versteht sich von selbst, daß über das Verfahren in der Art der §§. 37 u. 99 ein Audienzprotokoll geführt wird, in welchem der Hergang der Sache kurz vermerkt wird. Die Zeugenaussagen werden wohl nur insoweit darin aufzunehmen sein, als sie von den frühern Angaben abweichen. Das Protokoll vollzieht der Vorsitzende und der Gerichtsschreiber.

§. 56. Erscheint der gehörig vorgeladene Angeklagte in dem Termine nicht, so kann das Gericht, wenn dasselbe aus besonderen Gründen die Anwendung des Kontumazialverfahrens nicht für angemessen hält, unter Vertagung der Sache zu einem anderen Termine die Vorführung oder Verhaftung des Angeklagten anordnen.

Hier wird auf das zum §. 25, 32 und 35 Angeführte Bezug genommen. Auf die Vorführung des Angeklagten wird zu bestehen sein, wenn zu erwarten ist, daß man von demselben Rede und Antwort erhalten, und so vielleicht Auskunft über Mitschuldige oder andere die That begleitende Umstände erlangen wird. Daß jedenfalls eine neue Ladung des Angeklagten erfolgen muß, wenn die Vorladung nicht richtig geschehen, oder nachgewiesen worden, so daß also die Behändigungsscheine sorgfältig geprüft werden müssen, versteht sich von selbst. Jedoch wird der Richter wohl thun, sich nicht bei den streng legalen Vorschriften zu beruhigen, und daher den Angeklagten lieber vorführen zu lassen, wenn die Ladung z. B. während seiner Abwesenheit an Hausgenossen abgegeben, oder gar an die Hausthüre befestigt worden.

§. 57. Die Berathung der Gerichtsabtheilung über das Urtheil erfolgt ohne Beisein anderer Personen.

Wenn die Worte dieser Bestimmung streng genommen werden, müßte sich auch der Gerichtsschreiber bei der Berathung entfernen, weil die Gerichtsabtheilung blos die Richter umfaßt. Erwägt man jedoch, daß nach §. 38 die Entscheidung **mit Zuziehung** eines Gerichtsschreibers durch eine Gerichtsabtheilung von 3 Mitgliedern **erfolgen** soll, und daß auch nach dem gemeinrechtlichen Verfahren der Gerichtschreiber zum Gerichte gehört und bei ihm verweilt, so können wir nicht annehmen, daß hier nach dem französischen Muster (art. 224. 369.) die Entfernung des Gerichtsschreibers Statt finden müßte. Ueberhaupt halten wir es für unbedenklich, daß auch die Auskultatoren und Referendarien der Berathung und Entscheidung beiwohnen können.

§. 58. Findet das Gericht bei Beurtheilung der That des Angeklagten, daß solche ein Verbrechen geringerer Art enthält, als derjenigen, welche seiner Kompetenz zunächst überwiesen ist, so hat dasselbe dennoch das Urtheil zu fällen.

Diese Satzung übereinstimmt im Allgemeinen mit dem Art. 192, nur daß dort dem procureur das Recht zusteht, die Verweisung der Sache an das Polizeigericht zu verlangen und daß, wenn das Zuchtpolizeigericht entscheidet, keine Appellation Statt hat. Dies liegt darin, daß, wie in Kap. 3 des ersten Theiles angegeben worden, das Kreisgericht als Zuchtpolizeigericht, für die contraventions die Appellbehörde ist. Da bei uns das

Appellationsgericht überall die 2. Instanz ist, so kann nach Maaßgabe des zu §. 36 Gesagten die Appellation auch in dem in Rede stehenden Falle keinem Bedenken unterliegen.

Es ist hier der im Art. 193 besprochene Fall nicht beregt, wenn nämlich sich herausstellt, daß die denunzirte That ein schweres, zum Assisenverfahren geeignetes Verbrechen enthält*). Nach den allgemeinen Gesetzen und nach Maaßgabe des §. 36 wird sich die Gerichtsabtheilung in einem solchen Falle des Urtheilsspruches zu enthalten haben und die Sache zum Assisenverfahren verweisen. Wenn nun aber doch erkannt worden, sei es auch auf eine geringere als dreijährige Strafe, oder gar es ist Freisprechung erfolgt, dann muß das Appellations-Gericht, an welches die Sache durch Appellation des einen oder des anderen Theiles gekommen, die Sache so ansehen, als ob die Gerichtsabtheilung erster Instanz mit ihrem Erkenntnisse über die Einleitung oder nicht Einleitung des Assisenverfahrens nach §. 76 Beschluß gefaßt hätte**). In der Freisprechung läge dasselbe, wie in der Zurückweisung der Anklage, und gegen diese steht nach §. 12 dem Staatsanwalt die Appellation zu. In der Verurtheilung läge der Vorbeschluß, der nach §. 78 sonst für die Versetzung in den Anklagezustand gefaßt werden muß. — Wir wissen wohl, daß diese Fiktionen bestritten werden können, sie scheinen uns aber nicht gegen das Gesetz zu laufen, und gereichen, besonders, wenn der Angeklagte verhaftet ist, wesentlich zum Besten desselben, wie denn überhaupt, auch wenn er nicht verhaftet ist, jede Abkürzung des Verfahrens ihm zum Vortheile gereicht. Wer auf diesen Weg nicht eingehen will, muß das erste Erkenntniß geradezu wegen der Inkompetenz des ersten Richters aufheben, und die Sache zur ersten Instanz zurückzuweisen.

*) Dies kann bei manchen Verbrechen, auf welche je nach ihrer verschiedenen Qualifikation sehr verschiedene Strafen gesetzt sind, z. B. bei verheimlichter Schwangerschaft oder Niederkunft, oft vorkommen.

**) Nach der vim legis habenden Instruktion vom 7. April 1839 No. 23 (Gesetz-Sammlung S. 143) gilt auch für Civilsachen der Grundsatz: daß wenn eine Entscheidung irrthümlich in Form eines Erkenntnisses, anstatt in Form einer Resolution, erlassen ist, diese irrige Bezeichnung keine materielle Folge hat.

§. 59. Kann die Berathung nicht an demselben Tage beendet, oder das Urtheil mit den Gründen nicht sogleich abgefaßt werden, so hat das Gericht zur Verkündung des Urtheils einen neuen Termin zu bestimmen, welcher jedoch nicht über acht Tage hinausgeschoben werden darf.

Wir sind der Meinung, daß das Erkenntniß gleich vom Gerichtsschreiber in das Protokoll aufgenommen werden kann. Es wird jedoch des Zeitgewinnes wegen förderlicher sein, wenn das Erkenntniß mit den Gründen von dem zum Referenten bestellten Mitgliede in separato ausgearbeitet wird. Die Geschichtserzählung schließt an die Anklageschrift und den Eröffnungsbeschluß, anführt darauf das Audienzverfahren kurz mit seinen Ergebnissen, inserirt hiernächst den Text des Strafgesetzes, und endet mit der Konklusion zum Tenor. Schachtel-Erkenntnisse dienen im Allgemeinen nur zur gothischen und verdunkelnden Struktur. —

Etwas andres als ein Termin zur nachträglichen Eröffnung des Erkenntnisses ist wohl auch nicht im Schlußsatze des §. 34 gemeint.

3. Bei schweren Verbrechen.

§. 60. Die Untersuchung und Entscheidung in Ansehung

1) derjenigen Verbrechen, welche in den Gesetzen mit einer härteren als dreijährigen Freiheitsstrafe bedroht sind, und welche nicht zu den im §. 38. bezeichneten gehören,
2) der politischen und Preßverbrechen soll vor einem aus fünf Richtern und einem Gerichtsschreiber bestehenden Gerichte, unter Zuziehung von Geschworenen, als beisitzenden Richtern, erfolgen. Den Vorsitzenden dieses Gerichts ernennt der Erste Präsident des Appellationsgerichts und kann hierzu auch eines der Mitglieder desselben auswählen.

Auch hier ist es im Gesetze nicht verboten, daß die Assisen-Richter und deren Vorsitzender bei den Vorbeschlüssen über die Einleitung des Assisen-Verfahrens und gar in der Voruntersuchung schon mitgewirkt haben. Wir beziehen uns auf das zum §. 42. Erwähnte, halten es jedoch für wünschenswerth, daß, wenn der Assisen-Vorsitzende aus den Mitgliedern des Appellhofes entnommen worden, derselbe, wo irgend möglich, sich an der im §. 78. gedachten Schlußfassung überhaupt nicht, jedenfalls aber nicht als Referent betheiligt habe. Die Funktionen des Vorsitzenden als öffentlichen Inquirenten und als einflußreichen

Berathers der Geschwornen, sind dem Angeklagten gegenüber so bedeutend, daß es wünschenswerth erscheinen muß, daß er ohne alle Betheiligung am Vorverfahren an die Sache gehe*).

§. 61. Als politische Verbrechen im Sinne dieses Gesetzes gelten die im Allgem. Landrechte Th. II. Tit. 20. Abschn. 2. bis Abschn. 5. einschließlich aufgeführten Verbrechen. In denjenigen Landestheilen, in welchen das Allgem. Landrecht nicht Gesetzeskraft hat, entscheiden die in den landrechtlichen Abschnitten aufgeführten Gattungen von Verbrechen, und in zweifelhaften Fällen die Bestimmungen des Allgemeinen Landrechts.

Als politische Verbrechen sind jedoch nicht anzusehen die in den §§. 157. bis 160. 166. 180. bis 195., 207. bis 213. gedachten Gesetzes-Uebertretungen; desgleichen gehören nicht hierher diejenigen durch die Presse verübten Vergehen, bei welchen die Bestrafung von dem Antrage einer Privatperson bedingt ist, oder die Strafe nur in den durch das Gesetz vom 17. März 1848. (Gesetzsammlung S. 69.) §. 6. angedrohten Geldbußen besteht.

Die Verbrechen: Kriminalrecht, Abschnitt 2, Hochverrath, Abschnitt 3, Landesverrath, sind hiernach in allen Abstufungen vor die Geschworenen verwiesen, ebenso Abschnitt 4, Die inneren Staatsverbrechen, ausgenommen unerlaubte Selbsthilfe §. 157—159. einschließlich, (im §. 61. oben soll es wohl heißen §. 160. excl., denn es giebt zwei §§. 160 und 160a und 160b. sind Unterarten desselben Verbrechens), Widersetzlichkeit gegen Abgeordnete der Obrigkeit §. 166. und die wesentlich polizeilichen Kontraventionen gegen die Vorbeugungs-Mittel §. 180—195. (jedoch wird der Fall des §. 194. nach §. 60. Nr. 1. der Verordnung vor die Assisen gehören) und endlich auch Abschnitt 5. Verletzung der Ehrfurcht gegen den Staat, mit Ausnahme der Injurien gegen Beamte und ähnliche Vergehen. —

Abschnitt III.

Von den Schwurgerichten.

1. Bildung der Geschworenenlisten.

§. 62. Zum Geschworenen kann nur berufen werden, wer die Eigenschaft eines Preußen besitzt, 30 Jahre alt ist, im Vollgenusse der bürgerlichen Rechte sich befindet, lesen

*) Zu vergleichen über England und Amerika unsre Schrift über die Einführung der Geschworenen S. 57.

und schreiben kann, und wenigstens ein Jahr in der Gemeinde, in welcher er sich aufhält, seinen Wohnsitz hat.

Dieser Paragraph stimmt ganz folgerichtig mit Art. 71. der Verfassungsurkunde überein. Sein Inhalt liegt in der Natur der Sache.

§. 63. Zu Geschworenen können nicht berufen werden:
1) Die Minister und Unterstaatssekretäre,
2) die richterlichen Beamten, die Staatsanwälte und deren Gehülfen,
3) die Regierungspräsidenten, Provinzial-Steuerdirektoren, Landräthe, Polizeipräsidenten, Polizeidirektoren,
4) die im aktiven Dienste befindlichen Militärpersonen,
5) die Religionsdiener aller Konfessionen,
6) die Elementarschullehrer,
7) Dienstboten,
8) diejenigen, welche 70 Jahre alt sind,
9) diejenigen, welche nicht wenigstens jährlich 18 Rthlr. an Klassensteuer oder 20 Rthlr. an Grundsteuer (ausschließlich der Beischläge) oder 24 Rthlr. an Gewerbesteuer entrichten, oder, unter Voraussetzung des Bestehens einer dieser Arten der Besteuerung, nach ihren Verhältnissen zu entrichten haben würden.

Ohne Rücksicht auf den zu 9. erwähnten Steuersatz sind jedoch wählbar zu Geschworenen: die Rechtsanwälte und Notarien, die Professoren, die approbirten Aerzte und diejenigen Beamten, welche entweder von Uns unmittelbar ernannt sind oder ein Einkommen von wenigstens 500 Rthlrn. jährlich beziehen und nicht zu den oben ausgeschlossenen Kathegorieen gehören.

§. 64. Für jeden landräthlichen Kreis wird alljährlich im Monat September durch den Landrath, und für jede Stadt, welche zu keinem landräthlichen Kreise gehört, durch den Magistrat, und da, wo kein Magistratskollegium besteht, durch den Vorstand der Gemeindeverwaltung eine Urliste angelegt, welche nach Vor- und Zunamen, Stand, Alter und Wohnort in alphabetischer Ordnung und unter fortlaufenden Nummern, diejenigen Personen enthält, welche zu Geschworenen berufen werden können.

§. 65. Die Urliste muß an einem öffentlich bekannt zu machenden Orte drei Tage lang zu Jedermanns Einsicht offen gelegt werden.

Behauptet Jemand, ohne Grund übergangen oder ohne Berücksichtigung des Befreiungsgrundes eingetragen zu sein, so hat er seine Einwendungen binnen der dreitägigen Frist zu Protokoll anzumelden.

Erachtet die Behörde, welcher die Aufstellung der Liste oblag, die Einwendungen für begründet, so erfolgt die nachträgliche Eintragung oder Löschung binnen drei Tagen nach Ablauf der dreitägigen Einwendungsfrist.

§. 66. Die abgeschlossenen Urlisten werden vom Kreislandrathe, in großen Städten, welche zu keinem landräthlichen Kreise gehören, von dem Vorsteher der Gemeindeverwaltung gesammelt und dem Präsidenten der Regierung, in deren Bezirke sie aufgenommen sind, eingesendet, welcher sie definitiv feststellt und daraus für jeden Schwurgerichtsbezirk eine besondere Jahresliste derjenigen von ihm auszuwählenden Personen aus diesem Bezirke anfertigt, welche er zur Funktion als Geschworene für das bevorstehende Geschäftsjahr geeignet erachtet.

Außerdem wird von ihm eine Liste von geeigneten Ergänzungsgeschworenen aus den Personen zusammengestellt, welche am Sitze des Schwurgerichts oder in dessen nächster Umgebung wohnen, und deren Zahl von ihm nach seinem Ermessen zu bestimmen ist.

Liegt ein Schwurgerichtsbezirk in mehreren Regierungsdepartements, so entscheidet der Sitz des Schwurgerichts darüber, welchem Regierungspräsidenten die Urlisten einzusenden sind und die Aufstellung der Geschworenenlisten obliegt.

Diese zum Theil organischen und nothwendigen Bestimmungen sind in Beziehung auf die sogenannten Kapazitäten, welche allein nur zu Geschworenen genommen werden können, und in Beziehung auf die Bildung der Jahresliste durch den Regierungspräsidenten wesentlich politisch. Der Census §. 63. zu 9. ist nach unserm Dafürhalten zu hoch gegriffen. Im Uebrigen haben wir uns in der Schrift über die Einführung der Geschworenen Seite 46 dahin geäußert: „wie die Jury auch gestellet werden mag, so muß sie, wenn sie ihre Natur behalten und ihren bedeutenden politischen Nutzen erreichen soll, ihren Ursprung vom Volke nehmen. Geschworene, welche unmittelbar oder mittelbar von der Staatsgewalt bestellt werden, heißen nur noch Geschworene, etwa auch mit Recht, soweit sie eidliche Gelübde geben, aber die rechten Geschworenen sind sie nicht.

Da die Jury eine vorzugsweise politische Institution ist, so wird sich ihre Zusammensetzung durch die Verfassung des Volkes überhaupt bestimmen. Wenn aber voraussichtlich in Deutschland überall ein unbedingtes politisches Staatsbürgerrecht eingeführt werden wird, so folgt daraus doch keineswegs mit Nothwendigkeit, daß jeder Bürger auch Geschworener werden könne. Wenn auch alle Bürger politisch gleich berechtigt sind, so sind sie deshalb doch nicht alle gleich befähigt, und die Freiheit fordert von den in ihrem Dienste befindlichen Bürgern verschiedene und verschiedenartige Leistungen. Am wenigsten können wir Alle Alles.

— Zum Gesetzgeben, wie zum Rechtsprechen, bedarf das Volk der Vertretung. Hier tritt nun eine innere Verschiedenheit beider Berufe hervor. Es ist nämlich schon im ersten Abschnitte dargelegt worden, daß jede Gesetzregel nur einen abstrakten Grundsatz ausspricht, der erst bei der Anwendung desselben auf besondere Fälle, wie wir uns ausgedrückt haben, lebendig gemacht werden soll. Daraus, und aus der so wichtigen gesetzbildenden Funktion der Gerichte, ergiebt sich nun ohne Weiteres, daß es weit nachtheiliger wäre, wenn das Recht verwaltet würde ohne Einsichten, als wenn das Gesetz gemacht würde ohne Scharfsinn. Wir haben schon erwähnt, daß gut geordnete Gerichte allenfalls auch mit einem weniger guten Gesetze fertig werden.

Hieraus rechtfertigt es sich, daß zur Wahlfähigkeit als Geschworener, abgesehen vom allgemeinen politischen Bürgerrechte, noch besondere Eigenschaften gesetzlich zu erfordern sind.

Bei der allgemeinen Auswahl der Geschworenen zur Generalliste würde sodann dieses Gesetz streng zu beachten sein. — Dagegen darf die Zusammenstellung der erforderlichen, besonderen Geschworenen-Listen nur durch das Loos erfolgen. Es ist vorauszusetzen, daß auf diesem Wege nur wenige Rekusationen vorkommen werden. Die Erfahrung hat dies in Amerika dargethan."

Welche Kategorien uns aber zu Geschworenen angemessen schienen, haben wir in unsern Vorschlägen a. a. O. Seite 68 niedergelegt.

§. 67. Vierzehn Tage vor dem Beginne jeder Sitzungsperiode des betreffenden Schwurgerichts sendet der Regierungspräsident ein Verzeichniß von 60 aus der Jahresliste herausgezogener Personen an das am Sitze des Schwurgerichts befindliche Gericht.

Die Ergänzungsliste wird dem Gerichte vor dem Anfange des Geschäftsjahres zum Gebrauche während des Laufes desselben besonders übersendet.

§. 68. Der mit dem Vorsitze bei dem Schwurgerichte beauftragte richterliche Beamte reduzirt jene Anzahl von 60 durch Auswahl der nach seinem Ermessen geeigneten Personen auf 36. Diese 36 Personen sind zu Geschworenen bei dem Schwurgerichte für die betreffende Sitzungsperiode berufen.

Wer demzufolge als Geschworener an den Verhandlungen des Schwurgerichts Theil genommen hat, darf ohne seine Einwilligung während eines Jahres nicht wieder eingerufen werden.

§. 71. Die ausgewählten 36 Geschworenen werden von dem

betreffenden Gerichte auf den zur Eröffnung der Sitzung festgesetzten Tag geladen.

Das Verzeichniß der 60 Geschworenen kommt dem Assisen-Präsidenten viel zu spät zu, denn erst muß er die Reduktion der 60 auf 36 vornehmen, dann sein Album dem Schwurgerichte zusenden und demnächst erst kann dieses die Geschworenen laden. Es ist nun aber für viele Geschworene von Interesse, zeitig geladen zu werden, um ihre Geschäfte danach einrichten zu können. Diese Angelegenheit muß daher vorzugsweise rasch erledigt werden.

Hier mögen zweierlei sprachliche Bemerkungen folgen. Zuerst die Benennung der Listen anbelangend, so würden sprachlich festzuhalten sein: Urlisten, Jahreslisten, das Verzeichniß (d. h. der 60 Geschworenen), die Rolle (Album der 36 vom Assisen-Präsidenten festgestellten Geschworenen), die Liste (das Tableau der 12 ausgeloosten Geschworenen) und die Ergänzungslisten. Sodann in Beziehung auf die bei den Assisensachen vorkommenden Gerichte Folgendes:

Das ursprünglich Betreffs des Verbrechens, als forum delicti commissi u. s. w. kompetente Kreis-Gericht wird in der Verordnung genannt: das betreffende auch kompetente Gericht; dasselbe führt die Voruntersuchung und beschließt nach §. 76. (im französischen beschließt die Rathskammer). Sodann beschließt beim Appellationsgericht die Fünfer Abtheilung für Strafsachen §. 78. (im Französischen Anklagekammer) über die Versetzung in den Anklagestand, und die Verweisung der Sache vor ein bestimmtes Schwurgericht.

Das Schwurgericht §. 83., 87., 93. z. B. wird gebildet durch zwölf vermittelst des Präsidenten von der Rolle und eventuell von der Ergänzungsliste gesetzmäßig ausgelooste Geschworene. Das soll also das englische Wort Jury wiedergeben.

Der Gerichtshof §. 72. §. 94. Derselbe wird temporär gebildet, aus einem Kreisgericht, welches der Justiz-Minister auf den Vorschlag des Appellations-Gerichtes ein für alle mal für die Abhaltung des Schwurgerichtes bestimmt hat, §. 22. Verordnung vom 2. Januar 1849 G.-S. Seite 7, oder welches das Appellationsgericht unmittelbar auf Antrag des Staatsanwalts im besonderen Falle mit der Sache beauftragt hat, §§. 70. 78. Der Gerichtshof besteht aus einem Gerichtsschreiber und fünf Richtern, deren Auswahl und Ernennung dem Direktor des Kreisgerichts zusteht.*) Nur den Vorsitzenden ernennt der erste Präsident des Appellations-Gerichts, er kann aber auch ein Mitglied des Appellations-Gerichts als Vorsitzenden delegiren, dann treten also nur vier Mitglieder des Kreisgerichts zum Gerichtshofe ein.

Das Schwurgericht wird aber auch noch in einem andern Sinne gebraucht, nämlich für die ganze Assise. Der Gerichtshof und die Geschworenen bilden das Schwurgericht; die Geschworenen (englisch Jurymänner) sind beisitzende Richter. — §§. 60., 67., 68. und Marginal zu §. 98. Dies ist die passendste Bedeutung, während das Corpus der zwölf Geschworenen nur sehr uneigentlich das Schwurgericht genannt werden kann. Man nennt sie zweckmäßiger die Geschworenen oder die Jury. Auch die Franzosen haben sich bemüßigt gesehen, dieses fremde Wort in ihre Sprache aufzunehmen. Die Schwurgerichtsitzungen nennen sie die Assisen. Dieselben werden irgendwo abgehalten (Art. 251.) vom Gerichtshofe (Art. 252. folgd.). Unter Schwurgericht wird also der Complex des Gerichtshofes und der Jury zu verstehen sein. Im §. 138. und im Artikel 93. der Verfassungs-Urkunde wird dieser Complex auch das Geschworenen-Gericht genannt. Das Kreisgericht dagegen, welches „mit der Abhaltung des Schwurgerichts" §. 70., oder „mit der Abhaltung der Schwurgerichtssitzungen" §. 69. beauftragt ist, oder welches „mit dem Schwurgericht an demselben Orte seinen Sitz hat" §. 67., kann nicht als das Schwurgericht benannt werden. Es ist von demselben gänzlich getrennt zu halten. Das Kreisgericht am Orte des Schwurgerichts ist ein ständiges und nur mit gelehrten Richtern besetztes Gericht, welches in Civil- und Kriminalsachen ganz dieselbe Kompetenz hat, wie jedes andere Kreisgericht, und keine andre. Das

*) Sollte es vorkommen, daß wegen Krankheit der Mitglieder oder großen Geschäftsandranges, das Kreisgericht weder aus seinen noch seiner Deputationen Mitgliedern die 4 resp. 5 Richter zum Schwurgerichtshofe stellen könnte, so scheint es unbedenklich, daß das Appellationsgericht dann auch aus andern Kreisgerichten die zum Gerichtshofe nöthigen Richter kommittiren kann.

Schwurgericht (Geschworenengericht) ist nur ein zeitweiliges, mit gewissen vorübergehenden Funktionen beauftragtes, aus ständigen Richtern und aus andern Personen zusammengesetztes Gericht.

Sonach haben wir bei den schweren Verbrechen auseinanderzuhalten

1. Das kompetente Kreisgericht mit seinem Staatsanwalte, seinem Untersuchungsrichter und seiner Beschluß-Abtheilung (Rathskammer).
2. Beim Appellationsgerichte die Fünfer-Abtheilung für Strafsachen zum Beschluß über die Versetzung in den Anklagestand (Anklagekammer) mit dem Ober-Staatsanwalt, welcher die schließliche förmliche Anklageschrift fertigt.
3. Das Schwurgericht oder Geschworenen-Gericht, als Kompler des temporären Gerichtshofes von fünf Richtern und der zwölf Geschworenen (Jury).
4. Das Kreisgericht am Schwurgerichts-Orte, welches aber nur in sofern in Betracht kömmt, als aus dessen Beamten der Gerichtsschreiber und die Richter ad 3. genommen werden, und dessen Staatsanwalt beim Schwurgericht amtirt.

§ 69. Die Termine zur Abhaltung der Schwurgerichtssitzungen sind von den betreffenden Gerichten nach dem Umfange der Geschäfte festzusetzen und bekannt zu machen.

Dieselben werden nach dem vermuthlichen Bedürfnisse im Anfange des Jahres auf das ganze Jahr zum Voraus anzusetzen sein. Nach art. 259 müssen in Frankreich wenigstens alle drei Monate Assisen abgehalten werden.

Hier werden wohl die Kreisgerichte zu 4 (am Orte des Schwurgerichts) gemeint sein. Es ist jedoch nothwendig, daß dieselben vorher sich mit dem Appellationsgerichte über die Feststellung der Termine benehmen, zumal das Kreisgericht als solches mit der Sache nichts zu thun hat.

§. 70. Das Appellationsgericht hat die Befugniß, auf Antrag des Staatsanwalts die Abhaltung des Schwurgerichts einem anderen Gerichte aufzutragen, wenn von der Verhandlung der Sache vor dem zuständigen Gerichte eine Störung der öffentlichen Ordnung zu befürchten steht.

Diese Bestimmung ist auch auf die politischen und Preßvergehen zu beziehen, bei welchen nach §. 75 sonst das Appellationsgericht nicht so, wie bei andern Verbrechen §. 78, mitwirkt. Der Staatsanwalt des Kreisgerichts zu 1. wird sich daher an den Ober-Staatsanwalt zu wenden haben, und dieser wird seine Anträge beim Appellations-Gerichte stellen.

§. 72. Der Gerichtshof entscheidet nach Vernehmung des Staatsanwalts in öffentlicher Sitzung über die Entschuldigungsgründe derjenigen Geschworenen, welche entweder nicht erschienen sind, oder ihre Entlassungsgesuche bei Eröffnung oder während der Dauer der Gerichtssitzung vorbringen.

Geschworene, welche ohne genügend befundene Entschuldigung nicht erscheinen oder sich entfernen, werden, nachdem sie verantwortlich gehört worden, in eine Geldstrafe bis zu 100 Thalern, im Wiederholungsfalle in eine Geldstrafe bis zu 200 Thalern genommen, und es findet gegen eine solche Strafverfügung innerhalb einer zehntägigen präklusivischen Frist nur Beschwerde bei dem Appellationsgerichte Statt.

Hier ist der Fünfer Gerichtshof im Schwurgerichte zu 3. gemeint.

Der ausgebliebene oder ohne Erlaubniß fortgegangene Geschworene sollte nach dem Zusammenhange vor denselben Gerichtshof geladen werden, zumal derselbe, und besonders der Vorsitzende, bei ungebührlicher Entfernung die nähern Umstände kennt.

Nach Anhörung des Geladenen, und eventuell in contumaciam wäre zu befinden.

Am füglichsten würden solche Termine am Ende der sämmtlichen Schwurgerichts-Verhandlungen abzuhalten sein. Einer Zuziehung des Staatsanwalts möchte es in diesen Fällen nicht bedürfen, weil sie nicht angeordnet ist, und weil es sich eigentlich um eine Disciplinar-Maßregel des Gerichtshofes gegen seine Beisitzer (§. 60) handelt.

Man könnte auch behaupten, daß das Kreisgericht am Orte des Schwurgerichts das alinea 2 dieses Paragraphen zu erledigen habe, wenn man nämlich annähme, daß dasselbe auch das Gericht ist, welches nach §. 71 die Geschworenen geladen hat. Nach art. 260 bestimmt aber in Frankreich der Assisen-Präsident den Tag der Assisen-Eröffnung, und wenn auch nach art. 389 der Präfekt den Geschworenen 8 Tage vorher Mittheitung macht, so ladet, wo wir nicht irren, der Präsident doch auch noch die Geschworenen, wie die Zeugen, besonders. Es scheint auch inkongruent, daß das Kreisgericht am Orte des Schwurgerichts, also nicht der Assisen-Gerichtshof, Ladungen erlasse an Personen, die großentheils seinem Gerichtsbezirke nicht angehören, und sich so in den dem Schwurgerichtshofe obliegenden Dienst einmische. Dazu kömmt, daß nach §. 73 die von der Ergänzungsliste eingeloosten Geschworenen durch den Vorsitzenden des Gerichtshofes geladen werden.

Wir müssen daher annehmen, daß es in der Absicht des Gesetzes liegt, daß diese Angelegenheiten durch den Schwurgerichtshof resp. den Vorsitzenden desselben, zu erledigen sind. Dies stimmt auch mit dem französischen Verfahren art. 396 ff.

§. 73. Sind beim Beginne der Verhandlung einer Sache in Folge des Nichterscheinens einzelner Geschworenen oder der ihnen ertheilten Entlassung oder Beurlaubung weniger als 30 Geschworene vorhanden, so wird von dem Vorsitzenden des Gerichts die Zahl der Geschworenen aus der Ergänzungsliste durch das Loos auf 36 ergänzt.

Die Ergänzungsgeschworenen müssen der Ladung des Vorsitzenden bei Vermeidung der im §. 72. bestimmten Strafe unverzüglich Folge leisten.

Wer ertheilt den auf der Rolle verzeichneten und geladenen Geschworenen Entlassung oder Beurlaubung? Dies kann, wie überall, wo es ein Geschworenen-Gericht giebt, nur vom Vorsitzenden des Gerichtshofes geschehen, gleichviel, ob die Anträge schon vor der Eröffnung des Schwurgerichts oder nach derselben einkommen.

§. 74. Geschworene, welche weiter als eine Meile von dem Orte des Gerichts entfernt ihren Wohnsitz haben, erhalten, wenn sie es verlangen, für jede Meile der Hin- und der Herreise 8 Silbergroschen Reiseentschädigung; Diäten werden ihnen nicht gezahlt.

Daß den Geschworenen gegen den amerikanischen Gebrauch keine Tagegelder gezahlt werden, ist eine politische Maßregel. Unsers Dafürhaltens ist nicht abzusehen, weshalb ein als Zeuge zum Gerichte geladener Bürger Tagegelder erhalten soll, nicht aber, wenn er als Gerichtsbeisitzer fungirt.

2. Eröffnung der Untersuchung.

§. 75. Bei politischen und Preßverbrechen, welche in den Gesetzen mit keiner höheren, als der im §. 38. bezeichneten Strafe bedroht sind, kommen rücksichtlich der Eröffnung der Untersuchung die §§. 39. bis 47. einschließlich zur Anwendung. Wird die Eröffnung der Untersuchung beschlossen, so sind die zeitherigen Verhandlungen an das kompetente Schwurgericht und den diesem zugeordneten Staatsanwalt abzugeben.

In allen andern Fällen muß dem mündlichen Verfahren vor den Geschworenen stets eine gerichtliche Voruntersuchung vorhergehen, in welcher der Angeklagte zu hören ist.

Bei politischen und Preßverbrechen, welche nur mit Geldstrafen, oder mit keinen höheren als dreijährigen Freiheitsstrafen bedroht sind, beschließt das kompetente Kreisgericht die Eröffnung der Untersuchung gerade so, wie bei andern leichtern Verbrechen, jedoch mit dem Unterschiede, daß das mündliche Verfahren nicht vor demselben Statt finden kann. Das Gericht übersendet daher die Sache nach den wegen §. 70 zu erfordernden Anträgen des Staatsanwalts an den Präsidenten des allgemein feststehenden oder durch das Appellationsgericht speciell ernannten Schwurgerichts. Dieser vorlegt die Akten dem Schwurgerichts-Staatsanwalt zur Information, Behufs Fortführung der Anklage vor dem Schwurgericht, nachdem die Ladung des Angeklagten erfolgt ist. Hier kann also beim Kreisgericht eine Voruntersuchung stattgefunden haben, oder auch nicht.

Bei den mit höherer Strafe bedroheten politischen und Preßverbrechen, und bei den schweren Privatverbrechen, muß beim Kreisgericht immer eine Voruntersuchung erfolgen, also auch dann, wenn der Staatsanwalt sie nicht beantragt hat (§. 42).

§. 76. Beantragt der Staatsanwalt nach dem Schlusse der Voruntersuchung, den Beschuldigten in den Anklagestand zu versetzen, so ist über diesen Antrag von einer aus drei Mitgliedern bestehenden Abtheilung des kompetenten Gerichts zu befinden.

Hier ist die im §. 38 gedachte Gerichtsabtheilung für Strafsachen gemeint. Eine besondere Rathskammer giebt es bei den Kreisgerichten nicht.

§. 77. Hält jene Gerichtsdeputation eine Ergänzung der Voruntersuchung für nothwendig, so beauftragt sie hiermit den Untersuchungsrichter, welcher nach Erledigung des Auftrages die Akten wiederum dem Staatsanwalte vorzulegen hat.

Demnächst wird hier wieder §. 47 maßgebend sein.

§. 78. Erklärt sie sich für die Versetzung in den Anklagestand, so sind die Verhandlungen dem Appellationsgerichte einzureichen, dessen aus fünf Mitgliedern bestehende Abtheilung für Strafsachen nach Anhörung des Ober-Staatsanwalts definitiv über die Versetzung in den Anklagestand durch einen Beschluß entscheidet. Nach Maaßgabe dieses Beschlusses, welcher zugleich die Verweisung der Sache vor ein bestimmtes Schwurgericht anordnet, hat der Ober-Staatsanwalt binnen einer, der Regel nach auf nicht länger als acht Tage zu bestimmenden Frist die förmliche Anklageschrift anzufertigen, welche dem zur Abhaltung des Schwurgerichts kompetenten Gerichte und dessen Staatsanwalte zu übersenden ist.

Wir haben keinen Zweifel darüber, daß ebenso wie in Frankreich nach Art. 228, 235, auch unsre Anklagekammern vor der Fassung des Beschlusses über die Versetzung in den Anklagestand, von Amtswegen resolviren, und nach Maßgabe des §. 77 die Vervollständigung der Voruntersuchung befehlen können. — Dürfte das Appellationsgericht dies nicht, so müßte es den Antrag zurückweisen, und der Staatsanwalt die Sache von vorn beginnen. Dies würde eine unnütze und dem Angeschuldigten schädliche Verzögerung der Sache herbeiführen, und der Stellung des Appellationsgerichts nicht entsprechen.

3. Hauptverfahren.

a. Vorladungs- und Kontumazial-Verfahren.

§. 79. Zu dem Hauptverfahren vor den Geschworenen ist der nicht verhaftete Angeklagte unter Mittheilung einer Abschrift der Anklageschrift und des im §. 78. erwähnten Beschlusses durch eine schriftliche Verfügung vorzuladen, welche die Aufforderung enthalten muß:

> zur festgesetzten Stunde zu erscheinen und die zu seiner Vertheidigung dienenden Beweismittel mit zur Stelle zu bringen oder solche dem Richter so zeitig vor dem Termine anzuzeigen, daß sie noch zu demselben herbeigeschafft werden können.

Zugleich ist dem Angeklagten die Warnung zu stellen,

> daß im Falle seines Ausbleibens mit der Entscheidung in contumaciam verfahren werden solle.

Zwischen der Behändigung der Vorladung und dem Termine muß eine Frist von mindestens acht Tagen liegen, es sei denn, daß der Beschuldigte selbst auf diese Frist verzichtet.

§. 80. Erscheint der gehörig vorgeladene Angeklagte in dem Termine nicht, so ergeht, nachdem der Staatsanwalt gehört worden, ein Kontumazialurtel, welches der Gerichtshof ohne Mitwirkung der Geschworenen erläßt.

Es versteht sich von selbst, daß die Vorladung Namens des Schwurgerichts ergehen, und vom Vorsitzenden desselben vollzogen werden muß.

Im vorliegenden Falle soll also gegen den ungehorsamen Ausbleibenden in contumaciam erkannt, und also die affirmative Litis-Kontestation vorausgesetzt werden. Diese Annahme ist in der Verordnung, weder bei den Vergehen §. 35., noch bei den leichteren Verbrechen §. 51. u. 56. statuirt. Wir beziehen uns wegen der Contumacia in Strafsachen überhaupt, auf das zu §. 25, 32 und 35. Gesagte *). Was beim Falle des wirklichen Geständnisses zu bemerken ist, haben wir zum §. 98. erörtert.

§. 81. Erhebt der Verurtheilte innerhalb drei Tagen, nachdem ihm das Kontumazialerkenntniß behändigt worden, Einspruch gegen dasselbe bei dem Gerichte, welches erkannt hat, so wird das Urtel als nicht ergangen erachtet, und die Sache gelangt zur abermaligen Verhandlung an das Schwurgericht.

Gegen das demnächst ergehende Urtel findet ein abermaliger Einspruch nicht Statt.

Das ist, auch in Hinsicht auf das Triduum, das französische Rechtsmittel der Opposition, art. 20. Bürg. Pr.-Ord. Die Opposition ist bei dem Assisen-Gerichtshofe zu erheben, und demnächst wird der Fall sofort noch bei den diesmaligen Schwurgerichtssitzungen verhandelt.

§. 82. Dem Angeklagten ist am Tage vor der Verhandlung der Sache ein Verzeichniß zuzustellen, welches Namen, Stand und Wohnort derjenigen Geschworenen enthalten muß, aus welchen das Schwurgericht für seine Sache genommen werden soll.

Sind am Tage der Verhandlung weniger als 30 Geschworene vorhanden, und müssen deshalb Ergänzungsgeschworene berufen werden, so ist eine Bekanntmachung der Namen dieser Ergänzungsgeschworenen an den Angeklagten nothwendig, wenn er bei deren Auslosung nicht selbst gegenwärtig war.

*) Wenn leicht zur Kaptur geschritten wird, bei schlechten Gefängnissen und bei erschwerter Entlassung gegen Kaution, dann sucht Mancher, sonst vielleicht Unschuldige, in der Flucht die Hilfe, welche er beim Gerichte nicht erwarten zu können fürchtet. Um so weniger der Gerechtigkeit entsprechend ist dann dieses Contumacial-Verfahren!

Daß dem Angeklagten die Namen der auf der Rolle befindlichen Geschwornen erst so spät bekannt gemacht werden, beschränkt sein Rekusationsrecht auf das Aeußerste. Denn in so kurzer Frist wird er, besonders bei einem großen Schwurgerichtsbezirke, über seine Richter wenig Information einziehen können. Diese Bestimmung ist die Uebersetzung des Art. 394. In England*) muß dem Angeklagten das Verzeichniß der Geschworenen und der Belastungszeugen wenigstens 10 Tage vor dem Gerichtstage in Gegenwart zweier Zeugen mitgetheilt werden, um danach seine Rekusationen und den Gegenbeweis vorzubereiten.

Wegen des zweiten Alinea cf. §. 73.

b. Bildung des Schwurgerichts.

§. 83. Die Bildung des Schwurgerichtes für jede Sache erfolgt an dem Tage, an welchem sie verhandelt werden soll, in öffentlicher Sitzung, in welcher der Vorsitzende des Gerichts, der Gerichtsschreiber und der Staatsanwalt oder ein Vertreter desselben zugegen sein müssen.

Dieser Satz ist aus Art. 399. entnommen, und da wir glauben, daß auch bei uns, der Abkürzung wegen, unter Umständen mehre Geschworenen-Listen zugleich formirt werden können, so verweisen wir auf das Thl. I. Cap. 4. zu B. Gesagte.

Was die Vertretung des Vorsitzenden anbelangt, so erscheint es auch bei uns unbedenklich, daß derselbe dieses und ähnliche Nebensachen einem andern Mitgliede des Gerichtshofes übertragen kann. Was dagegen den Vorsitz in den Verhandlungen §. 98. fl. anbetrifft, so wird eine Vertretung vorkommenden Falls wohl nur durch den Ersten Präsidenten des Appellations-Gerichts angeordnet werden können. (§. 60.)

§. 84. Erheben sich über die Bildung des Schwurgerichts Streitigkeiten, so müssen die übrigen Richter der Abtheilung zugezogen werden, und es kann ohne deren Mitwirkung eine Entscheidung nicht ergehen.

§. 85. Die Namen der Geschworenen werden in Gegenwart des Angeklagten, welcher sich des Beistandes seines Vertheidigers bedienen kann, aufgerufen.

Der Name eines jeden Geschworenen, welcher auf den Aufruf antwortet, wird von dem Gerichtsschreiber in eine Urne gelegt, aus welcher die Namen auszuloosen sind.

*) Einführung der Geschworenen, S. 29 flg. 69 flg.

§. 86. Die Ziehung der Namen aus der Urne erfolgt durch den Vorsitzenden.

Sobald ein Name gezogen ist, erklärt zuerst der Beamte der Staatsanwaltschaft und demnächst der Angeklagte oder dessen Vertheidiger durch die Aeußerung: „Angenommen“ oder „Abgelehnt“, ob er den Geschworenen annehme oder ablehne.

Die Ablehnung oder deren Zurücknahme ist nicht mehr zulässig, wenn ein fernerer Name aus der Urne gezogen ist.

§. 90. Die Hälfte der Gesammtzahl der Ablehnungen steht der Staatsanwaltschaft, die andere Hälfte dem Angeklagten, oder wenn in einer und derselben Sache deren mehrere sind, allen zu.

Sind also von den Geschworenen der Rolle 31 erschienen, so können, da 12 bleiben müssen, überhaupt nur 19 Ablehnungen erfolgen, und Seitens des Staatsanwalts nur 9, vom Angeklagten nur 10, und nicht mehr; hat Angeklagter also 10 Namen rekusirt, so steht ihm keine fernere Ablehnung zu, wohl aber dem Staatsanwalt.

§. 91. Ist die Gesammtzahl eine ungerade, so steht der Staatsanwaltschaft eine Ablehnung weniger zu, als dem Angeklagten.

§. 92. Sind bei einer und derselben Sache mehrere Angeklagte betheiligt, so haben sie sich über eine gemeinschaftliche Ausübung des Ablehnungsrechts zu einigen.

Alle diese Bestimmungen sind leider dem Französischen entnommen, in England ist das Rekusationsrecht des Angeklagten viel ausgedehnter. Er kann dort*) peremtorisch, d. h. ohne Angabe von Gründen, von der Rolle mit 48 — 72 Namen, 20 Geschworene, in politischen Prozessen sogar 35, rekusiren, sonstige Rekusationen müssen begründet werden. Der Königsanwalt darf keinen Geschworenen unmotivirt rekusiren.**)

Uebrigens versteht es sich von selbst, daß der Angeklagte auch das allgemeine gesetzliche Rekusationsrecht gegen die Mitglieder des Gerichtshofes hat. Sollte der Fall kommen, daß ein Angeklagter gesetzliche Rekusations-Gründe gegen den Regierungs-

*) Einführung der Geschworenen S. 29. 48.

**) Es klingt etwas eigen, daß, nachdem ein hoher Verwaltungsbeamter das Verzeichniß der Geschworenen zusammengesetzt hat, aus welchem die Rolle gefertigt ist, demnächst ein niederer Verwaltungsbeamter das Werk, dazu unmotivirt, bemängeln darf. Es klingt, als sollte der Staatsanwalt die Flüchtigkeit oder Unvorsichtigkeit des Regierungs-Präsidenten wieder gut machen!

Präsidenten oder den Vorsitzenden des Schwurgerichtshofes hätte, und daraus die Ablehnung des ganzen Geschworenen-Verzeichnisses oder der Geschworenen-Rolle herleiten wollte, so würde der Gerichtshof darüber zu entscheiden haben §. 84. Ein besondres Rechtsmittel gegen den Bescheid, außer der §. 138. gedachten Nichtigkeitsbeschwerde giebt es nicht Was von den Richtern gesagt ist, gilt auch vom Gerichtsschreiber, zumal dessen Funktionen sehr wichtig sind, und eine Pflichtverletzung desselben dem Angeklagten sehr gefährlich werden kann.

§. 89. Die Anführung von Gründen für die Ablehnung ist nicht erforderlich.

Im Art. 399. ist sogar die Angabe der Rekusations-Gründe untersagt!

§. 87. Das Schwurgericht für den einzelnen Fall ist in dem Augenblicke gebildet, wo die Namen von 12 nicht abgelehnten Geschworenen aus der Urne gezogen sind.

§. 88. Das Recht zur Ablehnung erlischt jedenfalls, sobald nur noch 12 nicht abgelehnte Namen sich in der Loosurne befinden.

§. 93. Das Schwurgericht für die Sache muß aus 12 Personen, bei Strafe der Nichtigkeit, bestehen.

§. 94. Der Gerichtshof kann verordnen, daß außer den 12 Geschworenen noch einer oder mehrere in der durch das Loos bestimmten Reihenfolge zugezogen werden sollen, welche den Verhandlungen als stellvertretende Geschworene für den Fall beizuwohnen haben, daß es einem der Geschworenen unmöglich werden sollte, bis zum Schlusse der Verhandlung anwesend zu bleiben.

Diese Maßregel wird vorzugsweise bei großen Untersuchungssachen anzuwenden sein, deren Verhandlung voraussichtlich mehre Tage dauern wird.

§ 95. Niemand kann in einer Sache Geschworener sein, in welcher er als Zeuge, Dolmetscher, Sachverständiger oder Polizeibeamter thätig gewesen ist, oder sonst nach allgemeinen gesetzlichen Vorschriften als Richter nicht würde mitwirken können, bei Strafe der Nichtigkeit

§. 96. Die Mitglieder des gebildeten Schwurgerichts nehmen in der durch das Loos bestimmten Ordnung ihre Sitze ein.

§. 97. Vor dem Beginn der Verhandlung muß der Vorsitzende des Gerichtshofes die Geschworenen mit den Worten

„Sie schwören und geloben vor Gott und den Menschen in der Anklagesache gegen N. Sich den Pflichten Ihres Berufes als Geschworene mit Gewissenhaftigkeit, Festigkeit und

Treue zu widmen und unparteiisch, Niemandem zu Liebe und Niemandem zu Leide, einen gewissenhaften Spruch zu fällen zwischen dem Angeklagten und dem Gesetze, dem Sie Geltung verschaffen sollen"

als Geschworene verpflichten und die Geschworenen übernehmen diese Verpflichtung mit den Eidesworten:

„ich schwöre es, so wahr mir Gott helfe"

indem sie die rechte Hand erheben.

Dieser aus dem Französischen (Art. 372.) entnommene Eid ist allerdings vortheilhaft vereinfacht *), uns mißfällt aber die Formel „vor Gott" schwören höchlich. Wir hoffen zu Gott, daß keiner unsrer Geschworenen sich hinter das vor verstecken, und so mit dem Eide Mißbrauch treiben könne. Bei allen germanischen Völkern wird bei und zu Gott geschworen (Matthäi 5, 34 fl., Jakobi 5, 12) zu Gott, denn der Eid ist die invocatio Dei in vindicem, ut Deus vindex sit. Wie endlich das Schwören und Geloben vor Menschen die Glaubwürdigkeit eines Jury-Mannes erhöhen soll, während jeder Zeuge und Sachverständige gerade und nur bei Gott schwört, ist nicht ersichtlich! Wir haben hier eine französische Phrase und Vergöttlichung der Menschen, welcher jedoch das richtigere deutsche Gefühl nicht treu geblieben in den Eidesworten: ich schwöre es, so wahr mir Gott helfe, diesen guten Zusatz kennt das französische Recht nicht.

Es scheint übrigens erforderlich, daß mit der Vereidigung in der Art verfahren werde, wie in Frankreich (Art. 312.). Der Präsident auffordert die Versammlung zur Ruhe und läßt Alle sich erheben. Dann ermahnt er die Geschworenen zum Amte, vorliest die vorgeschriebenen Worte, und aufruft demnächst jeden Geschworenen einzeln, worauf dieselben Mann für Mann die Eidesworte erklären.

*) Einführung der Geschworenen, S. 38. In Amerika lautet die Verpflichtung sehr einfach: Sie schwören zu entscheiden nach den Gesetzen und den Zeugnissen. Und in England: Du sollst gut und wahrhaft prüfen, und wahren Bescheid geben zwischen unserm souveränen Herrn, dem Könige, und dem Gefangenen hier, und Du sollst einen wahrhaftigen Wahrspruch geben, entsprechend der Evidenz. So Dir Gott helfe.

c. Verhandlung der Sache vor dem Schwurgerichte.

§. 98. Die Verhandlung der Sache beginnt mit Verlesung der Anklageschrift durch den Gerichtsschreiber.

Der Vorsitzende des Gerichts befragt den Angeklagten:

ob er sich schuldig bekenne, oder nicht schuldig sei?

Bekennt er sich schuldig und waltet gegen die Richtigkeit des Bekenntnisses kein Bedenken ob, so faßt das Gericht das Urtel sofort ohne Zuziehung von Geschworenen ab.

Andernfalls beginnt die Untersuchung und Verhandlung der Sache vor den Geschworenen.

Die Leitung der Verhandlung, insbesondere das Verhör des Angeklagten und der Zeugen, gebührt dem Vorsitzenden des Gerichts. Dieser muß dem Staatsawalte, und kann dem Angeklagten oder dessen Vertheidiger, sowie den Geschworenen gestatten, Fragen, welche sie zur Aufklärung der Sache für angemessen erachten, unmittelbar an die Betheiligten zu richten.

Zum Schlußsatze ist zu bemerken, daß den Richtern des Gerichtshofes dasselbe Recht zustehen muß, welches hier den beisitzenden Geschworenen beigelegt ist, auch die Richter werden daher Fragen vorlegen können. Versteht sich, daß Alle den Präsidenten um das Wort gebeten, und dasselbe erhalten haben müssen. Wir hoffen, daß kein Präsident, trotz der nach dem Französischen angebrachten Unterscheidung, dem Angeklagten verweigern wird, was dem Ankläger bewilligt werden muß.

Die beste Instruktion für den Präsidenten finden wir in 5 Mos. 1, 17:

Keine Person sollt Ihr im Gerichte ansehen, sondern sollt den Kleinen hören wie den Großen, und vor Niemandes Person Euch scheuen, denn das Gerichtsamt ist Gottes.

Was das Geständniß des Angeklagten anbetrifft, so haben wir am andern Orte *) dargestellt, daß man in England und Amerika nach zweimaliger Anfrage ungern auf das wiederholte Bekenntniß eingeht. Jedoch wird in beiden Ländern gegen den Geständigen vom Gerichtshofe, und ohne Mitwirkung der Geschworenen, erkannt.

In Frankreich wird dagegen das Assisenverfahren eröffnet ohne Frage nach einem Bekenntnisse des Angeklagten (art. 313. 314.) und sei es nun, daß derselbe ein Geständniß ablegt oder

*) Einführung der Geschworenen, S. 28. 38.

nicht, der Entscheid erfolgt immer durch den Gerichtshof nach zuvorigem Wahrspruche der Jury. — Hier hat unsre Gesetzgebung also das französische Muster verlassen, und ist dem Vorbilde Englands gefolgt. Unseres Dafürhaltens ist das eine Anomalie. Bleibt es in dem, wenn auch öffentlichen Vor- und Hauptverfahren bei dem Inquisitionsprozesse, und das ist, wie wir nachgewiesen haben, in Frankreich, wie bei uns, trotz dem Marginal zu §. 1, der Fall, so muß die Inquisitionsmaxime folgerichtig das ganze Verfahren durchdringen, und als Folge davon kann der Richter nicht beschränkt werden auf die gegenseitigen Vorträge und Beweise des Anklägers und des Vertheidigers, vielmehr muß er berechtigt sein, nach seiner eigenen Einsicht die dargelegten Beweise zu prüfen. Um dies zu können, muß er selbst, und nicht die Parteien, wie beim englischen Accusationsprozesse, die von diesen über bestimmte Thatsachen vorher benannten Zeugen vernehmen. — Die Parteien können nur zur Aufklärung dienliche weitere Fragen in Anregung bringen — und der Richter muß auch neue, bei Gelegenheit der Verhandlung sich ergebende Beweismittel nach eigenem Ermessen erheben können. Dieses Recht zusteht in England und Amerika nur dem Vor-Inquirenten (Friedensrichter, Coroner), nicht aber dem Assisenrichter im öffentlichen Verfahren, eben weil hier nur und allein der echte Anklageprozeß obwaltet.

Daß dies in Frankreich und hier anders bestimmt ist, ist eine Folge der Inquisitionsmaxime, welche auch das Assisenverfahren überherrscht. — Folgerecht können den Geschworenen in England und Amerika daher nur Fragen aus dem Inhalte der Anklageschrift vorgelegt werden, und keine andre, denn in dem verhandelten Anklageprozesse unterliegt eben nur die angeklagte, libellirte That, nicht aber die etwa aus den Zeugnissen resultirenden sonstigen unrechtlichen Thatverhältnisse des Angeklagten, der richterlichen Entscheidung. Auch das ist hier und in Frankreich, des Inquisitionsprinzips wegen, anders. Denn trotz dem nur aus praktischen Nützlichkeitsgründen, im Formalismus dem Gericht beigegebenen Königskläger ist in der alten Inquisitionsmaxime des Strafverfahrens materiell nichts geändert, die Richter und auch die beisitzenden Richter

(Geschworenen) inquiriren nach wie vor, und sind durch den Königskläger nicht beschränkt.

Ablegt der Angeklagte in der englischen Assise ein Bekenntniß, so hat er nach dem Akkusationsprinzipe alsbald die Jury beseitigt; er verzichtet auf dieselbe eben so, wie er dies stillschweigend thut, wenn er *) mehr als 20 resp. 35 Geschworene peremptorisch rekusirt, denn die Geschworenen sollen auf die erfolgte Anklage die Thatfrage nach ihrem Bewußtsein und Gewissen erledigen, gesteht nun der Angeklagte die libellirte That, so hat er nach seinem eigenen Gewissen die Thatfrage alsbald erledigt, und es bleibt für die Geschworenen nichts mehr zu thun übrig. Höchstens erübrigt noch dem juristischen Richter die Prüfung des Geständnisses nach blos objektiven Merkzeichen. — Das richtige Inquisitionsprinzip muß dem unbedingt entgegentreten, denn dasselbe ist, wie so eben angegeben, mit dem blos formellen Beweise nicht abzufinden; das Geständniß, wie jeder andere Beweis, abgeben nur die Mittel, um daraus die Ueberzeugung von der Schuld oder Unschuld des Angeklagten zu schöpfen. Auch unterliegt die

*) Einführung der Geschworenen, S. 29. Feuerbach: Betrachtungen über das Geschworenen-Gericht. Derselbe bemerkt S. 114 flg. überhaupt: Erwägt man die Menge kleinlicher Förmlichkeiten, woran dasselbe gebunden ist; sieht man, wie das geringste Versehen in der Anklageakte, ein unrichtiger Vorname, ein unbedeutender Schreibfehler in Bemerkung der Zeit und des Ortes des begangenen Verbrechens, die entschiedenste Nichtigkeit des Ganzen, und die augenblickliche Loslassung des Angeklagten zur Folge hat; wie der Großrichter, oft sogar der Ankläger, die Mittel, einen Beschuldigten schuldig zu finden, erschwert, selbst dem Schuldigen alle Wege zur Rettung erleichtert; wie man so viel als möglich verhindert, daß der Angeschuldigte durch sein Bekenntniß vor den Schranken des Gerichts über sich selbst das „Schuldig" ausspreche; wie man ihm und seinem Vertheidiger gestattet, die Zeugen durch künstliche verfängliche Fragen zu beschämen oder zu verwirren; wie der vorsitzende Richter die dem Angeschuldigten günstigen Momente der Verhandlung gemeiniglich klarer, schärfer hervorhebt, inniger den Geschworenen zu Gemüthe führt, als was denselben belastet; wie alle solche begünstigende Handlungen von dem Volke mit Beifall aufgenommen, von den Gelehrten der Nation als Muster der Weisheit erhoben werden: so ist unmöglich zu leugnen, daß es Zweck und Geist der englischen Kriminal-Gerichts-Verfassung sei, das Schwert der Gerechtigkeit so fest in die Scheide zu klemmen, daß es nur mit der größten Mühe selbst gegen den Schuldigen gezogen werden kann. —

Prüfung des Geständnisses eben so sehr der Beurtheilung subjectiver Momente, wie blos objectiver Merkzeichen; die Feststellung der Wahrheit betreffs der That besteht daher auf gleicher Linie, gleichviel, ob der Angeklagte die That bestritten oder zugegeben hat. Wenn man nun hier vom richtigen in Frankreich anerkannten Grundsatze abgegangen, und dem auf einem ganz anderen Prinzipe beruhenden englischen Verfahren gefolgt ist, so ist dies eben eine durch nichts, es sei denn durch das Bestreben, die Einwirkung der Geschworenen zu schmälern, veranlaßte Inkonsequenz, die dazu auch dem positiven Rechte widerspricht. Einmal dem §. 60, nach welchem die schweren Verbrechen, ohne irgend eine aus dem Verhalten des Angeklagten entnommene Unterscheidung, also überall, durch ein Geschworenen-Gericht von 5 gelehrten Richtern und 12 Beisitzern untersucht und entschieden werden sollen. Sodann dem Art. 93 der Verfassungs-Urkunde, welcher lautet:

> Bei den mit schweren Strafen bedroheten Verbrechen, bei allen politischen Verbrechen und bei Preßvergehen, erfolgt die Entscheidung über die Schuld des Angeklagten durch Geschworene. Die Bildung des Geschworenen-Gerichts wird durch das Gesetz geregelt.

Unsere Verordnung dürfte also blos die Zusammensetzung des Schwurgerichts behandeln, die Entscheidung der Geschworenen dagegen ist nach der Verfassung unbedingt gefordert. Diese haben in allen Fällen und ohne Rücksicht auf den Verhalt des Angeklagten, den Wahrspruch über seine Schuld abzugeben. — Auch ist nicht wohl abzusehen, weshalb andernfalls der Angeklagte noch erst mit Zeitverlust und Aufwand von Abgangs-, Transport- und andern Kosten vor das Geschworenen-Gericht gestellt werden muß, wenn er schon in der Voruntersuchung ein unumwundenes Geständniß abgelegt hat, und bei seinem Bekenntnisse verblieben ist. Dann könnte ja die Anklagekammer §. 78 sofort das Straferkenntniß fällen!

Es versteht sich übrigens von selbst, daß vor dem eigentlichen Anfange der Verhandlung der Angeklagte über Namen, Stand u. s. w. konstituirt worden sein muß. Erst darauf kann mit der Vorlesung der Anklageschrift begonnen werden.

§. 99. Ueber den Hergang im Termine wird von dem Gerichtsschreiber ein Protokoll aufgenommen, welches die Namen der Richter und Geschworenen, sowie den wesentlichen Inhalt der Erklärungen des Staatsanwaltes, des Angeklagten und der Zeugen enthalten muß, und in welchem zugleich das abgefaßte Urtel niederzuschreiben ist.

Dieses Protokoll wird am Schlusse von dem Vorsitzenden des Gerichts und dem Gerichtsschreiber unterzeichnet.

Die Beobachtung der vorgeschriebenen Förmlichkeiten kann nicht anders als durch das Protokoll bewiesen werden.

Ueber das Protokoll ist die Anlage zu vergleichen.

§. 100. An die Verhandlung mit den Angeklagten und den Zeugen schließt sich die Ausführung des Staatsanwalts und des Vertheidigers über die Thatfrage. Der Vorsitzende muß sodann den Hergang und das Resultat der Beweisaufnahme in einer kurzen Darstellung zusammenfassen, auf gesetzliche Vorschriften, welche bei Beurtheilung der Thatfrage etwa in Betracht kommen, aufmerksam machen, schließlich aber die von den Geschworenen zu beantwortenden Fragen und zwar so zu stellen, daß sie mit Ja oder Nein sich beantworten lassen.

Die Thatfrage ist ein viel umfassendes Wort. Sie begreift:

a) die Thatsache, welche vorgefallen (corpus delicti),
b) ihre Charakterisirung und Qualifikation, d. h. die Angabe, was für eines von den im Strafgesetzbuche verpönten Verbrechen in der Thatsache enthalten ist, also die juristische That, und
c) ihre Imputation d. h. die Verantwortlichkeit für die That, die Thäterschaft und die Schuld.

Hier ist selbstredend nur von der juristischen, gesetzlichen Schuld die Rede. Der Entscheid über die moralische Verantwortlichkeit steht keinem irdischen Richter zu; höchstens kann die Rücksicht auf die Moralität der Handlung nur bei der Begnadigungs-Instanz zur Sprache kommen. —

Das sind also drei Unterfragen, von welchen nur die erste rein objectiv, die beiden andern aber hauptsächlich subjectiv sind, und von welchen die erste rein thatsächlich, die zweite schon gemischt faktisch und juristisch, die dritte mehr juristisch als faktisch ist. Streng genommen gehört zu b. die Qualifikation der Thatsache, in das rein juristische Element, welches, so wie die Anwendung des betreffenden Strafgesetzes auf die durch die Qualifikation bestimmte That, dem richterlichen Endbescheide zusteht, es läßt sich aber die Qualifikation definitiv nicht von der Festsetzung der That trennen, so daß schon den Geschworenen dieses juristische Moment so gut wie dasjenige zu c. überlassen werden muß, und auch in allen Geschworenensystemen überlassen worden ist. Das Einzige, was der Vorsitzende hier thun kann, haben wir beim französischen Assisenverfahren beregt. (Theil 1. Cap. 4.) Er stelle z. B. beim Diebstahle die Frage dahin: ob der Angeklagte die bewegliche Sache ohne Einwilligung des N. aus dem Besitze desselben, zu seinem oder eines Dritten Genusse entnommen, und nicht dahin: ob der Angeklagte dem N. die bewegliche Sache gestohlen?

Was sodann die Schlußrede des Vorsitzenden anbelangt, so beziehen wir uns auch dieserhalb auf das zu 1 Kap. 4 Gesagte, und bemerken hier nur noch, daß nach den Worten des Textes der Vorsitzende hier den englischen und französischen Standpunkt zugleich ausfüllen soll. In England und Amerika, wo der Geschworene behufs seines Wahrspruchs eidlich auf die Evidenz verwiesen wird, (Cf. §. 97) d. h. auf die gerichtlichen Verhandlungen und gerichtlichen Beweise, also auf dasjenige, was im Verfahren vorgekommen und vor dem Gerichte bewiesen worden ist, so daß nicht auf vorgefaßte Meinungen, und, bei gewissenhafter Beachtung der Eidespflicht, nicht auf Privatwissenschaft oder sonstige Kenntnisse von der Sache gerücksichtigt werden darf, ist es die Hauptaufgabe des Justitiars, die Geschworenen an die law of evidence, also an die durch Gewohnheitsrecht über den Beweis hergebrachten Rechtsgrundsätze, zu erinnern, und zu besprechen, wie weit jene Grundsätze im vorliegenden Falle zur Anwendung kommen, denn dies ist „das klare Recht Englands, bei welchem die Geschworenen, auf ihren Eid, stehen müssen"*). In Frankreich, wo den Geschworenen in

*) Darum heißen die Geschworenen auch Guardians of the law. Ein sehr angemessen durchgeführtes, sich über die Evidenz verbreitendes Resumé des Justitiars findet der Romanleser in der vollständig und anschaulich geschilderten Assise über Adam Aylif im now and then (jetzt und vormals) von Warren, S. 82 flg. der Tauchnitz'schen engl. Ausgabe von 1848.

einer besondern Instruktion (Art. 342) ausdrücklich gesagt wird, daß sie nicht nach dieser englischen Evidence zu entscheiden haben, sondern nach der innerlichen Ueberzeugung (intime conviction) welche sie aus der vor ihnen erfolgten Verhandlung geschöpft haben, da wird der Präsident sich mehr an das Gefühl und wohl auch an die Neigung und Leidenschaft der Geschworenen wenden, und es wird ihm die Darlegung einer vollständigen Uebersicht der aus der Denklehre und nach der Lebens Wahrscheinlichkeit sich ergebenden Gründe für und wider die Hauptsache sein. Die Fragestellung anbelangend, so muß der Vorsitzende darauf Bedacht nehmen, die Fragen in konkreter Gestaltung zu fassen. Er muß in Beziehung auf den Charakter der That, die Fragen vom schwersten im Gesetze aufgestellten Verbrechen anfangen lassen, also ob Raub, ob nur gewaltsamer Diebstahl, oder ob gar nur gemeiner Diebstahl unter erschwerenden Umständen, ob Mord oder Todtschlag oder nur eine gemeine Prügelei, oder ob Conat eines Mordes u. s. w. vorliege.

Ebenso in Beziehung auf die Qualifikation der That, ob Diebstahl unter erschwerenden Umständen oder ob gemeiner Diebstahl. Ob dolus oder culpa oder casus vorliegt.

§. 101. Die Frage beginnt mit den Worten: „Ist der Angeklagte schuldig?“ und muß alle thatsächlichen Merkmale des Verbrechens enthalten, wegen dessen die Anklage ausgesprochen worden ist.

Wegen der thatsächlichen Merkmale beziehen wir uns auf das zum vorigen Paragraphen Gesagte.

§. 102. Sind in der Verhandlung erschwerende Umstände hervorgetreten, deren in der Anklage keine Erwähnung geschehen ist, so stellt der Vorsitzende die zusätzliche Frage:

„Hat der Angeklagte die That mit diesem oder jenem Umstande begangen?“

§. 103. Wegen der Thatsachen, welche die Verhängung einer Strafe ausschließen oder die Anwendung einer mildern Strafe nach ausdrücklicher gesetzlicher Vorschrift begründen, ist geeigneten Falles eine besondere Frage zu stellen.

Die Frage über die Zurechnungsfähigkeit wird von den Geschworenen bei dem Ausspruche über das Schuldig entschieden.

§. 104. Der Vorsitzende verliest die gestellten Fragen, bei Strafe der Nichtigkeit. Werden gegen dieselben von der Staatsanwaltschaft oder dem Angeklagten Erinnerungen vorgebracht, so entscheidet der Gerichtshof.

In allen Fällen wird nur der Vorsitzende und der Gerichtsschreiber die den Geschworenen zu übergebenden Fragen unterschriftlich vollziehen. Am besten ist es, dieselben auf halb gebrochenes Papier zu schreiben, so daß die Geschworenen gegenüber den einzelnen Fragen die Antworten stellen können.

§. 105. Der Vorsitzende muß den Geschworenen, bei Strafe der Nichtigkeit, bemerklich machen, daß, wenn sie mit einer Mehrheit von nur sieben Stimmen den Angeklagten der That oder der die That begleitenden erschwerenden Umstände für schuldig erklären sollten, sie dies bei Abgabe ihrer Erklärung ausdrücklich anzuzeigen haben, daß es aber zur Annahme von Umständen, welche nach Vorschrift der Gesetze die Strafbarkeit mildern, nur der Stimmen von sechs Geschworenen bedürfe (§. 111.).

§. 106. Der Vorsitzende übergiebt die schriftlich abgefaßten Fragen den Geschworenen und läßt den Angeklagten aus dem Sitzungssaale abführen.

§. 107. Die Geschworenen begeben sich in ihr Berathungszimmer und wählen daselbst durch Stimmenmehrheit ihren Vorsteher, welcher die Berathung leitet und deren Resultat verkündet.

Da hier Stimmenmehrheit schlechtweg gesagt ist, so muß der Vorsteher nothwendig mit der absoluten Mehrheit von wenigstens 7 Stimmen gewählt werden.

Ueber die Wahl aufnehmen sie eine Verhandlung, welche sie zu den Akten übergeben.

§. 108. Die Geschworenen dürfen das Berathungszimmer nicht verlassen, bevor sie ihren Ausspruch beschlossen haben.

Niemand darf in das Berathungszimmer eintreten, ohne eine schriftliche Ermächtigung des Vorsitzenden des Gerichts, welcher den Befehl zu ertheilen hat, daß der Eingang zu dem Zimmer bewacht werde.

Der erste Satz ist mit Unterscheidung zu verstehen, worüber der Vorsitzende das Nöthige befindet.

§. 109. Der Vorsteher der Geschworenen befragt sie nach der Ordnung, in welcher die Fragen gestellt sind, und jeder Geschworene antwortet wie folgt:

1) Ist der Geschworene der Ansicht, daß die That nicht bewiesen oder der Angeklagte derselben nicht überführt sei, so erklärt er:

„Nein, der Angeklagte ist nicht schuldig."

In diesem Falle hat der Geschworene nichts weiter zu beantworten.

2) Ist er der Meinung, daß der Angeklagte der That mit den in der Frage enthaltenen Umständen (§§. 102. und 103.) schuldig sei, so antwortet er:

„Ja, der Angeklagte ist schuldig mit den in der Frage enthaltenen Umständen."

3) Ist er der Meinung, daß der Angeklagte der That schuldig, aber daß keiner jener besonderen Umstände erwiesen sei, so antwortet er:

„Ja, der Angeklagte ist schuldig, aber keiner der besonderen Umstände ist erwiesen."

4) Ist er der Meinung, daß der Angeklagte der That schuldig, daß aber nur einzelne der Umstände erwiesen seien, so erklärt er:

„Ja, der Angeklagte ist schuldig, die That mit dem und dem Umstande begangen zu haben, aber der oder die übrigen Umstände sind nicht erwiesen."

Zu 1. Der Geschworene hat allerdings in diesem Falle noch andres und vielleicht mehrmals zu beantworten. Das Gesetz kann hier nur von der ersten Abstimmung über die Hauptfrage gesprochen haben. Um zu einem wahrhaft der Majorität entsprechenden Wahrspruch zu gelangen, muß nothwendig über jede Frage besonders abgestimmt werden. Hat nun die Majorität sich zur ersten Frage für „schuldig" ausgesprochen, so können die übrigen Fragen über die besonderen Schärfungs- und Milderungs-Umstände nicht bloß von den Geschworenen dieser Majorität durch ihre relative Mehrzahl gegen ihre relative Minderzahl beantwortet werden, sondern von allen Geschworenen.

Daß dies richtig ist, ergiebt sich auch aus §. 111. — Wenn also

a) zur ersten Frage 4 nichtschuldig, 8 schuldig antworten, so geht hier zu 1 der Wahrspruch auf „schuldig",

b) zu den Fragen betreffs der erschwerenden Umstände §. 102 bleiben, wie zu erwarten ist, jene 4 Geschworenen beim Verneinen. Sind nun aus diesen acht Geschworenen 2 ebenfalls für die Verneinung, so resultirt überhaupt keine Mehrheit für die Bejahung. Ist aus diesen 8 Geschworenen auch nur Einer für die Verneinung, so ergeben sich 7 Bejahende zu 5 Verneinenden, und dies muß bei Strafe der Nichtigkeit ausdrücklich in der schriftlichen Antwort bemerkt werden.

c) zu den Fragen betreffs der mildernden Umstände §. 103, werden jene 4 vermuthlich eine bejahende Antwort geben, sprechen sich nun von den andern 8 Geschworenen noch 2 bejahend aus, so stehen 6 bejahende Stimmen gegen 6 verneinende Stimmen, und die Ersteren bilden alsdann nach §. 111 die Mehrheit, so daß die Geschworenen hiernach die Frage bejaht haben.

Es kann aber auch nicht selten vorkommen, daß schon über den Charakter der That (cfr. §. 100.) verschiedene Fragen zu stellen waren, und da müssen um so mehr alle Geschworenen hinter einander über alle Fragen sich erklären, wenn also, im Falle die Untersuchung wegen Tödtung schwebt, für den Mord, Frage 1. keine Majorität erzielt ist, z. B. fünf Geschworene nehmen Mord an, drei Todschlag, vier Prügelei, dann ist zuerst Frage 1. verneint. Nun geht es an Frage 2.: ob Todschlag? Da werden zu den drei Stimmen für den Todschlag die fünf, welche Mord annahmen, wahrscheinlich hinzutreten, so daß dann auf die zweite Frage, ob Todschlag, eine Mehrheit von acht Stimmen obwaltet.

Auch bei uns werden die Geschworenen nur auf die ihnen vorgelegten Fragen Antworten zu geben haben, und nicht selbstständig Erklärungen über Thatumstände abgeben, um die sie nicht befragt worden sind.

§. 110. Bei der Beurtheilung der Schuld oder Nichtschuld hat jeder Geschworene unter genauer Prüfung aller Beweise für die Anklage und Vertheidigung nach seiner freien, aus dem Inbegriffe der vor ihm erfolgten Verhandlungen geschöpften gewissenhaften Ueberzeugung zu entscheiden:

ob der Angekladte schuldig
oder
nicht schuldig sei.

Ueber diese gesetzliche Bestimmung, so wie über §. 103., wird im dritten Theile das Weitere beregt werden.

§. 111. Die Entscheidung erfolgt nach Mehrheit der Stimmen. Ist jedoch das Schuldig rücksichtlich der That, oder der die That begleitenden erschwerenden Umstände nur durch eine Mehrheit von sieben Stimmen gegen fünf ausgesprochen, so tritt das Gericht selbst in Berathung und entscheidet nach Mehrheit der Stimmen über den von den Geschworenen nur mit einfacher Mehrheit festgestellten Punkt.

Zur Annahme solcher Umstände, welche nach ausdrücklicher Vorschrift der Gesetze die Strafbarkeit mildern, ist es genügend, wenn sechs Geschworene sich für das Vorhandensein derselben aussprechen.

Im Satze, „die Entscheidung erfolgt nach Mehrheit der Stimmen", soll offenbar gesagt sein, die Enscheidung über die Schuld. Das Schuldig ergiebt sich erst aus einer Mehrheit der Stimmen, wobei noch im zweiten Satze angeordnet ist, daß wenn die Mehrheit für die Schuld nur sieben gegen eine Minderzahl von fünf für die Nichtschuld beträgt $= \frac{7}{12} : \frac{5}{12} = \frac{35}{60} : \frac{25}{60}$, alsdann der Gerichtshof selbst, d. h. für sich allein über den Thatbefund in Berathung treten und nach absoluter Mehrheit denselben entscheiden soll. Wenn hier dann 3 : 2 für die Schuld lauten, also $\frac{3}{5} : \frac{2}{5} = \frac{36}{60} : \frac{24}{60}$, so soll es beim Schuldig bewenden. Zuerst waren also, numerisch betrachtet, unter 60 Richtern 35, und beim Gerichtshof unter 60 Richtern 36, mithin Einer mehr für das Schuldig. Wie wir im Kapitel 4. Thl. I. gezeigt haben, resultirt die französische Kombination dahin, daß bei der Majorität der Geschworenen für die Schuld von 7 : 5 es bei dem Schuldig bewendet, wenn selbst 3 Richter sich für Nichtschuldig ausgesprochen haben, weil beide Faktoren summirt werden, und erst dann Freisprechung eintritt, wenn die Gesammtmajorität der 17 Richter und Geschworenen für das Nichtschuldig stimmt, in diesem Falle wären nämlich immer noch 9 für Schuldig und 8 für Nichtschuldig. In unserm Verfahren ist also die Freisprechung begünstigt.

Im Artikel 347. ist ausdrücklich bestimmt, daß, wenn Stimmengleichheit unter den Geschworenen obwaltet, die dem Angeklagten günstige Ansicht vorwiegt. Dies muß auch bei uns, als sich von selbst verstehend, gelten, und ist hier im Schlußsatze anerkannt. Denn der Athener Antiphon sagte ganz richtig: wenn man einmal irren muß, so ist es viel besser, einen Schuldigen freizusprechen, als einen Unschuldigen zu verdammen: Das Eine ist ein Irrthum, das Andre ein Verbrechen.*)

§. 112. Nachdem die Geschworenen ihren Ausspruch beschlossen haben, und in den Sitzungssaal zurückgekehrt sind, befragt der

*) Einführung der Geschworenen, S. 30. Anm. **.

Vorsitzende des Gerichts sie nach dem Ergebnisse ihrer Berathung. Der Vorsteher der Geschworenen erhebt sich und sagt:

„Auf meine Ehre und mein Gewissen, vor Gott und den Menschen bezeuge ich, der Spruch der Geschworenen ist:
Ja der Angeklagte ist schuldig u. s. w.
oder
Nein, der Angeklagte ist nicht schuldig."

Die Versicherung auf „Ehre" ist für den ernsten und gesetzten Deutschen in so schweren und ernsten Dingen fremd und widrig. Die ganze Rede des Geschworenen-Vorstehers, mit der Hand auf dem Herzen, statt der zu Gott empor gehobenen Rechten, ist französisch theatralisch, aber für uns nicht würdig und feierlich. Wir sähen lieber das fremdländische und in der That störende Pathos beseitigt. In England und Amerika erklärt der Jury-Vormann auf an ihn nach dem Wahrspruch gerichtete Frage einsilbig: „schuldig" „nichtschuldig" und das ist Alles. Symbolisch ist nur, daß bei Todesurtheilen der Großrichter ein schwarzes Käppchen aufsetzt und der Gefängnißkaplan Amen sagt.

Nach jener Formalität wird unser Geschwornen-Vorsteher die Antworten auf die einzelnen Fragen ablesen müssen, wie sich aus §. 116. ergiebt.

§. 113. Der Vorsteher muß dabei, wenn die Entscheidung rücksichtlich der That oder der die That erschwerenden Umstände zum Nachtheile des Angeklagten lautet, ausdrücklich angeben, ob sie mit mehr als sieben Stimmen, oder nur mit sieben Stimmen gegen fünf getroffen ist; der Vorsitzende des Gerichts hat den Vorsteher der Geschworenen, wenn jene Angabe unterblieben sein sollte, deshalb jedesmal besonders zu befragen und das Resultat im Protokolle vermerken zu lassen, bei Strafe der Nichtigkeit.

§. 114. Der Ausspruch der Geschworenen wird im Protokolle oder in einer Beilage desselben von dem Vorsteher der Geschworenen, dem Vorsitzenden des Gerichts und dem Gerichtsschreiber unterzeichnet.

§. 115. Findet der Gerichtshof, daß der Spruch nicht regelmäßig in der Form, oder in der Sache nicht erschöpfend sei, so kann er auf den Antrag des Staatsanwalts oder des Angeklagten oder auch von Amtswegen verordnen, daß die Geschworenen sich in das Berathungszimmer zurückbegeben, um den Mangel zu verbessern. Diese Maaßregel ist zulässig, so lange auf Grund des Ausspruchs ein Urtheil des Gerichtshofes ergangen ist.

Die Verbesserung muß in der Art geschehen, daß der ursprüngliche Ausspruch der Geschworenen erkennbar bleibt.

Zum Schlußsatze wäre zu fragen, wenn nun die angebliche Verbesserung dieser Voraussetzung nicht entspricht, so daß der erste Ausspruch der Geschworenen im Wesentlichen verworfen worden? dann kann der Gerichtshof unmöglich wieder auf den ursprünglichen Ausspruch zurückgehen, vielmehr wird nichts übrig bleiben, als die Sache vor andern Geschworenen nochmals zu verhandeln.

§. 116. Wenn die Richter einstimmig der Ansicht sind, daß die Geschworenen, obgleich ihr Ausspruch in der Form regelmäßig ist, sich in der Sache geirrt haben, so verweiset der Gerichtshof die Sache zu einer anderen Sitzung, damit sie vor einem neuen Schwurgerichte verhandelt werde, an welchem keiner der früheren Geschworenen Theil nehmen darf.

Diese Maaßregel darf von Niemandem beantragt werden; der Gerichtshof kann sie nur von Amtswegen verordnen, und zwar unmittelbar nach Vorlesung des Ausspruchs der Geschworenen in der Sitzung, und niemals zum Nachtheile des Angeklagten.

Nach dem zweiten Ausspruche der Geschworenen, auch wenn derselbe mit dem ersten Ausspruche übereinstimmt, muß der Gerichtshof das Urtheil sprechen.

d. Urtelssprechung.

§. 117. Nachdem der Angeklagte in den Sitzungssaal zurückgeführt worden, verliest der Gerichtsschreiber den Ausspruch der Geschworenen.

§. 118. Ist der Angeklagte für nicht schuldig erklärt worden, so spricht der Gerichtshof denselben von der Anklage frei und verordnet, daß derselbe sofort in Freiheit gesetzt werde, wenn er nicht aus einem sonstigen Grunde verhaftet ist.

Dies ist eine der Stellung unsrer Geschworenen ganz angemessene Abweichung vom französischen Verfahren. Die Beisitzer können kein Endurtel machen, höchstens nur ein Beiurtel. Der Gerichtshof muß daher, auch wenn der Wahrspruch auf Nichtschuldig lautet, das Freispruchsurtel erlassen.

§. 119. Wird im Laufe der Verhandlungen der Angeklagte durch Urkunden oder Zeugenaussagen eines andern Verbrechens oder Vergehens beschuldigt, so hat der Gerichtshof sofort die weiter erforderliche Verfügung zu treffen, und kann, wenn die gesetzlichen Erfordernisse dazu vorhanden sind, sogleich einen Verhaftsbefehl erlassen.

So gewiß es scheint, daß beim §. 78., falls die Anklagekammer des Appellations-Gerichts die Anklage zurückgewiesen hat, das angebliche Verbrechen des Angeschuldigten durch die Staatsanwaltschaft, nach Maaßgabe Art. 246. folgd. noch weiter beregt und verfolgt werden kann, eben so unbedenklich wird es sein, anzunehmen, daß der Angeklagte, wenn er einmal in vorstehender Art freigesprochen worden, wegen derselben Thatsachen und derselben Handlung, Betrachts deren er unter Anklage gestellt war und ein freisprechendes Urtel erlangt hat, nicht wieder zur Untersuchung gezogen werden kann. Die Unterscheidungen, welche der §. 414. der Kriminal-Ordnung aufstellt, sind zumal beim Wahrspruch der Geschworenen nicht mehr zu erhalten. Viele Rechtslehrer haben bisher angenommen, daß durch eine Freisprechung nur die bisherigen Inzichten und Beweismittel erledigt würden und daher ex noviter repertis (ganz so, wie Art. 246. beim Vorverfahren annimmt) immer wieder eine neue Untersuchung Platz greifen könne. Sie erkennen in dieser Maaßregel für die Staatsgenossen eine restitutio in integrum gegen den Angeschuldigten, dessen nun erweisbares Verbrechen doch nicht einmal bestraft werden und einmal straflos bleiben dürfe. Wir halten diese Ansicht jedoch für unsern freigebildeten Staat nicht für haltbar. Selbst der Artikel 346. folgd. läßt dem freigesprochenen Angeklagten Ruhe in Beziehung auf „dieselbe Thatsache". Wir glauben daher nicht, daß eine neue Anklage wegen derselben Thatsache zugelassen werden dürfte, wenn daraus auch ein ganz andres, in der früheren Anklageschrift nicht beregtes Verbrechen hergeleitet würde. Denn in jenem ersten Prozesse war nach dem vorwaltenden Inquisitionsprinzipe der Richter an die Schranken der Anklageschrift nicht gebunden, und eben deshalb sind alle möglichen Charakterisirungen und Qualifikationen des auch nur einseitig beregten Faktums zum Prozesse gebracht und mit demselben fortgeschafft. Mit dem „andern Verbrechen" unsrer Verordnung ist also sicherlich auch eine andre Thatsache gemeint. Der Artikel V. der Zusätze zur amerikanischen Constitution und der Artikel IX. §. 10. der Verfassung von Pennsylvanien vom 2. September 1790 drücken sich eben so aus und offenbar in demselben Sinne: „Niemand soll wegen desselben Vergehens zweimal in Leibes- und Lebensgefahr gesetzt werden können." Und der Artikel I. §. 12. der Verfassung von Texas vom 27. August 1845: „Niemand soll für ein Verbrechen sein Leben oder seine Glieder zweimal in Gefahr gebracht haben; noch soll irgend Jemand zum zweiten Mal für ein und dasselbe Verbrechen vor Gericht gebracht werden, nachdem das Nichtschuldig schon einmal über ihn ausgesprochen worden ist."

§. 120. Ist der Angeklagte für schuldig erklärt worden, so stellt die Staatsanwaltschaft ihren Antrag auf Anwendung des Gesetzes.

§. 121. Der Vorsitzende des Gerichts befragt den Angeklagten, ob und was er zu seiner Vertheidigung noch anzuführen habe.

Der Angeklagte oder sein Vertheidiger dürfen die in dem Ausspruche der Geschworenen festgestellten Thatsachen nicht mehr bestreiten oder in Zweifel ziehen; ihre Ausführung muß sich auf die aus denselben herzuleitenden gesetzlichen Folgen beschränken.

§. 122. Die Richter ziehen sich hierauf in das Berathungszimmer zurück, um das Urtheil zu fällen.

§. 123. Die Berathung über das Urtheil erfolgt ohne Beisein anderer Personen.

Hier ist §. 57. zu vergleichen.

§. 124. Bei der Fällung des Urtheils entscheidet Stimmenmehrheit.

§. 125. Ist die That, deren der Angeklagte für schuldig erklärt worden ist, durch ein Strafgesetz nicht vorgesehen, so spricht der Gerichtshof den Angeklagten frei.

Abschnitt IV.

Von der Anfechtung der Erkenntnisse.

1. Appellation.

§. 126. Gegen die von den Einzelrichtern und den Gerichtsabtheilungen für Verbrechen (§§. 27. 38.) gefällten Urtel ist sowohl die Staatsanwaltschaft, als der Angeklagte innerhalb einer präklusivischen Frist von zehn Tagen das Rechtsmittel der Appellation einzulegen berechtigt. Der Appellant kann dasjenige, was vom ersten Richter als thatsächlich feststehend angenommen worden ist, nur mittelst neuer Thatsachen oder neuer Beweismittel anfechten, und der Appellationsrichter hat zu beurtheilen, ob diese neuen Thatsachen und neuen Beweismittel erheblich sind.

Wir haben uns zum §. 98. über den Gegensatz zwischen dem Inquisitions- und Akkusationsprozesse und Prinzipe in der Anwendung auf die Beibringung und Erhebung neuer Beweismittel, und auf das Geständniß des Angeklagten, geäußert. Dabei bemerken wir nur noch, daß schon Carpzov*) darlegte, wie zwar der Ankläger, beim Leugnen des Angeklagten, binnen eines Präklusivtermins den Beweis zu machen schuldig sei, daß jedoch der Gegenbeweis in favorem der Vertheidigung nicht an einen solchen Termin gebunden werden dürfe. In der That ist das wahrhafte Inquisitionsprinzip jedem dem Angeklagten schädlichen Formalismus so sehr widerstrebend, daß auch in Beziehung auf die Erkenntnisse von eigentlichen Fatalien gegen den Angeklagten nicht die Rede sein kann. In Civilsachen sind Nothfristen allerdings gerechtfertigt, weil es bei denselben hauptsächlich auf Beschaffung formellen Rechts ankömmt, und jeder Gegner auf Festhaltung des ihm günstigen Judikats ein wohlerworbenes Recht hat. In Kriminalsachen giebt es dagegen kein solches Recht, nicht einmal für den Beschädigten, so weit es sich um die Bestrafung des angeblichen oder auch vermuthlichen Schädigers handelt. Der Staat hat hier nur ein wohlerworbenes Recht, und das ist dies, die Unschuld zu sichern, wie sehr sie auch schon durch das bisherige Verfahren verdächtigt sein mag. Da, wo es noch Mittel giebt, die Wahrheit zu erforschen und die Unparteilichkeit des Strafrechts zu handhaben, da darf die Form sich nimmermehr als die einzige Bürgschaft der Rechtspflege aufstellen, denn das Recht darf niemals dem Gesetze geopfert werden. Dem Angeklagten muß daher jederzeit, also auch noch nach mehr als zehn Tagen nach Fällung des ersten Urtels, unbeengtes richterliches Gehör und völlige Freiheit der Vertheidigung gestattet sein. Der Aufstellung von Nothfristen liegt nichts Andres zum Grunde, als die Theorie des Verzichtes, da aber, wo es sich nicht um eine Parteisache handelt, sondern um die Verwirklichung dessen, welches die Idee der vergeltenden Gerechtigkeit, und die Rücksicht auf das öffentliche Wohl fordert, kann, wie in der vorbezogenen Stelle beregt ist, Geständniß und Verzicht von keiner allein bestimmenden Entscheidung sein. Nur in Beziehung auf die Vollstreckbarkeit des ersten Straferkenntnisses können Fatalien zulässig und nothwendig sein, in Beziehung auf die Unabänderlichkeit desselben müssen wir dies aber, als der Natur des Inquisitions-

*) Practica III. qu. 106. No. 91.

prozesses überall zuwider, bestreiten. Deshalb ist die Bestimmung der Kriminalordnung §. 518 flg. richtiger, als die Verordnung. Dadurch, daß nach §. 151. dem Verurtheilten überall und zu jeder Zeit die Restitution, oder wie es bezeichnet ist, „das Rechtsmittel" der Restitution zugestanden ist, wird die dargelegte Verschränkung der Vertheidigung zum Besten einer Fiktion für die durch bloßen Zeitverlauf herbeigeführte Unveränderlichkeit der Erkenntnisse nicht beseitigt, was keiner weitern Ausführung bedarf. Aus denselben Gründen ist eben so sehr die Bestimmung zu rügen, daß der Appellant die thatsächlichen Annahmen des ersten Richters nur durch neue Thatsachen oder neue Beweismittel anfechten dürfe. Da jedoch der zweite Richter so gut wie der erste, nach seinem freien Ermessen und nach gewissenhafter Ueberzeugung zu entscheiden hat, so muß es demselben unbenommen bleiben, freilich nur nach Lage der Voruntersuchungs-Akten und der Audienzprotokolle, auch die thatsächlichen Annahmen des ersten Richters, jedenfalls nach der Richtigkeit der logischen Schlußfolgerungen, einer Kritik zu unterwerfen, selbst für den Fall, daß der Verurtheilte diese Annahmen nicht bemängelt haben sollte. Daß der Verurtheilte die Ausführungen des ersten Richters diesemnach anfechten kann, liegt in der Natur der Sache, und ist auch im §. 129. anerkannt.

Als neue Beweismittel werden auch diejenigen zugelassen werden müssen, die dem Richter der ersten Instanz zwar benannt, von demselben aber nicht erhoben worden sind.

Es ist unbedenklich anzunehmen, daß nach §. 518. Crim.-Ordnung auch jetzt noch, jede Aeußerung der Unzufriedenheit Seitens des Verurtheilten, oder das Gesuch um Milderung oder Begnadigung als Appellation angesehen werden muß. Auch die humane Anordnung des §. 519. wird noch jetzt zu berücksichtigen sein.

Daß übrigens auch dem Staatsanwalt das Recht zur Appellation eingeräumt ist, widerstrebt dem Inquisitionsprinzipe auf keine Weise, vielmehr abhilft diese Bestimmung einem längst gefühlten Mangel, und mit Rücksicht auf §. 157. und 158. in ganz geeigneter Weise.

Es ist hier der Fall nicht bedacht, wenn wegen desselben

Verbrechens ein Straferkenntniß gegen mehre Theilnehmer ergangen und nicht Alle appellirt haben. Es scheint uns außer Zweifel zu sein, daß die etwanige günstigere Entscheidung zweiter Instanz, nach Maßgabe §. 14ª Tit. 14. Prozeß-Ordnung, auch den in ganz gleicher Lage befindlichen Mitverurtheilten zu Gute kommen muß.

§. 127. Die zehntägige Appellationsfrist beginnt mit dem Ablaufe des Tages, an welchem das erste Urtheil verkündet worden ist. Hat die Verkündung des Urtheils in Abwesenheit des Angeklagten stattgefunden, so nimmt die Appellationsfrist für denselben erst mit dem Ablaufe desjenigen Tages ihren Anfang, an welchem ihm die Ausfertigung des Urtheils behändigt worden ist.

§. 128. Die Appellation ist bei dem Gerichte der ersten Instanz entweder mündlich zum Protokoll oder schriftlich anzumelden.

§. 129. Die Angabe der Beschwerden, sowie deren Rechtfertigung und die Anführung neuer Thatsachen oder Beweismittel können gleichzeitig mit der Appellationsanmeldung erfolgen, müssen aber, wenn dies unterblieben ist, innerhalb der auf den Tag dieser Anmeldung nächstfolgenden zehn Tage geschehen. Das Gericht ist jedoch ermächtigt, diese Frist auf den Antrag des Appellanten den Umständen nach angemessen zu verlängern.

Wird die Appellations-Rechtfertigung überhaupt nicht eingebracht, so wird das Rechtsmittel dieserhalb doch nicht als verlassen erklärt werden können, vielmehr wird der Appellations-Richter nach Lage der Akten erster Instanz das Weitere zu veranlassen haben. Werden die Beschwerden erst nach der zehntägigen Frist näher angegeben, so wird mit Rücksicht auf die Schlußbestimmung des §. 136. und darauf, daß ein Contumazialverfahren unzulässig erscheint, so fern der Verurtheilte nur noch im Audienzverfahren seine Vertheidigung verfolgt, auf die Angaben desselben immerhin Rücksicht genommen werden müssen. Das Gesetz enthält keine ausdrückliche Ausschließung etwaniger später ermittelter oder vorgebrachter Vertheidigungsmittel — wie es dies, ohne Verletzung des Inquisitionsprinzips, auch nicht konnte.

§. 130. Die Appellationsschrift wird dem Appellaten mit der Aufforderung mitgetheilt:

binnen einer Frist von zehn Tagen anzuzeigen, ob und welche neue Thatsachen oder Beweismittel er seinerseits anzuführen habe.

Hat der Staatsanwalt appellirt und ist der Angeklagte verhaftet, so wird diesem der Inhalt der Appellationsschrift vorgelesen und die eben gedachte Aufforderung zum Protokoll bekannt gemacht; besitzt er einen Vertheidiger, so ist diesem auf Verlangen Abschrift der Appellationsschrift zuzustellen.

§. 131. Weiset das Gericht erster Instanz die Appellation als nicht rechtzeitig angemeldet zurück, so kann der Zurückgewiesene hierüber innerhalb einer zehntägigen präklusivischen Frist, welche mit dem Ablaufe des Tages beginnt; an dem ihm die zurückweisende Verfügung bekannt gemacht worden ist, bei dem Appellationsgericht Beschwerde führen. Bei der Entscheidung dieses Gerichts muß es bewenden.

§. 132. Die Verhandlung und Entscheidung zweiter Instanz erfolgt von einer aus fünf Mitgliedern nebst einem Gerichsschreiber bestehenden Abtheilung des zuständigen Appellationsgerichts.

Auch hier dürfen nicht mehr als fünf Richter an der Verhandlung und Entscheidung Theil nehmen, wie früher angegeben ist.

§. 133. Dem Ober-Staatsanwalte liegt der Betrieb der Sache in zweiter Instanz ob.

§. 134. Nachdem die Akten bei dem Gerichte zweiter Instanz eingegangen sind, bestimmt dasselbe einen Termin zum mündlichen Verfahren und ladet dazu den Ober-Staatsanwalt, den Angeklagten, sofern derselbe nicht verhaftet ist, sowie diejenigen Zeugen vor, deren Abhörung mit Bezug auf die Vorschrift des §. 126. für erforderlich erachtet wird.

Ist der Angeklagte verhaftet, so kann er im Termin nur durch einen Vertheidiger vertreten werden, der ihm auf seinen Antrag von Amtswegen bestellt werden muß. Auch dem nicht verhafteten Angeklagten steht frei, sich im Termine durch einen mit Vollmacht zu versehenden Vertheidiger vertreten zu lassen.

§. 135. Erachtet das Appellationsgericht aus besonderen Gründen das persönliche Erscheinen des Angeklagten für nothwendig, so kann es die Vorführung oder Gestellung desselben anordnen.

§. 136. Bei dem mündlichen Verfahren, dessen Leitung dem Vorsitzenden gebührt, giebt zuerst ein aus der Zahl der Gerichtsmitglieder zu ernennender Referent mündlich eine Darstellung der bis dahin stattgehabten Verhandlungen.

Hierauf wird der Appellant mit seinen Beschwerden, der Appellat mit seinen Gegenerklärungen, und nach der Beweisaufnahme, wenn eine solche Statt findet, der Staatsanwalt mit seinen Anträgen, in allen Fällen aber zuletzt der Angeklagte oder sein Vertheidiger gehört und hierauf das Urtheil gefällt.

Hat sowohl der Staatsawalt als der Angeklagte appellirt, so wird über beide Appellationen zugleich entschieden.

In allen übrigen Beziehungen kommen bei dem mündlichen Verfahren zweiter Instanz die für die erste Instanz ertheilten Vorschriften ebenfalls zur Anwendung.

Es wird sehr angemessen sein, wenn der Referent seinem mündlichen Vortrage ein schriftliches Referat zum Grunde legt, welches sich an die Anklageschrift anlehnt, die Ergebnisse der Vertheidigung und die Ermittelungen erster Instanz anfügt, dann den Tenor des ersten Erkenntnisses und die Anfechtung desselben aufnimmt, und die Beantwortung der Appellation erwähnt. Diese schriftliche Arbeit wird mit Rücksicht auf die auch für die zweite Instanz geltende Bestimmung des §. 59. zur Abkürzung der Sache wesentlich beitragen, indem dann eher zu erwarten ist, daß mit Benutzung derselben, das zweite Urtel mit den Gründen sofort in der Audienz durch den Referenten wird können vorgelegt werden.

§. 137. Gegen ein Appellationsurtel über die im §. 27. gedachten Vergehen findet ein weiteres Rechsmittel nicht Statt.

2. Nichtigkeitsbeschwerde.

§. 138. Appellationserkenntnisse über die im §. 38. bezeichneten Verbrechen, und Erkenntnisse der Geschworenengerichte (§. 60.) können durch eine Nichtigkeitsbeschwerde angefochten werden.

Wir verweisen hier auf das zu §. 36 über den Fall erörterte, daß ein Einzelrichter über ein schweres Verbrechen erkannt haben sollte, und auf §. 140. Nr. 5.

§. 139. Die Nichtigkeitsbeschwerde findet Statt;

1) wegen Verletzung von Förmlichkeiten im Verfahren, deren Beachtung bei Strafe der Nichtigkeit vorgeschrieben ist,
2) wegen Verletzung eines Strafgesetzes.

Die Nichtigkeitsbeschwerde umfaßt also sowohl die französische Nichtigkeitsklage, welche die Verletzung von Förmlichkeiten voraussetzt, als den Kassationsrekurs, welcher eine materielle Rechtsverletzung bedingt.

§. 140. Als Förmlichkeiten des Verfahrens, deren Verletzung eine Nichtigkeit zur Folge haben soll, gelten außer den in den §§. 14. 93. 95. 104. 105. 113. ausdrücklich genannten noch folgende:

1) wenn der Angeklagte in den Fällen, in denen ein Kontumazialverfahren nicht Statt finden durfte, nicht gehört worden;
2) wenn der Angeklagte in den Fällen, in welchen das Gesetz die Vertheidigung vorschreibt, ohne Beistand eines Vertheidigers gewesen;
3) wenn das Urtel erlassen worden, ohne daß vorher die Staatsanwaltschaft mit ihrem Antrage gehört worden;

4) wenn bei dem Gerichtshofe nicht die erforderliche Anzahl Richter zugegen gewesen;
5) wenn der Gerichtshof der nicht kompetente Richter gewesen ist.

Zu 1 ist in der Verordnung nirgend bestimmt, in welchen Fällen ein Kontumazialverfahren nicht Statt finden darf. Wir beziehen uns aber auf das zu §. 56 und den dort bezogenen Stellen Gesagte.

Zu 2. Aus diesem Grunde wird offenbar nur dem Verurtheilten, nicht aber dem Ankläger das Rechtsmittel zustehen, und dasselbe nehmen wir an zu 1.

§. 141. Die Nichtigkeitsbeschwerde steht sowohl dem Staatsanwalte, als dem Angeklagten zu.

§. 142. Dem Staatsanwalt steht die Nichtigkeitsbeschwerde nicht zu, wenn von Geschworenen ein Nichtschuldig ausgesprochen ist.

§. 143. Die Nichtigkeitsbeschwerde muß binnen einer präklusivischen Frist von zehn Tagen, vom Tage der Verkündung, oder wenn ein Kontumazialverfahren Statt gefunden hat, der Behändigung des Urtels an den Angeklagten gerechnet, bei dem Gerichte, welches das Urtel erster Instanz gefällt hat, schriftlich, unter Angabe der Beschwerdepunkte angebracht werden.

Dem Angeklagten ist gestattet, seine Nichtigkeitsbeschwerde entweder sogleich bei der Verkündung des Urtels, oder innerhalb der zehntägigen präklusivischen Frist zu Protokoll zu erklären, oder mittelst einer dem Gerichte einzureichenden Schrift anzubringen. Diese Schrift muß von einem zum Richteramte befähigten Rechtsverständigen legalisirt sein.

Daß die Nichtigkeitsbeschwerde nothwendig von einem zum Richteramte befähigten Rechtsverständigen legalisirt sein muß, ist eine ohne genügenden Grund erfolgte Beschränkung des Rechts jedes selbstständigen Mannes, vor seinem Richter sein Recht und seine Vertheidigung selbst wahrzunehmen. Wir haben uns hierüber schon zum §. 9 des Weitern geäußert, und können die Analogie des Civilverfahrens um so weniger gelten lassen, als wir uns auch in dem Letztern gegen jeden gesetzlichen Zwang zur Vertretung durch Rechtsanwalte oder zur Mitbeiwirkung derselben aussprechen müssen. Noch im §. 71 der Verordnung vom 1. Juni 1833 (Gesetz-Sammlung S. 47.) ist ausgesprochen: Die Parteien können ihre Schriftsätze selbst verfassen; doch soll wegen Mangelhaftigkeit eines Schriftsatzes niemals die Verlegung eines Termins stattfinden. Aber schon in der Verordnung vom 14. Dezember 1833 (Gesetz-Sammlung S. 305. flg.) ist für die an das Obertribunal gelangenden Schriftstücke der fragliche Zwang eingeführt, und demnächst in der Gesetzgebung von 1846 allgemein ausgedehnt. Wir vermeinen darin eine sehr unglückliche Nachahmung der französischen Prozedur zu erkennen, indem wir für alle Bürger unbeschränkten persönlichen oder schriftlichen Zutritt zu den Gerichten als ein verfassungsmäßiges Recht beanspruchen müssen. Die Sorge, daß die Rechtsuchenden ohne Beiwirkung eines Anwaltes sich Schaden holen könnten, beschränkt ihre Freiheit, und ist nichts als eine vormundschaftliche Vorsorge, die sich besser dahin richten könnte, den Gang des Prozeßverfahrens so viel als thunlich zu vereinfachen. — Die Nichtigkeitsbeschwerde des Angeklagten ist nichts als eine abermalige Vertheidigungsschrift, und kann daher keinen anderen Regeln als den für diese geltenden unterworfen werden.

§. 144. Das Gericht theilt die Beschwerde des Angeklagten dem Staatsanwalte, die des Staatsanwalts dem Angeklagten und dessen Vertheidiger zur Gegenerklärung innerhalb einer zehntägigen präklusivischen Frist in Abschrift mit und sendet nach Ablauf dieser Frist die Akten, unter Benachrichtigung der Parteien, an das Ober-Tribunal.

§. 145. Die Entscheidung über die Nichtigkeitsbeschwerde erfolgt auf mündlichen Vortrag von einem aus sieben Mitgliedern bestehenden Senate des Ober-Tribunals in öffentlicher, nur durch Aushang an der Gerichtsstelle bekannt zu machender Sitzung, in welcher die Staatsanwaltschaft, sowie ein etwa erschienener Vertreter des Angeklagten zu hören ist.

§. 146. Die Verrichtungen der Staatsanwaltschaft bei dem Ober-Tribunal werden vorläufig von der Staatsanwaltschaft beim Kammergerichte wahrgenommen.

§. 147. Nur die beim Ober-Tribunale angestellten Justizkommissarien haben das Recht, die Angeklagten vor dem Gerichtshofe zu vertreten.

Diese auf die Subsistenz der beim Obertribunal angestellten Rechtsanwalte berechnete Beschränkung des Vertheidigungsrechts kann nicht gebilligt werden. Wie das Gesetz jetzt lautet, wird es einem Angeklagten überlassen bleiben müssen, selbst aufzutreten im Beistande des auswärtigen Rechtsanwalts oder Vertheidigers, zu dem er besonderes Vertrauen hat.

§. 148. Ist die Nichtigkeitsbeschwerde auf unrichtige Anwendung oder auf Nichtanwendung eines Strafgesetzes (§. 139 Nr. 2.) gegründet, und erachtet das Ober-Tribunal dieselbe für gerechtfertigt, so vernichtet es das angefochtene Urtel und erkennt in der Sache selbst, was Rechtens, oder verweist, wenn es noch auf thatsächliche Ermittelungen ankommt, die Sache zur anderweitigen Verhandlung und Entscheidung an das Gericht der betreffenden Instanz.

§. 149. Ist die Nichtigkeitsbeschwerde auf Verletzung von Förmlichkeiten gegründet, so vernichtet das Ober-Tribunal, wenn es die Beschwerde für gerechtfertigt erachtet, das angefochtene Urtel, und ordnet die anderweitige Verhandlung und Entscheidung vor dem durch ihn zu bezeichnenden Gerichte an.

§. 150. Eine Ausfertigung des Urtels des Ober-Tribunals ist dem Gerichte zur Verkündung oder Behändigung an den Angeklagten zu übersenden, auch auf Verlangen dem Staatsanwalte zuzustellen.

3. Restitution.

§. 151. Gegen jedes rechtskräftige Urtheil kann der Verurtheilte zu jeder Zeit das Rechtsmittel der Restitution einwenden, wenn er darzuthun vermag, daß das Urtheil auf eine falsche Urkunde oder auf die Aussage eines meineidigen Zeugen gegründet ist.

§. 156. Die §§. 532. 588. 589. der Kriminalordnung treten außer Kraft.

Den Erben des Verurtheilten ist die Restitution ausdrücklich weder gestattet noch abgesprochen, es möchte sonach auch noch jetzt die alte ehrenwerthe Praxis zu handhaben sein, nach welcher auch jedenfalls den Familien-Angehörigen des Verurtheilten die Restitution zusteht.

Die nun aufgehobenen Bestimmungen der Kriminal-Ordnung ließen übrigens die Restitution auch zu, wenn neue Beweismittel für die völlige Unschuld des Verurtheilten vorgebracht wurden. Dies steht auch mit dem Inquisitionsprinzip in völligem Einklange, indem der Staat unter keinen Umständen zugeben darf, daß ein Unschuldiger bestraft werde, oder seiner Ehre verlustig erklärt bleibe. Wir sind hier also auf den verwerflichen Standpunkt des privativen Anklageprozesses geworfen, und dadurch auf das römische Recht zurückgebracht, woselbst in Fällen der Art auf den Gnadenweg verwiesen wird *), der da, wo es sich um Ehrenherstellung handelt, nicht ausreichend ist; es wäre denn, daß der

*) L. 1. 27 fine de quaestionib. (48. 18.)

Regent nach dem Beispiele mancher römischen Fürsten im Gnadenwege die Restitutionsklage zuließe *).

§. 152. Das Restitutionsgesuch muß bei dem Gerichte, welches in erster Instanz erkannt hat, angebracht werden.

§. 153. Kann derjenige, welcher die Fälschung oder den Meineid begangen haben soll, noch belangt werden, so muß das angeblich von ihm verübte Verbrechen durch eine gegen ihn zu veranlassende gerichtliche Untersuchung erst rechtskräftig festgestellt werden, bevor dem Restitutionsgesuche stattgegeben werden kann.

In andern Fällen wird das von dem Angeklagten eingereichte Restitutionsgesuch zunächst dem Staatsanwalte mitgetheilt, um, wenn es ihm erforderlich erscheint, eine gerichtliche Voruntersuchung über die zur Begründung der Restitution angeführten Thatsachen zu veranlassen und alsdann das Gesuch mit seiner Erklärung darüber wieder vorzulegen.

§. 154. Wird das Restitutionsgesuch von dem Gerichte als unbegründet zurückgewiesen, so steht dem Imploranten frei, innerhalb der nächsten zehn Tage nach dem Empfange des Bescheides bei dem Gerichte der höheren Instanz Beschwerde zu führen. Eine weitere Beschwerdeführung ist unzulässig.

§. 155. Wird ein Restitutionsgesuch für begründet erachtet, so hat das Gericht sofort das mündliche Verfahren nach der für die in Rede stehende Gesetzes-Uebertretung vorgeschriebenen Form zu erneuern und unter Aufhebung seines früheren Urtheils ein neues zu fällen, gegen welches die gewöhnlichen Rechtsmittel zulässig sind.

4. Folgen der Einlegung der Rechtsmittel auf die Haft des Angeklagten.

§. 157. Durch Einlegung eines Rechtsmittels von Seiten des Staatsanwalts darf die Freilassung des in Haft befindlichen Angeklagten, wenn das Urtheil eine Freiheitsstrafe gegen ihn nicht verhängt hat, niemals verzögert werden.

§. 158. Ist der Angeklagte zu einer Freiheitsstrafe verurtheilt, so hält das vom Staatsanwalt gegen das Urtheil eingelegte Rechtsmittel den Antritt der Strafe nicht auf.

§. 159. Dagegen wird durch die Einlegung der Appellation oder Nichtigkeitsbeschwerde von Seiten des Angeklagten die Vollstreckung der Strafe aufgehalten. Eine vorläufige Abführung des zu einer Freiheitsstrafe Verurtheilten nach der Strafanstalt, ist, selbst mit dessen Einwilligung, nicht ferner zulässig. Das Gericht ist jedoch befugt und verpflichtet, die erforderlichen Sicherungsmaaßregeln gegen den Verurtheilten zu treffen.

Die Bestimmung, daß der Verurtheilte die Strafe nicht vorläufig antreten dürfe, begreift eine nicht genügend veranlaßte Be-

*) L. 27. pr. de poenis. (48. 19.)

schränkung des Vertheidigungsrechts der Angeklagten, auch abgesehen von der großen Vermehrung der Untersuchungs- und Haftkosten. —

5. Aufhebung des Rechtsmittels der Aggravation.

§. 160. Das Rechtsmittel der Aggravation findet in den nach dieser Verordnung behandelten Untersuchungssachen nicht ferner Statt.

Abschnitt V.

Von dem Verfahren bei Untersuchung der Polizeivergehen.

§. 161. Die Vorschriften dieses Abschnitts sind bei allen wegen Polizeivergehen zu verhängenden Untersuchungen anzuwenden.

§. 162. Die Verwaltung dieser Polizeigerichtsbarkeit soll in erster Instanz von einzelnen Richtern geführt werden, welche kommissarisch zu diesem Geschäfte zu ernennen sind.

§. 163. Die Verfolgung der Uebertreter der Polizeistrafgesetze vor Gericht soll durch Polizeianwalte geschehen, in Ansehung deren Ernennung, Beaufsichtigung, Befugnisse und Obliegenheiten die in den §§. 28. folg. enthaltenen Bestimmungen gelten.

1. Ordentliches Verfahren.

§. 164. Bei der Untersuchung und Entscheidung erster Instanz ist von den Polizeirichtern in der Regel dasselbe Verfahren zur Anwendung zu bringen, welches in Betreff der Vergehen vorgeschrieben ist.

Dem Angeschuldigten steht jedoch frei, sich bei den Verhandlungen sowohl in dieser als in der folgenden Instanz durch einen Bevollmächtigten aus der Zahl der bei dem Gericht zur Praxis berechtigten Justizkommissarien auf seine Kosten vertreten zu lassen.

§. 165. Gegen das Urtheil erster Instanz ist sowohl der Angeschuldigte als der Polizeianwalt innerhalb einer zehntägigen präklusivischen Frist, deren Anfang nach der wegen der Appellationsfrist gegebenen Vorschrift zu bestimmen ist, das Rechtsmittel des Rekurses einzulegen berechtigt.

§. 166. Der Rekurs kann auf neue Beweismittel über bereits angeführte Thatumstände nicht begründet werden, auf neue Thatumstände aber nur in soweit, als dieselben bei der Anführung zugleich bescheinigt werden.

§. 167. Die Anbringung des Rekurses muß bei dem Polizeirichter mündlich zum Protokoll oder schriftlich geschehen. Eine besondere Frist zur Rechtfertigung des Rekurses ist nicht zu gestatten.

§. 168. Die Entscheidung über den Rekurs gebührt einer aus drei Mitgliedern bestehenden Abtheilung des Appellationsgerichts.

§. 169. Findet die Abtheilung bei Prüfung der Akten, daß der Rekurs nicht zulässig, oder, wenn dabei nur auf die Verhandlungen in erster Instanz Bezug genommen ist, nicht begründet sei, so weist sie den Rekurrenten durch eine Verfügung zurück, gegen welche ein weiteres Rechtsmittel nicht gestattet ist.

§. 170. In allen andern Fällen bestimmt die Deputation, unter Mittheilung der Rekursschrift an die Gegenpartei, einen Termin zum mündlichen Verfahren. Gegen das auf den Rekurs abgefaßte Urtheil findet ein weiteres Rechtsmittel nicht Statt.

2. Mandatsverfahren.

§. 171. Beruht die Anklage wegen eines Polizeivergehens auf der Anzeige eines Beamten, welcher die That aus eigener amtlicher Wahrnehmung bekundet, wozu auch eine im Dienste befindliche Militairperson zu rechnen ist, und wird nicht etwa der Angeschuldigte dem Polizeirichter zugleich vorgeführt, in welchem Falle stets das ordentliche Verfahren eintreten muß, so setzt der Polizeirichter auf Grund der Anklage die Strafe fest, und macht sie dem Angeschuldigten durch eine schriftliche Verfügung mit dem Bedeuten bekannt,

daß, wenn er durch diese Straffestsetzung sich beschwert finden sollte, er zur Ausführung seiner Vertheidigung sich in einem, sogleich in der Verfügung und zwar auf mindestens zehn Tage hinaus zu bestimmenden Termine vor den Polizeirichter zu stellen, im Falle seines Nichterscheinens in diesem Termine aber die Vollstreckung der Strafe zu gewärtigen habe.

§. 172. In dieser Verfügung muß angegeben sein:

1) die Beschaffenheit des Vergehens, sowie die Zeit und der Ort seiner Verübung;
2) der Name des Beamten, welcher das Vergehen angezeigt hat, und
3) die Straffestsetzung unter Anführung der Strafvorschrift, auf welche dieselbe sich gründet.

Die Verfügung muß zugleich für den Fall, wenn der Angeschuldigte bei der Straffestsetzung sich nicht beruhigen zu können glaubt, die Aufforderung an denselben enthalten, die zu seiner Vertheidigung dienenden Beweismittel in dem anberaumten Termine mitzubringen, oder solche dem Richter so zeitig vor dem Termine anzuzeigen, daß sie noch zu demselben herbeigeschafft werden können.

§. 173. Erscheint der Angeschuldigte zu dem Termine persönlich oder durch einen zulässigen Bevollmächtigten, so ist nach Vorschrift der §§. 164. folg. zu verfahren; erscheint er nicht, so hat der Richter einen Vermerk hierüber aufzunehmen.

§. 174. Der Angeschuldigte kann auf Restitution antragen, wenn er durch unabwendbare Umstände verhindert worden ist, persönlich in dem Termine zu erscheinen. Das Restitutionsgesuch muß binnen zehn Tagen nach dem Termine bei dem Polizeirichter angebracht werden, und die Angabe der Hinderungsgründe mit der erforderlichen Bescheinigung enthalten. Auf unbescheinigte Hinderungsgründe darf der Richter keine Rücksicht nehmen. Erst nach fruchtlosem Ablauf dieser Frist ist die Strafe zu vollstrecken.

§. 175. Findet der Polizeirichter das Restitutionsgesuch begründet, so ist ein naher Termin zur Verhandlung der Sache anzuberaumen und nach den Vorschriften der §§. 164. ff. zu verfahren.

Bleibt der Angeschuldigte in diesem Termine abermals aus, so ist die Strafe ohne weitere Zulassung irgend eines Rechtsmittels zur Vollstreckung zu bringen.

§. 176. Findet der Richter das Restitutionsgesuch nicht begründet, so weiset er dasselbe durch eine Resolution zurück, gegen welche dem Angeschuldigten die Beschwerde an das Appellationsgericht offen steht. Diese Beschwerde muß binnen 24 Stunden nach Zustellung der Resolution bei dem Polizeirichter angebracht werden. Wird für die Zulassung der Restitution entschieden, so geht die Sache zur Verhandlung in erster Instanz an den Polizeirichter zurück.

§. 177. Zur Entscheidung über das Restitutionsgesuch und über die Beschwerde gegen die dasselbe zurückweisende Resolution bedarf es nicht der vorgängigen Anhörung des Polizeianwalts.

Aus diesem § ließe sich wohl die Behauptung aufstellen, daß bei den Polizeivergehen auch in zweiter Instanz ein besonderer Polizei-Anwalt fungire. Wir halten eine solche Annahme jedoch für irrig, einmal, weil nach der Natur der Sache nicht alle Polizeianwälte des Departements sich vorkommenden Falles zu dem Appellationsgerichte begeben können, sodann mit Rücksicht auf §. 163. §. 2 und 10. — Beim Appellhofe fungirt nur der Ober-Staatsanwalt oder ein Gehilfe desselben, nicht aber etwa ein Ober-Polizeianwalt!

Abschnitt VI.

Von den Kosten des Untersuchungs-Verfahrens.

§. 178. Mit der Verurtheilung des Angeklagten zu einer Strafe, sie möge in der ersten oder einer späteren Instanz erfolgen, ist zugleich die Verurtheilung desselben in alle Kosten des Verfahrens auszusprechen. Wird dagegen der Angeklagte für nicht schuldig erklärt, so hat derselbe die Kosten des Verfahrens nicht zu tragen und ist von der Verpflichtung hierzu, wenn ihm dieselbe durch ein Urtel früherer Instanz auferlegt war, freizusprechen.

§. 179. Die Kosten eines ohne Erfolg eingelegten Rechtsmittels fallen demjenigen zur Last, welcher dasselbe eingewendet hat. Ist dies der Staatsanwalt, so werden sie niedergeschlagen. Bei der Versäumniß von Fristen und Terminen trägt der Säumige die dadurch verursachten Kosten.

Hiernach werden nur die entgegenstehenden Bestimmungen der Kriminal-Ordnung Titel 9 für aufgehoben zu erachten sein.

cf. §. 183. Im Uebrigen bleiben die bisherigen Bestimmungen über das Kostenwesen in Kriminalsachen bestehen. Da ferner nach §. 182 der fiskalische Untersuchungsprozeß gänzlich beseitigt ist, so müssen auch die Betreffs desselben ergangenen Kostenregulative außer Anwendung bleiben.

Das Gesetz vom 17. Juli 1846 verordnete im §. 108: „eine Erstattung aufgewendeter außergerichtlicher Kosten findet nicht statt." Dies ist hier weggelassen, von selbst und vom Standpunkte der Gerechtigkeit aus, versteht sich der Wegfall der Erstattung nicht.

Abschnitt VII.

Allgemeine Bestimmungen.

§. 180. Die Gerichte sind befugt, Personen, welche Störung in der öffentlichen Sitzung verursachen, aus dem Sitzungssaale entfernen zu lassen, auch nach Befinden der Umstände und nachdem die Staatsanwaltschaft darüber gehört worden, gegen solche Personen sofort eine Gefängnißstrafe bis zu acht Tagen festzusetzen und vollstrecken zu lassen.

Wenn auch hier nicht, wie in der Kabinetsordre vom 24. Oktober 1838 (Gesetz-Samml. S. 504) und wie im §. 130. des Gesetzes vom 17. Juli 1846 die Anwendung einer Ordnungsstrafe in Geld ausgesprochen ist, so möchte es doch wohl unbedenklich sein, dieselbe nach Umständen auch jetzt noch eintreten zu lassen, zumal jene Kabinetsordre nicht aufgehoben ist.

Auch ist es unbedenklich, die in der gedachten Ordre angegebene Strafe auch gegen Personen anzuwenden, welche die Berathungen der Geschworenen durch Eindringen in ihre Berathungskammer zu stören versuchen möchten.

§. 181. In dem Verfahren wegen Holzdiebstahls und bei Disziplinarsachen gegen Beamte wird durch die Vorschriften des vorliegenden Gesetzes nichts geändert.

Untersuchungen wegen Steuerdefraudationen und Kontraventionen, sowie wegen Injurien gegen Beamte bei Ausübung ihres Amtes oder in Beziehung auf dasselbe, wozu auch Beleidigungen der im Dienste befindlichen Personen der bewaffneten Macht gehören, sind fortan nach Abschnitt II. und beziehungsweise Abschnitt III. dieser Verordnung zu behandeln und unterliegen auch hinsichtlich der Rechtsmittel den Vorschriften derselben.

Alle sonstigen Injurien, mit Ausnahme der schweren Realinjurien, können fortan nur im Wege des Civilprozesses verfolgt werden.

Was die Injuriensachen anbetrifft, so ist für dieselben die Verordnung vom 18. Dezember 1848 (Ges.-S. Seite 423) maßgebend.

Die Steuervergehen anbelangend, kann also fortan die Verwaltungsbehörde auch keine summarischen Untersuchungen (abgesehen von einem Vorverfahren) mehr führen und keine Strafresolute mehr abfassen, noch weniger deren Vollstreckung oder Umwandlung durch die Gerichte verlangen. Auch nach dem Artikel 85. der Verfassungs-Urkunde würde dies unzulässig sein.

Auch der Diebstahl an andern Waldprodukten (Kab.-Ordre vom 4. Mai 1836 G.-S. Seite 173) bleibt von diesem Verfahren ausgeschlossen. Die im §. 30. bis 32. des Gesetzes vom 7. Juni 1821 gedachten Holzdiebstähle unterliegen, nach §. 33. daselbst, dem neuen Verfahren.

§. 182. Der fiskalische Untersuchungsprozeß findet nicht ferner Statt.

§. 183. Alle dieser Verordnung entgegenstehenden Vorschriften sind in soweit aufgehoben, als sie mit den Bestimmungen derselben sich nicht vereinbaren lassen.

Bei dem Kammergerichte und dem Kriminalgerichte zu Berlin tritt sie an die Stelle des Gesetzes vom 17. Juli 1846. (Gesetzsammlung S. 267. ff.).

§. 184. Die gegenwärtige Verordnung tritt am 1. April d. J. in Kraft und sind bis dahin die zur Ausführung derselben erforderlichen Anordnungen, insbesondere, was die Bildung der Geschworenenlisten betrifft, durch Unsere Minister des Innern und der Justiz zu treffen.

Die zu diesem Zeitpunkte anhängigen Sachen, in welchen bereits die förmliche Untersuchung eröffnet ist, sollen, mit Ausnahme der politischen und Preßverbrechen (§. 60. Nr. 2., §. 61.), nach den bisherigen Vorschriften durch alle nach denselben zulässigen Instanzen zu Ende geführt werden.

Dagegen ist bei politischen und Preßverbrechen, über welche noch nicht in erster Instanz erkannt worden, das Verfahren nach den Vorschriften der gegenwärtigen Verordnung einzuleiten.

Urkundlich unter Unserer Höchsteigenhändigen Unterschrift und beigedrucktem Königlichen Insiegel.

Gegeben Potsdam, den 3. Januar 1849.

(L. S.) Friedrich Wilhelm.

Wenn in den vor dem 1. April anhängig gewordenen Untersuchungen gegen die Angeklagten noch neue bisher nicht beregte

Verbrechen zur Sprache kommen, so muß Betreffs dieser das neue Strafverfahren Platz greifen. Dasselbe ist noch unbedenklicher der Fall, wenn in eine solche Sache andre Personen hinterher verflochten werden. Unter analogischer Anwendung des §. 416. der Kriminal-Ordnung wird nur zu erwägen sein, ob es nicht angemessen oder nothwendig ist, die Aburtelung der bisherigen Untersuchungssache bis zur Erledigung des neuen Verfahrens auszusetzen.

Andrerseits sind wir im Allgemeinen der Ansicht, daß, wenn eine Konkurrenz verschiedener Verbrechen und Verbrecher vorkommt, das Verfahren sich nach den Bestimmungen über das schwerste Verbrechen bestimmen muß. Diesem nach werden also die Schwurgerichte auch über die bei der Sache mit zur Sprache kommenden nicht schweren Verbrechen, und über solche Mitangeklagte, welche nur bei minder schweren Verbrechen betheiligt sind, zu befinden haben. Es wäre denn, daß nach Maaßgabe der ganz sachgemäßen Anordnung des Artikel 308. der Gerichtshof, auf den Antrag des Staatsanwalts oder auch von Amtswegen, bestimmte, daß einzelne der in der Anklageakte beregten Vergehen oder Angeklagten, wenn nicht gerade innere Konnexität obwaltet, für jetzt von der Verhandlung oder Aburtelung ausscheiden sollten. Jedoch muß dabei die Bestimmung der §§. 57. 64. seq. II. 20. A. L. R. beachtet werden.

Anhang zum §. 99.

Protokoll über eine Geschworenen-Gerichtsverhandlung.

Verhandelt vor dem Schwurgericht zu N.

In Gegenwart:

1. Des Gerichtshofes
   a — als Vorsitzenden
   b. c. d. e.
2. Der Geschworenen, Beisitzenden Richter
   a — m.
3. Des Gerichtsschreibers N. N.
4. Des Staatsanwalts — —

Heute wurden die öffentlichen Verhandlungen in der Untersuchungsache wider — eröffnet.

Ueber die Ausloosung der Geschworenen ist das anliegende Protokoll (§. 82. zu beachten!) zu vergleichen.

Desgleichen über die Wahl des Vorstehers der Geschworenen.

Die Anklageschrift des Staatsanwalts und der Anklagebeschluß des Kreisgerichts zu —

(Bei Preßvergehen und politischen Verbrechen nach §. 75.)

Der Beschluß des Appellations-Gerichts über die Versetzung in den Anklagestand, und die Anklageschrift des Ober-Staatsanwalts befinden sich Fol. — der Untersuchungs-Akten.

Desgleichen der Behändigungsschein über die richtige Vorladung des Angeklagten (§. 79.) Fol. — (Angabe Betreffs §. 81.!).

Der Vorsitzende begann das Verfahren mit einer kurzen Ansprache an die Geschworenen, worauf er dieselben nach Vorschrift §. 97. der Verordnung vom 3. Januar 1849 Mann für Mann eidlich verpflichtete.

Hiernächst wurde in Abwesenheit, Gegenwart des erschienenen, aus dem Gefängnisse bandenfrei vorgeführten Angeklagten X. die Verhandlung eröffnet, durch Konstituirung des gedachten Seitens des Vorsitzenden.

Danach heißt X . . . (Personalien) der Angeklagte ist mit einem Vertheidiger versehen (cfr. §. 16.) und zwar ist erschienen

der Rechtsanwalt x als Vertheidiger des ꝛc.

Sodann verlas der Gerichtsschreiber die Anklageschrift und der Vorsitzende befragte den Angeklagten (cfr. §. 98.), ob er sich schuldig bekenne, oder nicht schuldig sei.

Derselbe behauptete seine Unschuld an dem ihm zur Last gelegten Verbrechen.*)

Diesem nach begann unter Leitung des Vorsitzenden die Untersuchung und Verhandlung der Sache.

*) Wenn einer oder einige der Angeklagten beim Geständnisse verharren, so muß, in Beziehung auf die andern Angeklagten das Verfahren seinen Fortgang nehmen. Die im Laufe der Verhandlung abgelegten Geständnisse werden den Wahrspruch der Geschworenen nicht beseitigen können. Noch mehr gilt dies, wenn nur theilweise Geständnisse abgelegt werden.

Der Angeklagte darstellte auf die einzelnen an ihn gerichteten Fragen die Sache so: ꝛc. insbesondere gab er auf die Frage, ob ꝛc. folgende Antwort: ꝛc.

Als Zeugen sind vernommen:

1) die bereits in der Voruntersuchung abgehörten A. B. C. Dieselben, auf ihren bereits geleisteten Zeugeneid verwiesen, verharrten bei ihren früheren Aussagen, und zwar im Wesentlichen

der A., —

der B., — — mit der Berichtigung ꝛc.

der C., — — so daß derselbe von seinem früher abgegebenen Zeugnisse abgewichen ist. Er bemerkte dieserhalb ꝛc.

2) neue Zeugen H. J. K. eidlich, welche im Wesentlichen bezeugten ꝛc.

Auch wurden die Zeugnisse und Gutachten Fol. — der Akten durch den Gerichtsschreiber verlesen.

Hieran schlossen sich die Ausführungen des Staatsanwalts und des Vertheidigers über die Thatfrage, welchemnächst der Vorsitzende in gedrängter Darstellung die Lage der Sache in Beziehung auf den Beweis des Thatbestandes und der Thäterschaft, so wie in Betreff der eingreifenden Gesetze, zusammenfaßte und zur Stellung der Fragen schritt. Dieselben wurden, von keinem Theile bemängelt (die Einwendungen gegen dieselben werden vom Gerichtshofe entschieden), schließlich verlesen und in einer besonderen, vom Vorsitzenden und dem Gerichtsschreiber vollzogenen Schrift den Geschworenen zugestellt. Dabei machte der Vorsitzende denselben bemerklich, daß, falls eine oder die andere Frage mit einer Mehrheit von nur 7 Stimmen für das Schuldig beantwortet werden sollte, diese Stimmenzahl in den schriftlichen Antworten angegeben werden müsse, daß es aber zur Annahme des Nichtschuldig oder zur bejahenden Beantwortung von in Frage gestellten Milderungsgründen, nur der Stimmen von sechs Geschworenen bedürfe.

Der Angeklagte wurde aus dem Sitzungssaale abgeführt, und die Geschworenen begaben sich in ihre Berathungszimmer.

Nach der Rückkehr der Letzteren erhob sich deren Vorsteher,

auf Befragen des Vorsitzenden nach dem Befunde, sprach die im §. 112. der Verordnung vorgeschriebenen Worte und verlas die an den Rand der Frageschrift gestellten und demnächst übergebenen, hier beiliegenden Antworten. Da bei den mit schuldig beantworteten Fragen 2 und 5 nicht ausdrücklich bemerkt war, daß dies mit einer Anzahl von mehr als sieben Stimmen geschehen, so erklärte der Vorsteher auf Befragen zu 2. 2c.

Hierauf wurde diese vom Geschworenen-Vorsteher unterzeichnete Protokollbeilage auch von dem Vorsitzenden und Gerichtsschreiber vollzogen.

(§. 115. 116.)

Auf den Befehl des Vorsitzenden wurde der Angeklagte vorgeführt, und der Gerichtsschreiber verlas den Ausspruch der Geschworenen.

(§. 118.)

Da der Wahrspruch auf schuldig lautet, so stellte der Staatsanwalt den Antrag auf die Anwendung des Gesetzes, der Vorsitzende befragte den Angeklagten über seine Vertheidigung, worauf dieser und sein Vertheidiger nochmals das Schlußwort sprachen.

Der Gerichtshof begab sich, nach geschehener Abführung des Angeklagten, in das Berathungszimmer und (§. 111. 124.) fällte nachstehendes Urtel:

Im Namen des Königs hat der Gerichtshof erkannt, daß der 2c. wegen 2c.

Der Gerichtshof betrat wieder den Sitzungssaal, der Angeklagte wurde eben dahin zurückgeführt, und der Vorsitzende verkündete unter einer angemessenen Ansprache das Urtel.

Geschehen wie oben.

Dritter Theil.

Die Beweislehre*).

Kapitel I.

Das Amt des Richters.

Schon die Carolina fordert von den Kriminal-Richtern Frömmigkeit und Ehrbarkeit, Verstand und Erfahrung; unsre ältern deutschen Rechtsbücher bedingen aber außerdem Würde des Benehmens, Mäßigung, Seelenstärke und Beherrschung der Leidenschaften**). Die neuere Zeit kann, wenn sie den Vorfahren nicht nachstehen, sondern für sich den Ruhm höherer Bildung fordern will, von diesen Anforderungen an das Richteramt nichts ablassen, sie muß vielmehr auf denselben bestehen und nur noch dazu fordern: bürgerlichen Muth und vollständige Unabhängigkeit von allen äußern Einflüssen. Jedes Richteramt ist berufen, das Gesetz zu handhaben, der Strafrichter aber soll auch die höchste Blüthe der Menschheit, die Staatsbildung und die Rechtsordnung gegen die Uebergriffe verkehrter Leidenschaften sichern, und die im Finstern schleichenden Werke der Uebelthäter mit klarem Blicke erforschen und niederhalten. Die Wichtigkeit dieses Berufes ergiebt demnach seine Höhe, und die bedeutenden Folgen, welche für die

*) Litteratur: Mittermaier, die gesetzliche Beweistheorie in ihrem Verhältnisse zu Geschworenen-Gerichten (N. Arch. des Krim.-Rechts Bd. 12. S. 488. u. Bd. 13. S. 120. 280.); Desselben: Lehre vom Beweise im deutschen Strafprozesse.

**) Ein jeglicher Richter soll vier Tugenden an ihm haben: Das ein ist die Gerechtigkeit, das ander die Weisheit, das dritt die Stätigkeit, das viert die Maaß. (Schwabenspiegel Kap. 75.)

ganze Staatsgesellschaft aus der richtigen oder ungeeigneten Handhabung desselben herfließen. Das Strafverfahren selbst aber ist durch die gesetzgebende Macht geordnet, so daß der Richter eben nur innerhalb der gesetzlichen Formen die hohe richterliche Würde und das Amt des Strafrichters ausüben kann. In der Auslegung des Gesetzes frei, und nur gewiesen an die ewigen Grundsätze des Rechts und der Moral, ist er fest gebunden an die positiven Schranken des gesetzlichen Verfahrens, über welche hinaus es nur noch Willkühr und Gewaltmißbrauch giebt, aber keine Ausübung des Richteramts. So bestimmen das Gesetz und die menschliche Würde, die auch dem Verdächtigen und Angeklagten zukömmt, seine Bahn, und nur zu solchen Richtern sprechend, konnte der freisinnigste Athener mit Recht sagen:

„Ihr, o Richter, seid das dem Bedrückten helfende Gesetz.
„Aber wie das Gesetz nur stark ist durch Euch,
„so seid Ihr nur stark durch das Gesetz.“

Es ist nun schwer, das richtige Maaß der freien Thätigkeit für alle Diejenigen zu ermitteln, welche sich an der Ausführung des Strafprozesses zu betheiligen haben. Um so schwerer, als nicht allein die Theorie, sondern vorzugsweise die praktische Erfahrung die geeignete Lösung dieser Aufgabe herbeiführen muß, die letztere aber bei dem tiefen wissenschaftlichen Sinne unseres Volkes, unter dem Fortschreiten der Bildung und unbeschränkten Freiheit der Forschung und Erörterung noch zu einer reichen Entfaltung gelangen wird. Soviel ist jedoch schon jetzt für den Richter festgestellt, daß er einerseits bei der Auslegung der Gesetze, und anderseits trotz der engen Beschränkung der Prozeßführung, in dem Punkte der letzteren, wo es sich darum handelt, eine Ueberzeugung von der juristischen Existenz und Bedeutung der vor den Richterstuhl gebrachten Thatsachen zu fassen, nicht mehr als ein seelenloses durch die Kasuistik der gesetzlichen Beweistheorie gefesseltes Wesen, sondern als ein freier selbstdenkender Mann anerkannt ist. Der §. 22. der Verordnung bestimmt:

Der erkennende Richter hat fortan unter genauer Prüfung aller Beweise für die Anklage und Vertheidigung nach seiner freien, aus dem Inbegriffe der vor ihm erfolgten Verhandlungen geschöpften Ueberzeugung zu entscheiden, ob der Angeklagte schuldig oder nichtschuldig sei.

Es kömmt darauf an, zu erörtern, wie sich diesemnach die Lehre über den Beweis in Strafsachen bestimmen läßt, zuvor aber müssen wir auch der Geschworenen gedenken*).

Kapitel II.

Das Amt der Geschworenen.

Es war ein alter Grundsatz bei den germanischen Völkern, daß jeder nach dem Rechte des Volkes und Stammes lebte, von welchem er durch seinen Vater abstammte. Nach diesem angebornen Rechte wurde er auch im Gerichte verurtheilt, und zwar so, daß in Strafsachen die Komposition sich nach dem Rechte des Verletzten richtete. Als nun in Folge der Völkerwanderungen die Nationen in größeren Massen durch einander gemischt wurden, mußten Einrichtungen getroffen werden, welche die Handhabung dieses Grundsatzes ermöglichten. Dies geschah durch das Schöffeninstitut. Zum Gerichte wurden Leute des Volkes und Stammes des Verklagten zugezogen, welche das alte Recht schöpften, wiesen, und das Gericht sprach dann sein Urtel nach dem, durch diese Schöffen gewiesenen Rechte. Mehr als in irgend einem Lande wurde durch fortwährende Einwanderungen und Eroberungen die Bevölkerung in England durcheinander geworfen, und folgerecht die Schöffeneinrichtung dort besonders nöthig**). Allmälig nahm aber die Sache in England eine andere

*) Der Verfasser kann übrigens nur bei seiner alten Ueberzeugung verbleiben, daß durch das neue Experiment: die ständigen Richter in die Stellung der Geschworenen zu bringen, dem Bedürfnisse der Zeit auf keine Weise abgeholfen wird. Es ist vielmehr sehr gefährlich, kleinen Richter-Kollegien die Befugnisse der nach Wahl, Rekusation, Zahl und Volkszutrauen viel günstiger gestellten Geschworenen zu übertragen. Wir beziehen uns der Kürze wegen auf unsere Schrift: Einführung der Geschworenen 2c.

**) Einführung der Geschworenen S. 20 flg. 32 flg.

Gestalt an. Zunächst in Civilsachen wurden die Schöffen aus Recht weisenden Männern Thatbestands-Hergangszeugen. Es wurden angesehene glaubwürdige Grundbesitzer aus dem Orte des Verklagten oder dessen Nachbarschaft vom Königsrichter zugezogen, und diese mußten aus eigener Wissenschaft von der Streitsache Zeugniß geben, und den Thatbefund feststellen. Aus dem Civilverfahren wurde dies auch auf die Strafsachen übertragen. Man suchte aus dem Orte des Angeklagten, oder der nächsten Umgebung Personen, welche der unrechtlichen That beigewohnt hatten, und diese mußten als geschworene Thatbestandszeugen aus eigener Wissenschaft den Vorfall durch ihren Wahrspruch feststellen. Allmälig änderte sich diese Einrichtung dahin, daß der Kronrichter vor den Geschworenen andere Zeugen abhörte, welche von dem Vorfalle eigene Kenntniß hatten, und auf den Grund dieser Beweise gaben die Geschworenen ihren Wahrspruch ab über den Thatbefund. Hierdurch wurde es unnöthig, daß die Geschworenen aus dem Orte des Verklagten, oder dessen Nachbarschaft waren, und seit dem 15. Jahrhundert kam dieses alte Erforderniß immer mehr außer Gebrauch, zumal man dadurch den mitunter aufgekommenen Verdacht von Partheilichkeiten beseitigen wollte. — Da übrigens in England der eigentliche Akkusationsprozeß vorwaltete, so kümmerten sich so wenig der Kronrichter, als die Geschworenen um die erschöpfende Verfolgung des Uebelthäters, oder um den eigentlichen wahrhaften Hergang der Sache, und um die Herbeischaffung der zur Ermittelung der vollen Wahrheit dienlichen Beweise. Dies Alles wurde den Privat- oder öffentlichen Anklägern, und dem Angeklagten überlassen; wo kein Kläger war, gab es keinen Richter, und es gab auch keinen Richter, soweit nicht der Kläger und der Angeklagte zur Darlegung des wahren Schwerfalls und zur Feststellung der Schuld oder Unschuld die entscheidenden Beweismittel herbeigebracht hatten. So konnte, nach dem blos äußerlichen Standpunkte des Gerichts, und seinem mehr unthätigen, passiven Verhalten gegen das, was Seitens der Partheien vorgebracht und durch Beweismittel dargelegt wurde, trotz entgegengesetzter Ueberzeugung der am Richteramte Betheiligten, der Schuldige freigesprochen, und der Unschuldige verdammt werden. Die Jury schwört, lediglich aus der Evidence, d. h. nur aus den vor ihr angestellten gerichtlichen Verhandlungen, an deren Fortentwickelung sie so wenig als der Kronrichter thätigen Antheil nehmen darf, den Wahrspruch zu entnehmen, und dabei die durch Gesetze, Herkommen und Gerichtsgebrauch für die einzelnen Beweismittel angenommenen Regeln, rules of evidence, zu beachten.

Sonach waren die Geschworenen anfänglich bloß berufen, um, im Gegentheile von den ursprünglichen Schöffen, welche dem Richter darzulegen hatten, was im Volksstamme des Verklagten in Dingen vorliegender Art im Allgemeinen Rechtens wäre, über den thatsächlichen Hergang des Vorfalles aus eigener Wissenschaft Zeugniß abzulegen, und später, um über diesen thatsächlichen Hergang zwar nicht aus eigener Beiwohnung des Vorfalles, aber auf den Grund der in ihrer Gegenwart vorgekommenen Verhandlungen, Evidence, einen Wahrspruch abzugeben. Allmälig erweiterte sich jedoch der Beruf der Geschworenen: zwar nicht in der Grundlage des Prozeß-Verfahrens — denn es verblieb in England im Wesentlichen beim Akkusationsprozesse; auch nicht in den Normen des Beweisverfahrens — denn die passive Haltung des Sammtgerichts und seine Unterordnung unter die Beweisregeln, die law of evidence, ist noch heute in England Rechtens; aber in der Weise des Wahrspruchs. Derselbe beschränkt sich nicht mehr auf den bloßen Sachbefund, sondern er erstreckt sich auch auf den Rechtsbefund, in so fern als die Geschworenen nicht mehr bloß zu sprechen haben darüber, ob die fragliche Sache vorgefallen, sondern auch, ob sie dem Angeklagten zuzurechnen (Imputation) und in welchem Verhältniß die Thatsache zum Rechte steht (Qualifikation). Die Geschworenen haben sich nicht mehr zu beschränken auf das: „bewiesen“ oder „nicht bewiesen“, sondern sie erstrecken ihren Wahrspruch auf das „schuldig“ oder „nicht schuldig“. Darüber verweisen wir auf die Darlegung im zweiten Theile §. 100. — Kömmt allerdings bei der Charakterisirung der That (Qualifikation) und bei deren Zurechnung (Imputation) vieles an auf feinere juristische Unterscheidung, weil in Beziehung auf das Erste, die neueren Gesetze die unrechtlichen Handlungen in viele scharf auseinander gespaltene Unterarten zerlegen, woran die Gesetzgebung der Vorzeit nicht gedacht hat, und weil in Beziehung auf Letzteres, die Vorzeit nur den bloßen äußern schädlichen Erfolg, oder wenn auch die böse Absicht, doch nicht die näheren Unterscheidungen derselben, und die weitern Verhältnisse der Thäter zur That, ob sie Urheber, Verüber, Genossen, Gehilfen derselben gewesen, berücksichtigte, so hat dies nur den Erfolg gehabt, daß der Beruf des Kronrichters: die Geschworenen über die Bedeutung der eingreifenden Gesetze zu belehren, an Wichtigkeit zugenommen hat. *)

Am Ende des vorigen Jahrhunderts, bald nach der Revolution **), wollten die Franzosen das Institut der englischen Geschworenen bei sich einführen. Dies unterblieb in Civilsachen, und die Rügegeschwornen, welche sie annahmen, wurden schon 1808 wieder abgeschafft. Dagegen beibehielt die Napoleonsche Strafprozeßordnung die Urtelsgeschworenen. Dieselben erhielten jedoch, abgesehen von den politischen Rücksichten, welche die Auswahl der Bürger zu Geschworenen leiteten, und worüber wir hier hinweggehen, nothwendig eine von dem Englischen abweichende Stellung. Denn während in England, wie so eben angegeben, noch der Akkusationsprozeß herrscht, that Frankreich nicht etwa einen Rückschritt zu demselben, man verblieb vielmehr auf dem höhern Standpunkte des Inquisitionsprozesses, und anfügte nur, dazu für die wenigsten Strafprozesse der wichtigsten Art (kaum zwei Prozent aller Strafsachen), in die Stelle des alten „endlichen Rechtstages“ ein Verfahren vor den Geschworenen. In Folge des Inquisitionsprinzipes sind so wenig die Richter, als die Geschworenen, stumme Zeugen und passive Zuschauer des vor ihnen abgewickelten Verfahrens, sondern beide können zur Ermittelung der vollen Wahrheit den Parteien und

*) Die Schwierigkeit, welche aus dieser Einmischung der Rechtselemente in die Thatfrage entstand, hat auch hauptsächlich dahin geführt, daß die englischen Geschworenen in verwickelten Sachen nur ein Specialverdikt abgeben, d. h. sie befinden in Civil- und Kriminalsachen dieser Art nur über das streng Thatsächliche, und überlassen die Entscheidung über die rechtlichen Momente dem Kronrichter. Diese Befugniß wird den Geschworenen nothwendig auch bei uns beigelegt werden müssen. Einführ. d. Geschworn. S. 27.

**) Einführung der Geschworenen S. 40 flg.

den Zeugen geeignete Fragen vorlegen. Demnächst sind die Geschworenen darauf vereidigt, allerdings weder das Interesse des Angeklagten, noch der Staatsgesellschaft zu verletzen, aber ihren Wahrspruch abzugeben nach ihrem Gewissen und nach ihrer innern Ueberzeugung (conviction intime), wobei das Gesetz nicht danach fragt, „durch welche Mittel sie die Ueberzeugung erlangt haben". Nur das sollen sie beachten, daß sie sich nur um die Anklageakte zu bekümmern haben, und nicht darum, mit welchen, wenn auch harten Strafen das Strafgesetz die Belastung belegt. In diesen Schranken sollen sie über „schuldig" oder „nicht schuldig" befinden (art. 312. 342.).

Sonach sind die französischen Geschworenen gleichgestellt den englischen in der Ausdehnung des Wahrspruchs, und von ihnen verschieden:

1) darin, daß sie nicht wie diese, bloß passive Zuschauer des Verfahrens zu sein brauchen, und
2) in der Beweislehre in doppelter Art:
   a) negativ darin, daß die rules of evidence für sie beseitigt sind;
   b) positiv darin, daß sie überhaupt nicht in die Schranken des Prozeßverfahrens gestellt sind, daß sie vielmehr ihre „innere Ueberzeugung" auch anderswoher, und abgesehen von dem, was für und wider den Angeklagten im Prozesse dargethan worden, herholen, ja sogar dieselbe allenfalls schon von vorn herein fertig zum Sitzungssaale mitbringen können.

Diese, mit dem Richteramte durchaus unvereinbarliche Stellung zu 2. b. hat denn nothwendig zu Mißbräuchen führen müssen, oft zum Nachtheile der Angeklagten, und in Untersuchungen wegen politischer Verbrechen noch öfter zum Verderben des Gemeinwesens. Diese nicht den Richtern, allenfalls der Gesetzgebung und eigentlich nur der höchsten exekutiven Gewalt zukommende Stellung hat die Geschworenen zu Abirrungen aller Art verführt, bald daß sie, in Betracht der zu strengen französischen Strafgesetze, ihres eidlichen Gelöbnisses ungeachtet, den Angeklagten trotz des vollständigsten Beweises lieber freisprachen, bald, daß sie für sich, als angelliche Vertreter der gesetzgebenden Staatsgewalt, in den einzelnen Fällen die Stellung von Gesetzgebern einnahmen. —

Von diesen Auswüchsen und solcher gänzlichen Verdrehung der Sachlage kann für die preußischen Geschworenen nach unserm Gesetze nicht die Rede sein. Auch bei uns ist es beim Inquisitionsprozesse verblieben, auch unsre Geschworenen sind in der Breite des Wahrspruches den englischen gleichgestellt, und weichen wie die französischen in der oben zu 1. und 2. a. angegebenen Weise, von den englischen ab, dagegen ist für die Abweichung zu 2. b. in unsrer Verordnung kein Raum gegeben, vielmehr schließt sich unser Gesetz hier, mit geringer, durch die Abweichung zu 1. veranlaßter Modifikation, an die englische Geschworenen-Anstalt auf das engste.

Unsre Geschworenen sind keine exekutive Gnaden-Instanz, sie sind keine politischen Volksvertreter und keine im Einzelnen fungirenden Gesetzgeber, die im Namen des höheren Rechts sich über die bestehenden Gesetze zu stellen hätten, sie sind nach allen Seiten und im vollen Sinne des Wortes Richter, sie und der Gerichtshof bilden zusammen das Schwurgericht, sie sind nach §. 60. beisitzende Richter. — In Beziehung auf das Beweisverfahren den Richtern des Gerichtshofes gleichgestellt, und mit diesen zum thätigen Eingreifen in die Sachermittelung gleich berechtigt, stehen sie mit denselben in Beziehung auf das Beweisergebniß, den Beweisfund, überall auf derselben Linie. — Im §. 110. ist ihre Verbindlichkeit in dieser Beziehung der jedes andern Richters wörtlich gleichgestellt. Derselbe lautet ganz so, wie §. 22.:

> Jeder Geschworene hat unter genauer Prüfung aller Beweise für die Anklage und Vertheidigung, nach seiner freien, aus dem Inbegriffe der vor ihm erfolgten Verhandlungen geschöpften gewissenhaften Ueberzeugung zu entscheiden, ob der Angeklagte schuldig oder nichtschuldig.

Hiernach sind Richter und Geschworene gleichberechtigte Genossen am Gerichte, beide sind, gleich den englischen Richtern und Geschworenen, an die Ermittelungen aus den vor ihnen gepflogenen Verhandlungen gebunden, beide dürfen, ohne Eidbruch, ihre Ueberzeugung nicht bestimmen lassen durch andre, etwa von auswärts her an sie gekommene, oder bereits vor dem Verfahren mitgebrachte Ansichten und Eindrücke. — Diese französische conviction intime giebt es für unsre Richter nicht*) — beide sind, mit der Maaßgabe ihres aktiven Eingreifens in das Verfahren, an die englische law of evidence, an eine faktisch begründete Entscheidung gebunden, und auch die als Geschworene beisitzenden Richter sind nach §. 97. eidlich verpflichtet:

> sich den Pflichten ihres Berufes mit Gewissenhaftigkeit, Festigkeit und Treue zu widmen, und unparteiisch einen gewissenhaften Spruch zu fällen.

Der einzige Unterschied zwischen den von ständigen Richtern und von besonders eingeschworenen Richterbeisitzern gefällten Sprüchen besteht nur darin, daß im §. 22. die Ersteren verpflichtet worden sind, die faktische und rechtliche Begründung der getroffenen Entscheidung in dem Urtel anzugeben. Diese äußerliche Niederlegung der Entscheidungsgründe, diese für Jedermann ermöglichte Erkennbarkeit der faktischen Begründung ist den Geschworenen erlassen, es bedarf jedoch keiner weitern Ausführung, daß dieser rein äußerliche Umstand auf die innere Berechtigung und Verpflichtung unsrer Geschworenen überall einflußlos ist. Werden unsre Geschworenen sonach mit den englischen Muster-Geschworenen zusammengehalten, so ergiebt sich:

1) sie sind diesen gleich in der Weite des Wahrspruches;
2) ebenso darin, daß sie einzig und allein in den vor ihnen erfolgten Verhandlungen den Grund ihrer Entscheidung zu suchen haben;
3) sie sind in Folge des Inquisitionsprinzips unsres Verfahrens, nicht wie diese an eine passive Rolle verwiesen, und
4) nicht an objektiv bestimmte Beweisregeln gebunden. Dabei stehen sie in Beziehung auf die Punkte 2. 3. und 4. allen unsern übrigen Richtern gleich.

Wenn wir uns nun auch, für unsre fachwissenschaftlich ge-

*) Auch ist dieselbe daher trotz der Uebersetzung des Art. 312. in der Eidpflicht des §. 97. weggelassen.

bildeten Richter, mit der Hinweisung auf dasjenige, was zum §. 22. über den gesetzlich noch fortgeltenden Werth der einzelnen Beweismittel beigebracht worden, begnügen können, so halten wir uns doch in Beziehung auf unsere Geschworenen, welche ihrer Eidespflicht eingedenk sind, verpflichtet, einiges Nähere, wenn auch nur in Umrissen, über die Glaubwürdigkeit und Beweisfähigkeit der einzelnen Beweismittel anzuführen.

Kapitel III.

Die Beweismittel.

In einem einzelnen Prozesse ist eine Anklage nach dem Inquisitionsverfahren zu Ende gebracht worden. Unsere Richter (versteht sich also auch unsre Geschworenen) sind für ihre Ueberzeugung gebunden an die Art und den Umfang, in welchem die Schuld oder Unschuld des Angeklagten in diesem Verfahren dargelegt worden. Und nun sollen sie mit freier und gewissenhafter Prüfung aller Beweise sich für das schuldig oder nichtschuldig aussprechen. Da werden sie sich fragen: was ist denn nun das Wahre an der Sache und an der Beschuldigung, an dem Vorfalle und der Thäterschaft? Um der Lösung dieser Frage näher zu kommen, muß dieselbe gespalten werden in folgende Fragen:

1) welche Thatsache ist vorgefallen?
2) was für eine That ist sie nach den gesetzlichen Begriffen, z. B. ist sie Raub oder gewaltsamer Diebstahl, Mord oder Todschlag?
3) wer hat die Thatsache verübt? und in welchem Umfange hat er sich an der Ausführung betheiligt? (Allein oder mit Mehren? Urheber, Genosse, Gehilfe, Rädelsführer?)
4) Kann die That dem Angeklagten als Schuld zur Last gelegt werden? d. h. hat er dieselbe in voller oder beschränkter Freiheit des Geistes, oder bei ganz gebundenen Seelenkräften, aus Vorsatz, grobem oder geringem Versehen, oder nur zufällig verübt?

Die Beantwortung der zweiten Frage bedingt eine Vornahme des gesetzlichen Begriffes, und eine Anlegung desselben an die zu 1 ermittelte Thatsache — wozu es der ruhigen Thätigkeit des Denkvermögens, nach den allgemein gültigen Gesetzen desselben, bedarf. Bei der äußern Thatbestandsfrage zu 1, bei derjenigen nach der Thäterschaft zu 3, und der Zurechnung zu 4, kömmt es dagegen an, auf die gewissenhafte Erwägung derjenigen Beweismittel oder richterlichen Erkenntnißquellen, welche in dem vorliegenden Kriminalprozesse beregt, verhandelt, und, so weit es möglich war, erschöpft worden sind. Denn das versteht sich im Inquisitionsprozesse von selbst, daß das Gericht nicht aufhören darf, den ferneren Ermittelungen Raum zu geben, so lange noch Beweismittel für die Schuld oder Unschuld des Angeklagten bei der Hand sind, und auch dies, daß zwischen den Be- und Entlastungsmitteln kein Unterschied obwalten darf.

Muß hier nun mit allem Ernste, mit voller Gewissenhaftigkeit und mit einer alles Selbstbelieben und persönliche Bedünken, jede Zu- oder Abneigung beseitigenden Pflichtmäßigkeit, nach der Wahrheit gesucht werden, so tritt uns bald die Mangelhaftigkeit und Gebrechlichkeit aller menschlichen Erkenntniß, insbesondre der richterlichen, entgegen, und man erkennt die Tiefe und Wahrheit des Türkischen Vermerkes unter den Erkenntnissen: Gott weiß es besser.

Die mathematische Gewißheit, welche sich durch Zirkel und Winkelmaaß, durch Aufeinanderlegen und Decken der Figuren mit den Begriffen, ausmessen und nachweisen läßt, ist in der Lösung unsrer Fragen nicht möglich.

Die absolute Wahrheit der Denklehre, die logische Gewißheit, welche darin besteht, daß etwas, anders gedacht, überhaupt nicht sein kann, ist uns hier auch verschlossen. Denn der Prozeß vorführt uns nur einzelne Erscheinungen in Zeit und Raum, einzelne Bestandtheile und äußere Zeichen, welche, jede für sich betrachtet, die Merkzeichen und Folgen ganz verschiedener Ursachen und Begriffe sein können, die aber erst in der Zusammenfassung und Verknüpfung den Begriff einer einzelnen bestimmten Handlung und zwar einer strafbaren begründen. Vorausgesetzt nun, daß diese einzelnen Bestandtheile und Zeichen als wahr erwiesen sind, faßt der Geist des Richters diese sinnlichen

Wahrnehmungen zusammen, und seine denkende Thätigkeit entwickelt aus den Einzelerscheinungen einen Schluß über und auf die eine früher vorgefallene That.

Andrerseits aber kann uns hier die civilrechtliche Gewißheit auch nicht genügen. Denn im Civilprozesse vorwaltet das Prinzip des Verzichts und der Parteiwillkühr: was eine oder die andre Partei ausdrücklich oder stillschweigend oder: (bei der contumacia) durch Fiktion zugiebt oder nicht anführt, ist für den Civilrichter vorhanden oder nicht vorhanden, während der Strafrichter nicht ruhen darf, bis er alle Mittel zur Erforschung der ganzen Wahrheit erschöpft hat.

Im Kriminalprozesse kann hiernach nur die volle historische Gewißheit erstrebt werden, und in Beziehung auf diese verordnet, ganz in Uebereinstimmung mit der Wissenschaft, die Kriminal-Ordnung §. 393.:

> Der Richter hat hinreichende Gewißheit, wenn für die Wahrheit eines Umstandes vollkommen überzeugende Gründe vorhanden sind, und nach dem gewöhnlichen Laufe der Dinge ein bedeutender Grund für das Gegentheil nicht wohl denkbar ist.

und §. 396.:

> Wenn erhebliche Gründe für die Wahrheit eines Satzes, aber auch Gründe dagegen vorhanden sind, welche durch jene Gründe nicht können gehoben werden, so ist kein vollkommener Beweis, sondern nur Wahrscheinlichkeit vorhanden.

Wird also die auf Vernunft und Erfahrung gestützte vollständige Ueberzeugung nicht geschwächt durch Gegengründe, von denen es nicht genug ist, daß sie möglich und denkbar sind, sondern welche als wahr und wirklich nach vernünftigen Gründen dargethan sein müßten, dann gelangen wir zur historischen Gewißheit, welche allerdings nicht die objektive, im Dunkel liegende Wahrheit ist, aber eine solche subjektive Ueberzeugung, die auf objektiven und thatsächlichen, vernunftgemäßen Gründen beruht*). Wer mehr als diese Gewißheit von menschlicher Entscheidung be-

*) Hegel, Rechtsphilosophie. §. 227.

gehrt, verwirft jede irdische Rechtspflege und degradirt selbst alle Geschichte zu einem Mährchen*).

Wahrscheinlichkeit ist im endlichen Denkprozesse dagegen nur dann vorhanden, wenn erhebliche und vernunftgemäße Gegengründe gegen eine diesen widersprechende Annahme bestehen bleiben, so daß, wenn die Annahme als möglich dargethan ist, auch ihr Gegentheil als gleich möglich bewiesen worden. Daß es hier sehr verschiedene Verhältnißgrade geben kann, bedarf keiner Ausführung. Ueberwiegen die Gegengründe, so haben wir für die Annahme nur eine Unwahrscheinlichkeit, eine Vermuthung, einen bloßen Argwohn oder Verdacht.

Mögen die Richter nun aus eigener Anschauung die Gegenstände der Untersuchung sinnlich wahrgenommen haben, oder mögen ihnen die Wahrnehmungen dritter Personen vorgelegt worden sein, so werden sie sich demnächst doch noch immer den Zusammenhang klar machen müssen, in welchem die einzelnen Erscheinungen zu oder gegen einander stehen, sie müssen den ursächlichen Verband der einzelnen Umstände hervorsuchen und von den sinnlichen Wahrnehmungen, nach rückwärts oder vorwärtshin, weitere Schlüsse bilden auf andre noch unbekannt gebliebene Thatsachen. Das ist nicht zu bezweifeln, daß aus einer solchen ruhigen und affektlosen Operation Schlußfolgerungen entspringen können, welche für die pflichtmäßige Ueberzeugung einen noch höheren Werth haben, als die unmittelbaren, sinnlichen Eindrücke. Vor allen Dingen aber haben sich die Geschworenen-Richter umzusehen nach den Quellen ihrer Erkenntniß und nach dem inneren Werthe der Beweismittel.

A. Richterlicher Augenschein.

In Folge des öffentlichen und mündlichen Verfahrens stehen vor den Richtern in Person der Angeklagte und die Zeugen. Es ist daher eben so nothwendig als gestattet, daß die Richter die Persönlichkeit der Zeugen und des Angeklagten auf sich wirken lassen. Sie werden sich jedoch dabei mit der nöthigen Umsicht und Welterfahrung zu verhalten haben, und, was den Angeklagten

*) Hencke, Bd. 4. §. 65.

anbetrifft, bedenken, daß, die Richtigkeit der Schuld vorausgesetzt, sie den Thäter erst lange nach Begehung der That sehen, und nun erst zu hören bekommen, wie der Thäter, sei es durch Selbsttäuschung oder durch Verstandessophistik das Bild ausgeschmückt, welches er, oft sogar zur Rechtfertigung vor sich selbst, von der That entwirft. Mancher Angeklagte hat eine glückliche, sich einschmeichelnde Haltung, mancher ein sehr unglückliches, zum Voraus gegen sich einnehmendes Aeußere und abstoßendes Wesen. Vor solchen absichtlichen Masken, oder blos äußerlichen Eindrücken, wird sich der Richter zu bewahren haben. Gleiches gilt Betreffs der Persönlichkeit der Zeugen.

Im Uebrigen kann sich die richterliche Augenscheinseinnahme nur beziehen auf sinnlich wahrnehmbare Thatsachen, welche auf das Verbrechen, den Thäter oder auch auf die Glaubwürdigkeit der Zeugen und Beweismittel anderweite Schlüsse gestatten. — Wird vollkommen festgestellt, daß der Verbrecher einzelne, zum Thatbestande gehörende Bestandtheile und Spuren des Verbrechens vertilgt hat, z. B. er hat das als falsch erkannte Geldpapier wieder an sich gerissen und verschluckt, eine Leiche verbrannt oder von Thieren verzehren lassen u. s. w., so wird die Unmöglichkeit des Augenscheins den Beweis des Thatbestandes nicht vereiteln.

Mitwirken beim Augenschein Sachverständige, so unterliegen diese den Regeln vom Zeugnisse, und ihre Gutachten unterliegen der richterlichen Kritik, nach den Grundsätzen der Denklehre §. 388. Kriminal-Ordnung.

Nach §. 168. Kriminal-Ordnung muß bei Obduktionen das besetzte Gericht der ganzen Handlung beigewohnt und die thatsächlichen Umstände bezeugt haben. Bestehen Dunkelheiten, so wird das Appellationsgericht vor der Inanklagestand-Versetzung nach §. 172. folgd. Kriminal-Ordnung zu verfahren haben.

B. Gerücht und Geständniß.

Das bloße Gerücht, die sogenannte Stimme des Volkes, kann selbstständig wohl eine Berücksichtigung verdienen, bei Einleitung eines Voruntersuchungsverfahrens, nach beendigter Untersuchung dagegen, wird es nur noch die schwache Bedeutung einer sehr niedrigen Inzicht haben, so daß ihm kein selbstständiger Werth beigelegt werden kann. Denn nicht das Gerücht, sondern die Gründe, auf denen es beruht, müssen entscheiden. — Dasselbe gilt, wenn irgend eine Thatsache sogar gemeinkundig (notorisch) sein soll. Ist dem so, dann dürfen die vollgültigen Zeugen nicht fehlen.

Die Anschuldigung eines Anklägers unterliegt nothwendig dem Maaßstabe, welcher an die Glaubwürdigkeit eines sonstigen Zeugnisses gelegt werden muß.

Das Geständniß eines besinnungsfähigen Angeklagten ist ein sehr erhebliches Beweismittel. Ein Unschuldiger wird sich nicht leicht schuldig bekennen, vielmehr wird der sinnliche Erhaltungstrieb, und noch mehr die Furcht vor öffentlicher Schande gewöhnlich selbst dem Schuldigen den Mund verschließen. Ist aber das Geständniß ein freiwilliges Bekenntniß der Schuld, als ein Aussöhnungsmittel mit der bürgerlichen Gesellschaft, und mit dem eigenen Gewissen, ein Zeichen der sittlichen Reue und der willigen Unterwerfung unter die Strafe, so werden nur noch die sonstigen in der Sache ermittelten Umstände zu erwägen sein, um über den vollen Werth desselben zu beschließen.

Ein durch physische oder geistige Gewaltthat vom Angeklagten erpreßtes Geständniß kann demnach von gar keiner Bedeutung sein, und unseres Erachtens selbst dann nicht, wenn auch der Angeklagte, nach dem Aufhören der Gewalthätigkeit, bei dem erpreßten Geständnisse stehen geblieben ist. Was ist natürlicher, als daß er einen wiederholten Gewaltmißbrauch fürchtet? Ist diese Besorgniß aber durchaus beseitigt, so kann das später abgelegte Geständniß als ein freies und ernstliches angesehen werden.

Ein außergerichtliches Geständniß hat nicht den Werth eines gerichtlich abgegebenen. Es fehlt hier die Voraussetzung der Besinnung und des Ernstes, und man weiß, daß manche schwache oder verkehrte Menschen sich verübter Verbrechen rühmen, die sie nicht begangen haben.

Die sogenannten stillschweigenden Bekenntnisse, auf welche eben nach Maaßgabe gestellter Fragen, aus den Aeußerungen, dem Benehmen und den Handlungen des Verdächtigen nur geschlossen wird, gehören nicht hierher. Sie bilden höchstens Inzichten, und keine direkten Beweismittel.

Der §. 370 Kriminal-Ordnung bestimmt angemessen:

> Das Geständniß eines Beschuldigten hat nur alsdann volle Beweiskraft, wenn es gerichtlich, ernstlich und ausdrücklich, auf rechtmäßige Fragen des Richters, oder von freien Stücken abgelegt ist, und die Hauptumstände der That enthält, auch mit andern erwiesenen Umständen nicht in Widerspruch steht.

Solch' ein gerichtliches Geständniß ist ein stark wirkendes directes Beweismittel, vorausgesetzt, daß die Bestimmtheit und Umständlichkeit desselben nicht durch die anderweiten Ermittelungen geschwächt und wohl gar aufgehoben werden.

Geständnisse auf Suggestiv-Fragen, d. h. solche Fragen, in denen die volle Antwort schon enthalten und eingegeben ist, so daß darauf auch ein bloßes ja genügte, können nur mit großer Umsicht beachtet werden. Dasselbe gilt von Antworten auf listige und verfängliche Fragen, deren ganze Tragweite der Angeklagte nicht sofort oder überhaupt nicht, beurtheilen konnte.

So erhebliche Streitigkeiten bisher unter den Rechtsgelehrten über die Bedeutung der eingeschränkten, sogenannten qualifizirten Geständnisse Statt gefunden haben, so weniges Gewicht ist darauf in dem jetzigen Standpunkt unserer Gesetzgebung zu legen. Die Richter sollen aus dem Inbegriffe der vor ihnen erfolgten Verhandlungen befinden. Hat also ein Angeklagter nur einen Theil der Thatsachen zugegeben, oder, wenn auch alle Thatsachen (Frage 1 und 3), so doch die böse Absicht, die Willensfreiheit (Frage 4) bestritten, so ist es in der Regel so gut, als ob er Alles bestritten hätte: es kömmt dann auf die übrigen Beweise an. Räumt er alle Thatfragen ein, — und dies thut ein verschmitzter Verbrecher gewöhnlich, wenn er weiß, daß genügender Beweis gegen ihn vorliegt, — er beifügt seiner Erklärung aber neue Thatsachen, welche an sich von dem Gegenstande der Anklage unabhängig sind, aber, die Wahrheit derselben vorausgesetzt, die Anklage modifiziren oder ganz beseitigen, z. B. die Tödtung wird zugegeben, aber Nothwehr behauptet, der Diebstahl wird eingeräumt, aber der dringende Hunger (Nothdiebstahl) entgegengesetzt — dann kommt es auf die möglichste Ermittelung des Einwandes an, und wenn derselbe sich gar nicht oder gar das Gegentheil desselben herausstellt, so werden die auch sonst vorhandenen Beweise, verbunden mit dem Zugeständnisse, die richterliche Ueberzeugung begründen.

Eben dasselbe gilt in Beziehung auf den Widerruf früher abgelegter Geständnisse; die Gründe des Widerrufs müssen nothwendig ermittelt und gewürdigt werden, und je nach dem Ausfalle dieser Prüfung wird die Bedeutung des früheren Geständnisses bestehen bleiben oder sinken.

Wir geben zwar zu, daß unter Umständen ein vollgültiges Geständniß nicht blos in Beziehung auf die Thäterschaft, sondern auch Betreffs des Thatbestandes, selbst beim Mangel aller andern Beweismittel, die Ueberzeugung von der Schuld des geständigen Angeklagten begründen kann, wir halten jedoch die erschöpfende Ermittlung der sonstigen Beweise und die sorgfältigste Prüfung des Seelenzustandes des Geständigen und seines Bekenntnisses für unerläßlich. Denn im Uebrigen beharren wir dabei, daß das Geständniß der Regel nach nur als eine wichtige Ergänzung des sonstigen Beweises angesehen werden darf.

C. Beweis durch Zeugen.

Die Gründe der absoluten oder relativen Unfähigkeit oder der Verdächtigkeit der Zeugen sind nach §. 22. und §. 43. der Verordnung aus §. 356. bis 360. Kriminal-Ordnung zu entnehmen. Dagegen ist die Vorschrift §. 386. daselbst: daß zwei vereidete, einwandsfreie Zeugen einen vollen Beweis geben für jede Thatsache, die der Gegenstand ihrer einstimmigen, durch eigene Sinnen-Erkenntniß begründeten Aussage ist, zwar als bindende Norm aufgehoben, deshalb aber können und werden sich unsre Richter und Geschworenen dem nicht entziehen können, diesem Grundsatze aus eigener Ueberzeugung nachzugeben. Ein Zeuge mag sich irren, daß aber beide sich gleichmäßig getäuscht haben, ist nach dem natürlichen Laufe der Dinge nicht anzunehmen. Eine wahrheitswidrige Verabredung zweier Zeugen wird auch leichter als die absichtliche Täuschung eines Zeugen zu entdecken sein. Die richterliche Urtelsfreiheit und pflichtmäßige Erörterung wird sich daher fortan in der Prüfung der Frage bethätigen, ob die Zeugen äußerlich wie innerlich wirklich glaubwürdig sind. Wird in diesem Punkte mit Scharfsinn und gewissenhafter Sorgfalt verfahren, dann wird es wol auch bei uns öfter vorkommen, daß z. B. der Einwand des Alibi verworfen wird, obwol zwei dafür im Geheimen erkaufte s. g. klassische Zeugen dasselbe übereinstimmend bezeugen. Es wird auch hier auf den Gesammteindruck aller Beweismittel für und wider ankommen, wobei hinsichts der Zeugen und Gutachten die §§. 387. bis 390. a. a. O. richtig leitende Grundsätze enthalten. — Uebrigens scheint es uns sehr bedenklich, beim Leugnen eines bisher unbescholtenen Angeklagten bloß und allein auf die Aussage eines, wenn auch ganz glaubwürdigen Zeugen eine Verurtheilung zu gründen. Der Spruch 4. Mose 35, 30: „ein Zeuge soll nicht antworten über eine Seele zum Tode", sollte in unsrer Zeit allgemein angewendet werden.

Die Natur der Sache wird es übrigens mit sich bringen, daß fortan mehr Gewicht, als dies nach der gesetzlichen Beweistheorie bisher möglich war, auf den bürgerlichen und moralischen Charakter der Zeugen gelegt werden wird. — Da es bei uns, der Staatsanwaltschaft ungeachtet, beim Inquisitionsprozeß geblieben ist, so liegt es nahe, daß die etwanige Verwandtschaft eines Zeugen mit dem Staatsanwalte, wie mit einem Richter oder Geschworenen, dessen Glaubwürdigkeit nicht vermindern kann.

Die Bestimmung §. 932 Kriminal-Ordnung:

„jede Zeugenaussage muß, wenn sie als Beweismittel „dienen soll, eidlich bestärkt werden."

muß auch jetzt noch als Regel gelten, und es werden die Untersuchungsrichter daher wohl thun, abgesehen von den Fällen absoluter Unfähigkeit, die Zeugen überall zu vereidigen. Die nicht eidlichen Bezüchtigungen von Anklagegenossen gehören unter die Inzichten. — Daß außergerichtliche Zeugnisse abgesehen von den in articulo mortis abgegebenen, hiernach werthlos sind, ergiebt sich ohne Weiteres.

Mit besonderer Sorgfalt muß die Glaubwürdigkeit des Zeugnisses eines durch das in Rede stehende Verbrechen Beschädigten oder Verletzten (Damnifikaten) geprüft werden, indem sich im Allgemeinen keineswegs behaupten läßt, daß ihm die Zeugenfähigkeit abgehe.

Die Aussagen variirender Zeugen werden in der Glaubwürdigkeit geschwächt, je mehr die Abweichung in den Hauptumständen der bekundeten That vorkömmt, die ein wahrnehmungsfähiger aufrichtiger Zeuge stets gleichmäßig angeben wird. Wird der Zeuge gar der Lügen überführt, so kann er dadurch ganz verwerflich werden, während anderseits Irrungen und Dunkelheiten in den Zeugnissen durch die Länge der Zeit, durch Unbeholfenheit oder Schüchternheit des Zeugen, und dergleichen, unbeschadet seiner Glaubwürdigkeit vorkommen können.

Was nun den inhaltlichen Werth der Zeugnisse anbelangt, so können die Zeugen nothwendig nur über eigene Sinneswahrnehmungen bekunden. Allerdings sind Schlußfolgerungen auch zu bloß sinnlichen Wahrnehmungen erforderlich, diese können also den Zeugen nicht verschränkt werden, es wäre denn, daß zur Fassung derselben besondere technische Kenntnisse erforderlich wären, wo es denn auf Feststellung der Sachkenntnisse des Zeugen ankäme. — Nackte Urtheile dagegen, ohne Angabe von Thatsachen, auf welche sie gegründet werden, dürfen nie den Werth eines Zeugnisses beanspruchen, sie sind keine Zeugnisse, sondern eben nur unberufene Urtheile.

Dieselben Grundsätze, welche bei der Prüfung eines Geständnisses eingreifen, sind auch maaßgebend für die Feststellung des Werthes der Zeugnisse. Ihre innere und äußere Wahrscheinlichkeit, und ihr Verhältniß zu den anderweit ermittelten Umständen muß sorgfältig erwogen werden. Es greifen hier also auch die Grundsätze vom Zwange, von suggestiven und kaptiösen Fragen Platz. Uebrigens muß bei bemängelten Zeugnissen genau unterschieden werden, zwischen einer sonstigen Unzuverlässigkeit, und einem etwaigen Mangel an Aufrichkeit der Zeugen, und in letzterer Beziehung wird nach etwanigen Kollusionen zu forschen sein.

Ueber die Konfrontation mehrer sich widersprechender Zeugen unter sich, und mit dem Angeklagten, sind noch jetzt die §. 345 flg. Kriminal-Ordnung maaßgebend. Verdächtige Zeugen werden übrigens durch den Widerspruch glaubwürdiger Zeugen nur noch verdächtiger.

D. Beweis durch Urkunden.

Eigentlich bilden die Urkunden keine selbstständige richterliche Erkenntnißquelle. Sie fallen entweder in die Klasse des richterlichen Augenscheins, wenn nämlich die Urkunde gerade den Gegenstand ausmacht, woran, oder das Mittel wodurch das Verbrechen verübt worden (Schmähschrift, Fälschung, Betrug). Oder sie enthalten Bekenntnisse des Angeschuldigten, wenn sie von diesem herrühren, oder Zeugnisse, wenn von Andern. Insofern unterliegen sie den vorangegebenen Regeln. Sie können aber auch Inzichten abgeben, wenn sie Thatumstände enthalten, welche mit dem Vorwurfe der Untersuchung in Verbindung stehen, oder sichere Schlüsse auf denselben gestatten.

Werden schriftliche Urkunden nicht anerkannt, so muß eine Vergleichung der Handschrift erfolgen, worüber §. 384, 385 Kriminal-Ordnung maaßgebend ist. — So weit es sich um Privaturkunden handelt, versteht es sich übrigens von selbst, daß sie in Urschrift und vollständig vorliegen, und so deutlich und bestimmt abgefaßt sein müssen, daß deren Sinn keinem begründeten Zweifel unterliegen kann. Bei öffentlichen Urkunden muß dem Angeklagten jederzeit der Gegenbeweis offen bleiben, um so mehr gilt dies von seinen eigenen Privatschriften, und wenn er etwa die Fälschung dieser letzteren behauptet, muß den deßfalsigen Angaben im Geiste des Inquisitionsprincipes, gegen §. 383 a. a. O. auf das Sorgfältigste nachgegangen werden.

E. Beweis durch Inzichten.

Unter Inzichten, Anzeigen, Indizien, Wahrzeichen versteht die Wissenschaft und das Gesetz §. 399. a. a. O. Thatsachen, die entweder eine bestimmte Bedingung oder Ursache eines Verbrechens in sich enthalten, oder das Verbrechen als ihre Ursache oder Bedingung voraussetzen, woraus daher nach vorwärts und rückwärts auf das Verbrechen, oder dessen Urheber, geschlossen werden kann.

Aus dem Zusammentreffen solcher Thatumstände ist der

sogenannte künstliche Beweis hergeleitet worden, im Gegensatze zum sogenannten direkten natürlichen Beweise, bei welchem, wie durch Augenschein, Urkunden, Zeugen oder Geständniß der Hauptgegenstand der Untersuchung dem Richter unmittelbar nachgewiesen wird. Wir haben aber schon erwähnt, daß eigentlich jeder Beweis eine kunstgemäße Thätigkeit des nach Gewißheit über die Sache suchenden denkenden Geistes voraussetzt. Denn auch die Zeugnisse, Geständnisse, Urkunden, u. s. w. müssen im Ergebnisse und Betreffs ihrer Quellen, so wie ihres Zusammenverhalts einer gewissenhaften Kritik unterworfen werden. Wir haben also eigentlich überall, wo ein Beschluß oder ein Erkenntniß gefällt werden soll, eine kunstgemäße und in der Denklehre wurzelnde Prüfung aller vorhandenen Beweismittel nöthig. Der Unterschied liegt nur darin, daß einige Beweise geradezu (direkt) den Hauptgegenstand der Untersuchung unmittelbar an die Hand geben, z. B. beim Morde sahen mehre Zeugen, wie der Angeklagte dem Getödteten auflauerte, sich die Schußwaffe zubereitete und dann auf den Letztern feuerte, worauf denn derselbe fiel, die Zeugen flohen, bald nachher fanden aber andre Zeugen die Leiche. Es ist möglich, daß der Verstorbene durch jenen Schuß nur leicht verwundet worden, daß er aber, den Thäter erkennend, vor Schrecken, oder aus Seelenschmerz, vom Schlage getroffen starb. Es ist möglich, daß der leichtgetroffene niedergestürzte Mann, bald darauf von einem andern Mörder getödtet und liegen gelassen wurde, so daß der Angeklagte nicht der wahre Mörder ist. Ist das was hier möglich ist, auch wahrscheinlich, auch bewiesen? Wir sehen: es bedarf in sehr vielen Fällen einer sehr vorsichtigen kunstgemäßen Prüfung auch des direkten Zeugenbeweises, so wie des eigenen Geständnisses des Angeklagten.

Dann giebt es wieder andere Thatsachen, welche geeignet sind, daß sie, wenn sie genügend bewiesen worden, nach der Denklehre und der täglichen Erfahrung, mit mehr oder weniger überzeugender Kraft, mittelbar zu einem Schlusse führen, auf den Hauptgegenstand der Untersuchung, sei es, daß sie sich zu diesem verhalten, wie die vorhergegangene Ursache zu der nachfolgenden Wirkung, oder daß sie sich nicht anders erklären lassen, es sei denn als Wirkungen und Folgen des die Untersuchung veranlassenden

Hauptgegenstandes. So beim eben geschilderten Morde, als Inzichten der ersten Art: schwere Feindschaft, feindselige Drohung, verdächtige Anwesenheit am Orte der That, Beschaffung der Waffe und des Geschosses, Auflauern u. s. w., und der letztern Art: unveranlaßte Flucht, ungeordnete blutbefleckte Kleidung, Besitz von Gütern der beraubten Leiche, sehr auffälliges und ein böses Gewissen vorausbedingendes Gebahren und dergleichen. Dabei ist zu bemerken, daß manche dieser Schlüsse das Merkzeichen der vollständigen Nöthigung an sich tragen: sogenannte nothwendige Inzichten, z. B. wenn eine Geburt vorliegt, muß ein Beischlaf und eine Zeugung vorangegangen sein; war der Angeklagte am Montage bestimmt in Köln, so kann er das an diesem Tage in Königsberg geschehene Verbrechen nicht verübt haben; — während andere nur den Karakter der Möglichkeit, oder auch der Wahrscheinlichkeit haben, so genannte nicht nothwendige Inzichten entfernte und nahe Beweisschlüsse an die Hand gebend.

Die Berücksichtigung aller dieser Thatsachen zum Zwecke der Urtelsfällung wurde unerläßlich, seitdem die vorgeschrittene Kultur und Einsicht die Tortur beseitigt, und jeden Zwang gegen den Angeklagten zur Ablegung eines Geständnisses verworfen hatte. Es steht dem Angeschuldigten jetzt frei, die That zu leugnen, oder auch sich über die Anklage gar nicht auszulassen — aber zum Schutze der Staatsgewalt gegen verstockte und freche Verbrecher, ebenso wie gegen verschmitzte Frevler, müssen die Richter auch berechtigt sein, ihre schließliche Ueberzeugung zu bilden, aus dem Verhalten des Angeklagten während der Untersuchung selbst, namentlich wenn er an sich unschuldige Thatsachen hartnäckig bestritten, die dennoch dargethan worden, oder wenn er sich über Hauptbegebenheiten in grobe Widersprüche verwickelt, und aus allen ermittelten Thatsachen mögen sie unmittelbar die Hauptsache berühren, oder nur Schlüsse auf diese gestatten.

Bei den Schlüssen aus diesen Einzel-Thatsachen (Inzichten) wird es sich immer fragen, ob der Zusammenhang, der zwischen ihnen und dem Verbrechen angenommen wird, ein so gewöhnlicher ist, daß er nach alter Erfahrung nur ausnahmsweise nicht Statt findet, oder ob dieses Nichtzusammentreffen wohl öfter oder gar recht oft vorkommt. Jemehr letzteres der

Fall ist, desto schwächer, entfernter ist die Inzicht. -- Ob das eine oder das andere Platz greift muß in jedem besonderen Fall nach Erfahrung und den Denkgesetzen gemäß geprüft werden, und es lassen sich keine durchgreifenden Lehren dieserhalb feststellen.

Man unterscheidet auch die Inzichten nach dem vorberegten in vorausgehende, nachfolgende und gleichzeitige. Unter die ersteren gehören: böser Leumund, schlechter Umgang, die bereits früher bethätigte Neigung zu Verbrechen dieser Art*), Feindschaft und Neid gegen den Verletzten, aus der That zu hoffender Vortheil oder zu beseitigender Nachtheil, die ernstliche Drohung der That, vorbereitende Handlungen zur Begehung der That, z. B. Ankauf von Waffen, von Gift beim Morde, Verheimlichung der Schwangerschaft und Niederkunft beim Kindermorde, Zubereitung von Brandmaterial bei Brandstiftung u. s. w. Einholung von Rath, oder Einziehung von Kundschaft über einen zur That wesentlichen Umstand, genaue Bekanntschaft mit einer besonderen Oertlichkeit und dergl. Zu den nachfolgenden Inzichten rechnet man: Eine etwaige verdächtige Veränderung in der Kleidung Haltung oder Person des Beschuldigten, z. B. Verkleidung, abgenommener Bart, Wunden durch Widerstand, Blutflecken an Kleidung 2c., verdächtiger Besitz gestohlener oder geraubter Sachen, Versteckthalten derselben, plötzlicher Wohlstand, unmotivirte Flucht, verdächtiges Verhalten, Aufstellung falscher Zeugen, Zeugenbestechung, Berühmen mit der That, verdächtige Beseitigung der Spuren des Verbrechens, unterdrückte Anmeldung des Verbrechens, fälschliche Beschuldigung Dritter zur Abwendung des Verdachts von ihm selbst. Unter die gleichzeitigen Inzichten setzt man verdächtigen Aufenthalt am Orte und zur Zeit der That, Aufgefundene Sachen des Angeklagten an diesem Orte, die Aehnlichkeit seiner Person und Kleidung mit derjenigen einer daselbst gleich bemerkten unbekannten Person, Fußstapfen, die mit den seinigen zusammentreffen, verdächtige Abwesenheit vom gewöhnlichen Auf-

*) Einem ruchlosen Charakter wird eher ein schweres Verbrechen zuzutrauen sein, als auch nur ein geringes Vergehen einem sonst ehrliebenden Bürger, einem schwachen und sittsamen Frauenzimmer. Wie im Guten, so giebt es auch im Bösen Stufenfolgen, und selten wird die Stufenleiter der Verbrechen dergestalt übersprungen, daß der Anfänger mit einer Greuelthat beginne.

enthaltsorte zur fraglichen Zeit, ebenmäßiger Besitz eines ungewöhnlichen Werkzeuges mit welchem das Verbrechen verübt worden.

Im Allgemeinen gehören unter die Inzichten auch die alleinstehende Aussage eines sonst glaubwürdigen Zeugen, die Bezüchtigung eines reuigen und geständigen Genossen, wiewohl an sich betrachtet, kein Verbrecher als solcher auf volle Glaubwürdigkeit Anspruch hat, und es möglich, wenn auch nicht gerade wahrscheinlich ist, daß die Bezüchtigung aus heimlichem Haß oder aus Rachsucht, oder im Bestreben, die wahren Mitschuldigen der Strafe zu entziehen, oder die Untersuchung zu verwickeln, erfolgt ist. Hierher gehören auch oft die individuellen Verhältnisse des Angeschuldigten im Allgemeinen, zumal, wenn zwei Personen verdächtig sind, und doch nur eine die That verübt haben wird oder kann, das außergerichtliche Geständniß und die Beschuldigung des Verletzten sind bei den direkten Beweismitteln beregt worden.

So viel vorliegt hier nun ohne Weiteres, daß die speziell angegebenen und viele andre ähnliche Inzichten, einzeln und für sich allein betrachtet, nur ein sehr bedenkliches Mittel abgeben zur mittelbaren Schlußfolgerung gerade auf das vorliegende Verbrechen. Es gehört daher große Vor- und Umsicht dazu, die Schlüsse aus solchen Thatsachen, zum weitern Beweise des Hauptgegenstandes der Untersuchung, zusammenzufassen. Denn die Gefahr sich zu irren, und den Schein für Wahrheit, oder bloße Wahrscheinlichkeit für Gewißheit anzunehmen, wird hier dadurch verdoppelt, *) daß einmal jede Anzeige nach ihrem Beweise und Werthe besonders gewürdigt, und dann noch die Kombination aller Inzichten, die Zusammenfassung derselben, zur Beurtheilung ihres Gesammtgewichtes für den Beweis des Hauptgegenstandes, überhaupt geprüft werden muß. Hierzu bedarf es ganz besonders eines taktfesten, gemessen und besonnen von dem Einen zum Andern übergehenden, klaren und urtheilsfähigen Kopfes. — Ganz besonders haben sich die Richter davor zu hü-

*) Dies ist der Grund, weshalb ein Beweis, in dem erst aus Inzichten auf eine andere Inzicht, und dann von dieser auf die Hauptsache weiter geschlossen werden soll, überaus bedenklich ist, denn da giebt es eine noch mehr als zwiefache Gefahr des Irrthums.

ten, die im Geistesgebiete an sich ganz gleichgültigen Kategorien des Raumes und der Zeit, in einen nothwendigen innern und geistigen Zusammenhang mit dem Wesen der Dinge zu bringen, und darum, weil eine besondere Thatsache sich bald vor oder bald nach dem Verbrechen begeben, ohne weiteres auf einen innern Zusammenhang beider zu schließen (post hoc, ergo propter hoc!). Eben deshalb giebt es auch keinen wahren Unterschied im Werthe der vorhergehenden, gleichzeitigen und nachfolgenden Inzichten, bloß nach diesen ihren Prädikaten. Als Grundregel wird vielmehr festzuhalten sein, daß zum Beweise des Verbrechens, ein Zusammentreffen mehrer verdächtigenden Umstände erfordert wird, und zwar dergestalt, daß in natürlicher Denkweise anzunehmen ist: das Verbrechen könne füglich nicht anders als in der vorausgesetzten Art, dem natürlichen und gemeinen Laufe der Dinge zufolge, geschehen sein, und wenn auch an sich betrachtet, das Gegentheil der Annahme wohl als möglich denkbar sei, dieses doch, nach der gemeinen Erfahrung und dem gesunden Menschenverstande, nicht mehr angenommen werden könne. Vorausbedungen wird hierbei, daß die inzichtenden Thatsachen ihrerseits überzeugend dargethan sind, und nicht auf bloßen Vermuthungen beruhen, daß sie ihrem innern Wesen nach zur Verdächtigung des Angeklagten dienen können, und daß sie nicht blos äußerlich, und ohne innern Zusammenhang, neben einander gehäuft sind (Häufung), sondern daß sie unter sich in einem natürlichen Zusammenhange stehen (Harmonie), und auf natürliche Art ineinandergreifend, sich so unterstützen und ergänzen, daß sie wie einzelne Lichtstrahlen sich in einen Brennpunkt sammeln, dessen Flamme die volle Wahrheit über die Hauptsache ergießt. — Liegt ein solcher Inzichtenbeweis vor, so kann und wird er noch besser und sicherer, als direkte Urkunden und Zeugenbeweis, und beruhigender, als manches Geständniß, die richterliche Ueberzeugung über den Hauptgegenstand der Untersuchung, und zwar sowohl über den Thatbestand als die Thäterschaft begründen, und den Richter befähigen, sich mit Entschiedenheit über das Schuldig auszusprechen.

Bleiben nicht blos mögliche, sondern wahrscheinliche Zweifel und Gegeninzichten bestehen, so muß zum Gunsten der Vertheidigung das Nichtschuldig ausgesprochen werden.

F. Zusammentreffen verschiedener Kenntnißquellen.

In Folge des Inquisitionsprincips muß der Untersuchungsrichter alle Mittel, welche die Schuld oder die Unschuld des Angeklagten in das Licht zu stellen vermögen, durch Beweisaufnahme verfolgen und erschöpfen. Die Vorsitzenden der Gerichtshöfe im öffentlichen Strafverfahren, und ebenso die der Geschwornen-Gerichte sind aber nichts andres als öffentliche Inquirenten. Auf diese Weise wird es ein gewöhnlich vorkommender Fall sein, daß in einer und derselben Untersuchungssache mehre sich unmittelbar oder mittelbar auf den Hauptgegenstand derselben beziehende Beweismittel zusammentreffen. Da kann es sich nun ereignen, daß die Ergebnisse dieser Beweise in Harmonie unter einander stehen (Konkurrenz) oder feindlich neben einander (Kollision). Für den Fall der harmonischen Konkurrenz der Beweismittel, gilt das zum Ende des Inzichten-Beweises Gesagte. Stehen die Beweise dagegen feindlich einander gegenüber, so können die Kenntnißquellen für sich betrachtet an Ueberzeugungskraft ungleich oder gleich sein. Erstenfalls z. B. Zeugen gegen Inzichten, bedarf es keiner Ausführung, daß die schon an sich schwächere Quelle, durch den Widerspruch mit der stärkeren, nur noch mehr geschwächt wird, während sie, wenn sie an sich gleich stark sind, z. B. Inzichten gegen Inzichten, sich gegenseitig nur noch mehr schwächen.

Sind es Quellen von an sich vollständiger Ueberzeugung, die sich einander widerstreiten, z. B. Zeugen gegen Zeugen, so entsteht, wie beim Beweise aus sich widersprechenden bloßen Inzichten, ein Zustand des Zweifels, in welchem die Vermuthung für die Nichtschuld überwiegen muß. — Ein Unterschied zwischen bejahenden und verneinenden Zeugen kann hierbei an sich nicht zugegeben werden. Aber auch die bloße Zahl der auf der einen oder der auf der andern Seite stehenden Zeugen kann nicht entscheidend sein. Es kommt hier, wie schon angegeben worden, überall auf den äußern und innern Werth der Zeugen und ihres Zeugnisses an.

Das richterliche Urtelsfassen ist eine schwere und ernste geistige

Arbeit. Da soll die Seelenkraft, und nicht das Gewicht der Masse über die höchsten menschlichen Güter, über Ehre und Freiheit, über Besitz und Leben, die Entscheidung abgeben. Endliche Begriffe, die nur von Raum und Zeit entnommen sind, und Größenvorstellungen, nach Zahl und Masse, können dafür nicht die entscheidende Richtschnur abgeben. Ebenso wenig aber auch dunkle Gefühle oder gar gegen Gesetz und Gewissen frevelnde Empfindungen. Der Richter oder Geschworene, welcher vor jedem Hauche des Mitleids oder der Furcht schwankend wird, dem es an Entschiedenheit und Characterfestigkeit gebricht, um das festzuhalten und treu auszusprechen, was sein denkender Geist ihm als nachgewiesen darthut, der da ausspricht: das glaube ich, während er ein andres weiß, und der die Ehrfurcht vor Gott und seinem Gewissen etwanigen Volksleidenschaften und gerade herrschenden Meinungen hintansetzt, ist kein Priester der Gerechtigkeit, der ist ein Frevler an der Menschheit. Die jetzt von den Beweisfesseln entbundenen Richter, und die Geschwornen, die gleich frei, auf ihr Gewissen verwiesen sind, stehen nach wie vor, und jetzt mehr noch als sonst, unter dem allgemeinen logischen Gesetze, welches ohne Parteirücksichten über die Gewißheit oder Ungewißheit der Thatsachen entscheidet. Auch die Geschwornen sollen die Dollmetscher dieses Gesetzes sein. Sie sollen die Wahrheit und die ganze Wahrheit in ihrer Einfalt und ihrem Glanze verkünden. Sie sind aber auch die Hüter und eben deshalb auch Diener des bestehenden positiven Gesetzes, und müssen sich so gut wie die Richter, klare, besonnene und gewissenhafte Rechenschaft von ihrem Urtel abgeben, und eingedenk des Umstandes, daß nicht die Unwissenheit, sondern der Irrthum der größte Feind der Wahrheit ist, mit angestrengter Aufmerksamkeit und mit voller Benutzung ihrer Lebenserfahrung dem Prozesse folgen, und das Urtel fällen. So verordnet das Gesetz, welches den Geschwornen mit dem Richteramte betraut, und ihm die Schranken seines Pflichtberufes vorschreibt; Moral und Gewissen, und nichts Andres ertheilen ihm die nähere Instruktion.

Nachträge

zum Kommentar des zweiten Theils.

Zu §. 4. und 7. (S. 64.)

Da übrigens der Staatsanwalt selbst als „gerichtliche Polizei" (§. 6. der Verordnung vom 24. September 1848) nur da, wo Gefahr im Verzuge obwaltet und der Fall der Ergreifung auf frischer That vorliegt (§. 2. a. a. O.) Verhaftungen oder Beschlagnahmen vornehmen darf, so ergiebt sich aus dieser Vorschrift, verbunden mit §. 2. und 4, daß unsre Staatsanwälte zu anderweiten selbstständigen polizeilichen Erlassen, insbesondere zur Erlassung von Steckbriefen niemals berechtigt sind. Dies ergiebt sich auch ohnehin aus §. 1. der bezogenen Verordnung, und Art. 5. der Verfassungs-Urkunde. Nur die Gerichte oder selbstständige Polizeibehörden haben dazu Recht.

Zu §. 52. (S. 106.)

Das „in sofern" des Textes bezieht sich ebenso sehr auf die Beweisanträge des Staatsanwalts, wie auf die des Angeklagten. Dies ergiebt sich auch schon aus dem Schlußsatze.

Zu §. 78. (S. 120.)

Wenn hier die s. g. Anklagekammer des Appellationsgerichts befände, daß dem Thatbestande nach kein schweres, sondern nur ein gewöhnliches Kriminal-Verbrechen vorliege, und daher die Sache zur Verhandlung vor das Kreisgericht zurückwiese, dieses aber beim Spruche der Ansicht seiner s. g. Rathskammer beiträte und sich für inkompetent erklärte, so würde, nach den Worten des Schlußsatzes des §. 36. das Ober-Tribunal den Konflikt entscheiden müssen.

Es läßt sich jedoch mit voller Begründung behaupten, daß die Anklage-, so wie die Raths-Kammer in dieser Berufsthätigkeit beide, als erstinstanzliche Gerichte, die erstere beschließend, die letztere berathend, fungiren. Erklärt sich demnächst das Kreisgericht, als Spruchrichter, für inkompetent, so muß das Plenum des Appellationsgerichts, nach §. 16. und 25 No. 6. der Verordnung vom 2. Januar 1849, Gesetz-Samml. S. 5. die Streitigkeit entscheiden.

Zu §. 136. (S. 145.)

Aus dem Schlußsatze ergiebt sich übrigens, daß auch hier das gefällte Urtel sofort verkündet (§. 35. 59. 150.) und außer im Falle der Contumacia keine Ausfertigung des Erkenntnisses (§. 35.) ertheilt wird.

Gedruckt bei Julius Sittenfeld in Berlin.

FSC
www.fsc.org
MIX
Papier | Fördert
gute Waldnutzung
FSC® C083411

Kolibri 360 GmbH
Ferdinand-Jühlke-Straße 7
99095 Erfurt, Deutschland
produktsicherheit@kolibri360.de